고성능을 위한 언어 C++

고성능을 위한 언어 C++

이론과 C++17, 메모리 관리, 동시성, STL 알고리즘 모범 사례

빅터 세르 · 비요른 앤드리스트 지음   최준 옮김

에이콘

에이콘출판의 기틀을 마련하신 故 정완재 선생님 (1935-2004)

| 추천의 글 |

C++는 1983년에 등장한 이후로 한 해도 멈추지 않고 발전을 거듭했다. C 언어를 바탕으로 단일 프론트엔드 언어에서 컴파일러 세계의 일등 시민으로 자리 잡고 있다. 새로운 C++의 표준은 매번 가끔 지나칠 정도로 많은 기능이 추가됐다. 스트롭스트룹^{Stroustrup}은 C++ 안에서 훨씬 더 작고 깔끔한 언어가 태어나려 한다고 말하기도 했다.

문제는 우리가 찾는 더 작고 깔끔한 언어가 상황에 따라 변하고 있다는 점이다. C++를 마스터하는 것은 이제 여러 특정 분야에 맞게 발전한 영역의 언어를 익히는 것과 마찬가지다. 임베디드^{embedded} 시스템에 잘 맞는 일종의 변형 언어는 대규모의 기업용 애플리케이션에서는 통하지 않고, 강력한 게임 엔진용 표현은 문서 처리기에서는 통하지 않는다.

이 책은 고성능용 코드를 신속하게 개발하는 하나의 C++ 변형을 설명한다. C++11로 시작해서 방대한 기능을 가진 C++ 언어와 애플리케이션의 작성에 더 많은 시간을 소비하지만, 세부 기능의 실행에는 시간을 덜 소비하는 C++ STL까지 아우른다. 이것이 이 책이 C++를 바라보는 관점이다.

이 책의 개별 주제는 애플리케이션 개발과 컴퓨터 공학을 큰 틀에서 다룬다. 최신 C++ 기술의 정보를 따라잡고자 하는 독자에게 필요한 핵심적인 변화를 알려줌으로써 중심을 잡아준다. 여기서 나오는 특정 예제와 논리적 전개 등은 알고리즘의 기본적인 사용법에서 출발해 GPU에서 OpenCL로 자신의 알고리즘을 실행할 수 있도록 실력을 향상시켜준다. 현재 C++의 근본적인 문제(메모리 관리와 소유, 시간과 공간에 대한 고민, 고급 템플릿 사용법 등)를 단계적으로 풀어가다 보면 이 책의 후반부에서는 자신감을 갖고 고급 기술의 영역에 도달하게 될 것이다.

나는 크거나 작은 프로젝트, 로우레벨 프로젝트, 관리되는 프로젝트, 심지어 맞춤 설계

5

된 언어를 사용하는 프로젝트 등 다양한 프로젝트를 수행했지만, C++는 항상 내 마음 속에 특별하게 간직하고 있다. 2000년대에 첫 정규직으로 근무한 게임 기술 회사에서의 주 업무는 C++ 코드를 작성하는 것이었다. 업무의 주요 기술이 편집기와 스크립팅 언어에 C++ 코드 베이스를 반영하는 것이었으므로 그 일을 사랑했다. 어떤 사람은 C++가 강아지에 다리를 덧붙여 문어로 만든 것 같다고 얘기한다. 나는 C++가 의도하지 않은 방향으로 가지 않도록 코드 베이스를 망치로 두들겨 가면서 많은 노력을 기울였다. 아직까지는 그 문어가 나름의 방식으로 아름답고 효과적이다.

C++는 과거에서 현재까지 엄청난 발전을 해왔다. 이제 가능성으로 가득한 흥미진진한 세상으로 가는 문을 독자에게 열어주게 된 것은 나의 영광이다. 빅터[Viktor]와 비요른[Björn]은 경험이 많고 뛰어난 업적을 남긴 멋진 개발자이며, 독자를 위해 매우 많고 훌륭한 것을 저장해두고 있다.

벤 가니[Ben Garney]

엔진 컴퍼니[The Engine Company]의 CEO

| 지은이 소개 |

빅터 세르^{Viktor Sehr}

토플로바^{Toppluva}의 핵심 개발자로, 모바일 하드웨어를 대상으로 최적화된 그래픽 엔진을 담당하고 있다. C++를 사용한 실시간 그래픽, 음향, 구조적 설계 등을 위주로 전문적인 경험을 10년간 쌓았다. 경력을 기반으로 Mentice, Raysearch Laboratories에서 의료용 시각화 소프트웨어를 개발했고, Propellerhead 소프트웨어에서 실시간 오디오 애플리케이션을 개발했다. 린셰핑대학교^{Linköping University}에서 미디어 과학 분야의 석사학위를 받았다.

나는 그동안 일하면서 내 프로그래밍 지식의 영역을 넓혀준 동료들을 언급하고 싶다. Andreas Brinck, Peter Forsberg, Rickard Holmberg, Sigfred Håvardssen, Tobias Kruseborn, Philippe Peirano, Johan Riddersporre, Marcus Sonestedt, Mattias Unger. 아울러 기술적인 검토를 도와준 분들께 감사의 뜻을 전하고 싶다. Louis E. Mauget, Sergey Gomon. 마지막으로 Hanna의 애정과 응원에 감사한다.

비요른 앤드리스트[Björn Andrist]

현재 오디오 애플리케이션에 집중하고 있는 프리랜서 소프트웨어 컨설턴트다. 10년 이상 C++로 유닉스 서버 애플리케이션에서 데스크톱과 모바일용 실시간 오디오 애플리케이션에 이르는 프로젝트를 전문적으로 수행했다. 예전에는 알고리즘과 데이터 구조, 동시 처리 프로그램, 프로그래밍 방법론 등을 가르쳤다. 컴퓨터 공학 학사 학위와 KTH 왕립 기술연구소[Royal Institute of Technology]에서 컴퓨터 과학 분야 석사 학위를 받았다.

우선 이 책이 나올 수 있도록 도와준 팩트출판사에 감사한다. 이 책을 검토해주고 통찰력, 지식을 나누고 격려해준 Louis E. Mauget에게 감사한다. 특히 이 책의 검토와 코드 예제를 작업한 Sergey Gomon에게 감사한다. 마지막으로 무엇보다도 응원과 함께 컴퓨터 앞에서 보낸 수많은 시간을 이해해준 나의 가족 Aleida, Agnes, Clarence에게 감사한다.

| 기술 감수자 소개 |

세르게이 고먼 Sergey Gomon

정보 기술에 대한 여정을 10년 전 벨라루스 주립 정보 및 무선 전자 대학교Belarus State University of Informatics and Radioelectronics의 인공지능 부서에서 시작했다. 네트워크 프로그래밍, 정보 보안, 이미지 처리 등과 같은 현장에서 C++를 사용한 8년간의 프로그래밍 경험이 있다. 시간 여유가 있을 때는 독서와 여행, 새로운 것을 공부하기를 좋아한다.

현재 레귤러&솔라윈드 MSPRegula and SolarWinds MSP에서 근무하고 있고, CoreHard C++ 커뮤니티에서 활동 중이다.

언제나 지혜를 나눌 준비가 돼 있는 내 친구 Artem Lapitsky에게 고맙다는 말을 전한다.

루이스 모젯 Louis E. Mauget

에니악ENIAC을 본 적은 없지만 이와 관련된 언어로 몇 가지 언어와 프레임워크를 추가하는 코드를 작성했다. C++는 계속 진화하고, 루는 그 발전과 함께한다. 반응형 프로그램, 컨테이너, 딥러닝 등에 관심이 많고, 선임 소프트웨어 엔지니어로 근무하는 키홀KeyHole 소프트웨어를 위해 소프트웨어 기술에 관한 블로그를 기고한다. 세 권의 컴퓨터 서적의 공동 저자로 IBM developerWorks 입문서와 WebSphere 저널의 two-part LDAP 입문서를 썼다. IBM의 J2EE 인증 시험을 몇 회 공동 출제했고, 팩트 출판사 등에서 검토자로 일해왔다.

| 옮긴이 소개 |

최준(fullsocrates@hotmail.com)

기계 공학을 전공했던 학창 시절에 누구에게나 매력 덩어리였던 컴퓨터로 기계의 데이터를 처리하고 동작을 제어하는 과정에서 더욱 흥미를 갖게 돼 정보 기술 분야에 뛰어들었다. 졸업하고 한동안 대기업 전산실에서 근무하다가 답답한 공간을 벗어나 더 넓은 세상에 도전할 기회가 생겼고, 영어가 익숙해질 수밖에 없는 부서에 들어가 본격적인 엔지니어 경력을 시작했다. 2001년부터 마이크로소프트 한국, 싱가폴 지사에서 근무하며 약 10년간 아시아 지역 200여 대기업의 현장에서 기술 지원을 수행했고, 다양한 기업용 IT 시스템의 문제를 이해하고 해결 방안을 찾는 소중한 경험을 쌓았다. 현재 캐나다에 IT 컨설팅 회사를 설립하고, 기업 고객에게 클라우드 서비스 컨설팅을 하고 있다.

| 옮긴이의 말 |

현장의 여러 전문가 중 C++가 새로운 기술이고, 최근 경향에 맞는 주제라고 생각할 사람은 극히 일부일 것이다. 반면에 우리가 접하는 IT 세상에서 C++만큼 긴 시간 다뤄진 주제가 몇 개나 있을지 반문해볼 필요도 있다. C++는 그만큼 오랫동안 곁에 존재했고, 기술이 획기적으로 변화하고 발전하는 과정에서도 살아남았으며, 여전히 사랑받고 있다.

이미 C++에 익숙한 독자는 잠시 컴퓨터를 끄고, 편안한 의자에 앉아 이 책을 읽으면서 그동안 성능적인 측면에서 간과했던 부분이 없는지 살펴보길 권하고 싶다. 새로운 도전이라는 긴 여정을 앞둔 독자라면 책의 어느 한 부분에 얽매이지 말라고 얘기하고 싶다. 예를 들어 어떤 사람에게 객체나 오브젝트를 말하면 여러 속성을 가진 물건을 떠올릴 수 있다. 프로그램을 처음 배운 이는 클래스를 떠올리기도 하고, 숙련된 개발자 중에는 직접 만든 라이브러리를 머리에 떠올릴 수도 있다. 이렇게 용어는 각자 다른 형태로 관념이 된다. 처음부터 어떤 용어를 실제로 의미하는 모습 그대로 완벽하게 소화하기는 어렵지만, 여러 번 실습하고 결과를 전체적으로 보는 과정을 지나면 추상적인 단어도 결국 설명이 필요 없는 개념이 된다.

이 책은 번역서다. 원문을 옮기면서 저자가 전달하려는 의미를 그대로 전하는 것은 기본이다. 그러나 모국어가 다른 사람의 언어를 번역하면서 단어 선정에 하나의 기준이 더 필요했고, 의미를 가장 잘 전달하는 단어를 골라야 했다. 표준어라 할지라도 이해를 더 어렵게 만들거나 의미가 달라질 경우, 가능하면 실제로 사용되는 단어나 의미를 전하기 쉬운 단어를 대신 선택했다.

하지만 쏟아져 들어오는 외국어를 대체할 우리말 단어를 선택하는 것은 내 능력의 부족에서 오는 안타까움을 넘어선다. 예를 들어 Supervisor는 이미 '슈퍼바이저, 수퍼

바이저, 감독, 관리자, 감독자, 감리자, 감시자' 등으로 여러 분야에서 번역돼 통용되고 있으며, 실제로 사용할 한 단어의 선택에 충분한 일관성과 원칙을 찾는 것은 더욱 어려운 일이 됐다. 이렇게 실제 의미를 알면서도 적당한 우리말 하나를 선택하는 어려움은 장마다 반복됐다. 표준 용어라도 전문가가 쓰지 않는 단어보다는 가급적 실제로 사용되는 용어를 선택하는 것이 독자에게 도움이 될 것이라 생각했다. 결과적으로 최선이 아닌 표현이 있더라도 양해를 구한다.

마지막으로 이 책의 번역 과정을 시작부터 끝까지 함께한 에이콘 출판사 편집 팀에 고마움을 전하고 싶다. 아울러 곁에서 늘 응원해주는 아내 은정과 아들 선우, 진우, 그리고 어머니께 고마움을 전하고 싶다. 번역 작업을 진행했던 캐나다의 긴 겨울은 이런 고마운 사람들과 함께여서 따뜻하고 행복했다.

| 차례 |

10장 동시성   353

오늘날의 C++는 여전히 대부분의 하드웨어 플랫폼을 대상으로 하거나, 실시간 처리 요구를 받는 프로그래머가 명시적이고 강력한 코드를 작성할 수 있는 능력을 주는 데 이 점이 C++를 특별하게 만든다. 지난 수년간 C++는 더 즐겁게 쓸 수 있고 더 나은 기본을 갖춘 언어로 변화해왔다.

이 책은 효율적으로 애플리케이션을 작성하는 데 필요한 강력한 기본기와 최신 C++에서 라이브러리를 구현하는 전략에 관한 통찰력을 제공한다. 최신 C++를 역사적으로 하나씩 살펴보기보다는 C++14/C++17의 기능 중 언어로서 타고난 부분이 어떻게 동작하는지 실용적으로 설명한다.

빅터와 비요른의 협업으로 집필됐다. 하지만 각 장의 초안은 개별적으로 쓴 후 내용을 향상시켜 한 권의 온전한 책으로 집성했다. 빅터는 1, 2, 5, 8, 9, 11장을, 비요른은 3, 4, 7, 10장을 책임졌다. 전반에 걸쳐 일관성을 갖추고자 열심히 노력한 결과, 이 책을 함께 쓰는 데 큰 이점이 됐다. 많은 주제를 토론했으며, 더 나은 결과를 만들었다.

▌이 책의 대상 독자

독자가 C++와 컴퓨터 구조의 기초 지식과 자신의 기술을 향상시키는 데 타고난 흥미를 갖고 있다고 기대한다. 바라건대 이 책을 마치고 나면 성능, 구조 측면에서 자신의 C++ 애플리케이션을 향상시킬 수 있는 몇 가지 방법을 얻을 수 있을 것이다. "아, 그렇구나!"'라고 생각하는 순간을 갖기 바란다.

▍이 책의 구성

1장, C++의 간단한 소개에서는 무비용 추상화, 값 의미 체계, 상수 수정, 명시적 소유, 오류 처리 등과 같은 일부 중요한 특징을 소개한다. C++의 단점도 알아본다.

2장, 최신 C++ 개념에서는 auto를 사용한 자동 타입 추정과 람다 함수, 이동 의미 체계, std::optional, std::any 등을 개괄적으로 다룬다.

3장, 성능 측정에서는 점근적 복합성, 빅 O 표시법, 실용적 성능 테스트와 코드를 프로파일해 문제 지점을 찾는 방법을 설명한다.

4장, 데이터 구조에서는 데이터에 빠르게 접근할 수 있도록 구성하는 작업의 중요성을 보여준다. std::vector, std::list, std::unordered_map, std::priority_queue와 같은 STL 컨테이너를 소개하고, 마지막으로 평행 배열의 반복 연산 방법을 알아본다.

5장, 반복자에서는 반복 연산자의 개념을 깊이 있게 살펴보고, 반복 연산자가 단순히 컨테이너에 객체를 참조하는 것을 뛰어 넘는 방법을 보여준다.

6장, STL 알고리즘에서는 STL 알고리즘의 명백한 장점과 아주 명백하지는 않은 장점을 설명한다. 또한 STL 알고리즘의 한계와 새로운 Ranges 라이브러리로 이러한 한계를 극복하는 방법을 살펴본다.

7장, 메모리 관리에서는 안전하고 효율적인 메모리 관리법을 집중적으로 다룬다. 메모리 소유권, RAII, 스마트 포인터, 스택 메모리, 동적 메모리, 사용자 메모리 할당 등을 다룬다.

8장, 메타프로그래밍과 컴파일 시 평가에서는 constexpr, 다원화 컨테이너, type_traits, std::enable_if, std::is_detected와 같은 메타프로그래밍 개념을 알아본다. 또한 리플렉션과 같은 실용적인 메타프로그래밍 활용 사례도 제공한다.

9장, 프록시 객체와 지연 평가에서는 프록시 객체가 깔끔한 구문을 유지하면서 아래로는 최적화를 수행하는 데 쓰이는 프록시 객체를 알아본다. 더불어 연산자 오버로딩의 창의적인 활용도 알아본다.

10장, 동시성에서는 병렬 실행과 공유 메모리, 데이터 경합, 교착 상태 등 동시 처리 프로그래밍의 기본을 다룬다. 또한 C++의 스레드 지원 라이브러리, 아토믹 라이브러리, C++ 메모리 모델도 소개한다.

11장, 병렬 STL에서는 병렬 알고리즘 작성의 복합성을 보여준다. STL과 부스트 연산용 병렬 확장 기능을 사용하는 병렬 처리 STL 알고리즘을 활용하는 방법을 알아본다.

▌준비 사항

이 책으로 최대한 많은 것을 얻으려면 C++의 기초 지식이 필요하다. 성능에 관련된 문제를 이미 겪었다면 더 좋고, 성능에 대해 이해하고 C++로 다음번 기회를 준비하고자 새로운 도구와 사례를 찾고 있어도 좋다.

이 책에는 많은 코드 예제가 있다. 일부는 실제로 활용되는 것도 있지만, 대부분은 인위적이거나 개념을 검증하고자 매우 단순화된 것이 많다. 모든 코드 예제는 장별로 분류돼 실험해볼 때 찾기 쉽게 했다. 소스코드 파일을 열면 대부분의 main() 함수를 구글 테스트 프레임워크로 작성한 테스트 케이스로 대체했음을 알 수 있을 것이다. 이런 노력이 혼란을 주기보다는 도움이 되길 바란다. 각 예제에 대한 도움이 되는 상세 설명을 썼고, 한 번에 장 내의 모든 예제를 쉽게 실행할 수 있게 했다.

예제를 컴파일해서 실행하려면 다음과 같은 준비가 필요하다.

- 컴퓨터
- 운영체제(윈도우와 맥OS에서 동작하는 것을 확인했다)
- 컴파일러(Clang, GCC, 마이크로소프트 비주얼 C++를 사용했다)
- CMake

예제 코드와 함께 제공되는 CMake 스크립트는 부스트, OpenCL, 구글 테스트와 같은 추가 종속성을 다운로드하고 설치한다.

이 책을 쓰는 동안 사용한 컴파일러 익스플로러는 정말 유용했고, https://godbolt.org 에서 확인할 수 있다. 컴파일러 익스플로러는 다양한 컴파일러와 버전을 사용할 수 있는 온라인 컴파일러 서비스다. 아직 써보지 않았다면 한번 써보자.

▌예제 코드 다운로드

이 책에서 사용된 예제 코드는 http://www.packtpub.com/support를 방문해 이메일을 등록하면 파일을 직접 받을 수 있으며, 이 링크를 통해 원서의 Errata도 확인할 수 있다. 이 예제와 함께 Cmake 파일도 https://github.com/PacktPublishing/Cpp-High-Performance에서 다운로드할 수 있으며, 에이콘출판사의 도서정보 페이지인 http://www.acornpub.co.kr/book/c-high-performance에서도 예제 코드를 다운로드할 수 있다.

▌편집 규약

이 책에는 몇 가지 유형의 텍스트가 사용된다.

텍스트 안의 코드: 텍스트 내에 코드가 포함된 유형으로, 데이터베이스 테이블 이름, 사용자 입력란 등이 이에 포함된다. 예를 들어 다음과 같다.

"키워드 constexpr는 C++11에서 처음 소개됐다."

코드 블록은 다음과 같이 표기한다.

```
#include <iostream>

auto main() -> int {
    std::cout << "High Performance C++ \ n";
}
```

코드 블록의 특정 부분을 강조할 때에는 관련 행이나 항목을 굵게 표기한다.

```
#include <iostream>

auto main() -> int {
    std::cout << "High Performance C++ n";
}
```

커맨드라인 입력이나 출력은 다음과 같이 표기한다.

```
$ clang++ -std=c++17 high_performance.cpp
$ ./a.out
$ High Performance C++
```

고딕체: 새로운 용어, 중요한 단어, 화면에 나타난 단어 등의 표시에 사용한다. 화면상의 메뉴나 대화상자에 나타난 텍스트가 이에 해당한다. 예를 들어 다음과 같이 표시한다.

"Administration 영역에서 System info를 선택한다."

 경고나 중요한 내용은 이와 같이 나타낸다.

 팁이나 요령은 이와 같이 나타낸다.

정오표

내용을 정확하게 전달하고자 최선을 다했지만, 실수가 있을 수 있다. 팩트출판사의 도서에서 문장이든 코드든 간에 문제를 발견해서 알려준다면 매우 감사하게 생각할 것이다. 독자의 참여를 통해 다른 독자에게 도움을 주고, 다음 버전의 도서를 더 완성도 높게 만들 수 있다. 오탈자를 발견한다면 http://www.packtpub.com/submiterrata를 방문해 책을 선택하고, 구체적인 내용을 입력해주길 바란다. 보내준 오류 내용이 확인되면 웹사이트에 그 내용이 올라가거나 해당 서적의 정오표 부분에 그 내용이 추가될 것이다. http://www.packtpub.com/support에서 해당 도서명을 선택하면 기존 정오표를 확인할 수 있다.

한국어판의 정오표는 에이콘출판사의 도서정보 페이지 http://www.acornpub.co.kr/book/c-high-performance에서 찾아볼 수 있다.

저작권 침해

인터넷에서의 저작권 침해는 모든 매체에서 벌어지고 있는 심각한 문제다. 팩트출판사에서는 저작권과 사용권 문제를 매우 심각하게 인식한다. 어떤 형태로든 팩트출판사 서적의 불법 복제물을 인터넷에서 발견한다면 적절한 조치를 취할 수 있도록 해당 주소나 사이트명을 알려주길 부탁한다. 의심되는 불법 복제물의 링크는 copyright@packtpub.com으로 보내주길 바란다. 저자와 더 좋은 책을 만들려는 팩트출판사의 노력을 배려하는 마음에 깊은 감사의 뜻을 전한다.

질문

이 책과 관련해 질문이 있다면 questions@packtpub.com으로 문의하길 바란다. 최선을 다해 질문에 답하겠다. 한국어판에 관한 질문은 이 책의 옮긴이나 에이콘 출판사 편집 팀(editor@acornpub.co.kr)으로 문의해주길 바란다.

01

C++의 간단한 소개

1장에서는 견고한 고성능 애플리케이션을 제작하려면 꼭 알아야 할 몇 가지 C++의 특징을 소개한다. 또한 가비지 컬렉터garbage collector의 장단점을 알아본다. 마지막으로 예외exception 처리와 자원 관리에 관련된 몇 가지 예제를 살펴본다.

▋C++를 사용하는 이유

오늘날까지 C++를 사용하는 몇 가지 이유를 알아보는 것으로 이 책을 시작한다. 간단히 말해 C++는 비용이 들지 않는 추상화zero-cost abstractions를 제공하는 이식성이 매우 좋은 언어다. 게다가 프로그래머 입장에서 보면 C++는 표현 능력이 좋고 튼튼한 코드베이스를 작성하고 관리할 수 있는 능력이 있다. 이러한 특징의 의미를 알아본다.

비용이 들지 않는 추상화

활발한 코드 베이스code base는 성장한다. 즉, 더 많은 개발자가 코드 베이스로 작업할수록 코드 베이스는 더 커진다. 대규모의 복잡한 코드 베이스를 관리하려면 함수, 클래스, 데이터 구조, 계층layers 등의 추상화가 필요하다. 하지만 추상화와 새로운 간접 참조reference를 계속 추가하려면 효율성이라는 비용이 따른다. 이 지점에서 비용이 들지 않는 추상화의 역할이 필요하다. C++가 제공하는 수많은 추상화는 매우 저렴하다. 최소한 C++는 성능이 매우 민감한 지점에서 효율적인 대안을 제시한다.

C++와 함께라면 메모리의 주소와 컴퓨터 관련 로우레벨low-level 용어를 자유롭게 이야기할 수 있다. 하지만 대규모 소프트웨어 프로젝트에서는 애플리케이션이 수행하는 모든 작업을 처리하는 용어로 코드를 표현하고, 컴퓨터와 관련된 용어는 라이브러리가 처리하게 하는 것이 바람직하다. 예를 들어 그래픽 애플리케이션의 소스코드는 연필, 색깔, 필터 등을 처리할 수 있지만, 게임 애플리케이션은 마스코트, 성채, 버섯 등을 처리할 수 있다. 메모리 주소와 같은 로우레벨의 컴퓨터 관련 부분은 성능이 중요한 C++ 라이브러리 코드에 숨겨둘 수 있다.

라이브러리 코드로 애플리케이션과는 별로 관련이 없는 개념을 가진 코드를 참조한다. 라이브러리 코드와 애플리케이션 코드의 경계는 모호하지만 라이브러리는 가끔 다른 라이브러리를 바탕으로 작성된다. C++ STLStandard Template Library 안에서 제공되는 컨테이너 알고리즘이나 범용적인 수학 라이브러리를 그 예로 들 수 있다.

프로그래밍 언어와 기계어 추상화

컴퓨터와 관련된 항목을 개발자가 직접 다루지 않아도 되도록 오늘날의 프로그래밍 언어는 (예를 들어) 추상화를 사용해서 문자열 목록을 있는 그대로의 문자열 목록으로 처리할 수 있다. 이는 작은 실수로도 쉽게 헤매게 하는 메모리 주소의 목록을 다루는 것보다 낫다. 추상화는 프로그래머를 버그에서 구하는 것뿐만 아니라, 코드를 더욱 애플리케이션 영역의 개념에 가깝게 잘 표현할 수 있다. 달리 말하면 코드는 프로그램

키워드의 개념으로 표현됐을 때 우리가 실제 말하는 언어에 가깝게 표현된다.

C++와 C는 이제 두 개의 완전히 다른 언어지만, 여전히 C++는 C와 호환성이 좋고 많은 문법이나 표현이 C에서 유래됐다. C++ 추상화의 몇 가지 예를 들어 C와 C++ 두 언어를 사용해 문제를 해결하는 방법을 여기서 보여줄 것이다.

다음의 C/C++ 코드 일부를 살펴보자. "Hamlet이 몇 개의 도서 목록에 존재하는가?"라는 질문에 관한 C 버전의 코드부터 시작한다.

```
// C 버전
struct string_elem_t { const char* str_; string_elem_t* next_; };
int num_hamlet(string_elem_t* books) {
    const char* hamlet = "Hamlet";
    int n = 0;
    string_elem_t* b;
    for (b = books; b != 0; b = b->next_)
        if (strcmp(b->str_, hamlet) == 0)
            ++n;
    return n;
}
```

위 코드에 대한 C++ 버전은 다음과 같다.

```
// C++ 버전
int num_hamlet(const std::list<std::string>& books) {
    return std::count(books.begin(), books.end(), "Hamlet");
}
```

아직까지는 C++ 버전도 사람보다는 로봇의 언어에 가깝지만, 프로그램만의 전문 용어가 사라졌다. 두 코드 조각의 몇 가지 주목해야 할 차이점은 다음과 같다.

- 원시 메모리 주소에 관련된 포인터는 전혀 보이지 않는다.

- `std::list<std::string>` 컨테이너는 `string_elem_t`의 추상화다.
- `std::count()` 메서드는 `for` 반복문과 `if` 조건 모두의 추상화다.
- `std::string` 클래스는 (여러 가지 중에서) `char*`와 `strcmp`의 추상화다.

기본적으로 두 버전의 `num_hamlet()`은 대략적으로 동일한 기계어^{machine code}로 변환되지만, 포인터와 같은 컴퓨터 관련 전문용어를 라이브러리에 숨길 수 있게 하는 C++ 언어의 특징을 볼 수 있다. 현대 C++ 언어의 많은 특징이 기본 C 기능의 추상화로 나타나고, 이를 기반으로 기본 C++ 기능이 존재한다.

- C++ 클래스는 C 구조체^{struct}와 정규 함수의 추상화다.
- C++ 다형성^{polymorphism}은 함수 포인터의 추상화다.

여기에 더해 몇 가지 최신 C++ 기능은 기존 C++ 기능의 추상화다.

- C++ 람다^{lambda} 함수는 C++ 클래스의 추상화다.
- 템플릿은 C++ 코드 생성의 추상화다.

다른 언어에서의 추상화

대부분의 프로그래밍 언어는 CPU가 실행할 기계어로 변환되는 추상화를 기반으로 한다. C++는 오늘날의 여러 인기 있는 프로그래밍 언어처럼 이해하기 쉬운 언어로 발전해왔다. C++의 차별점은 대부분의 언어가 런타임 성능 측면에서 추상화의 비용이 발생하는 반면 C++는 항상 런타임 시에 무비용^{zero cost}으로 추상화가 구현되도록 노력해왔다는 점이다. 이는 단순히 C++로 작성된 애플리케이션이 동일한 기능을 가진 C# 프로그램보다 빠르다는 의미는 아니다. 오히려 C++를 사용한다면 필요에 따라 제거된 기계어 명령어와 메모리 공간에 좀 더 명시적인 제어권을 갖는다.

요즘은 최적화된 성능이 거의 요구되지 않고, 다른 언어와 마찬가지로 컴파일 시간 단축, 가비지 컬렉션, 안정성 등을 성능 저하와 절충하는 것이 대부분 더 합리적이다.

이식성

C++는 오랫동안 이해하기 쉽고 널리 사용된 언어다. C와 호환성이 매우 높고, 좋든 싫든 이 언어에서 극히 일부의 기능만 사라졌다. 그간의 C++ 역사와 설계를 보면 매우 이식성이 좋은 언어로 만들어졌고, 오늘날의 C++는 앞으로도 이런 방향을 지향하며 남아있을 것임을 확실히 보여준다. C++는 살아있는 언어이고, 많은 컴파일러 회사가 지금도 새로운 언어의 기능을 빠르게 구현하기 위해 경이로운 일을 해내고 있다.

견고성

성능, 표현력expressiveness, 이식성에 더해 C++는 프로그래머에게 견고한 코드를 작성하는 능력을 주는 언어적 기능을 제공한다.

경험적으로 견고성robustness은 프로그래밍 언어 자체의 견고함을 의미하지 않는데, 실제 어떤 언어이든 견고한 코드를 작성할 수 있다. 하지만 자원의 엄격한 소유권ownership과 const 정확성correctness, 값 의미론value semantics, 타입 안전성type safety, 확정적 객체 소멸destruction 등이 C++로 견고한 코드를 작성하기 쉽게 도와주는 기능이다. 이것이 바로 함수, 클래스, 라이브러리 등을 사용하기는 쉽고, 실수는 하기 어려운 코드를 작성하게 해주는 능력이다.

C++의 현재

종합해보면 오늘날의 C++는 프로그래머에게 이해하기 쉬우면서도 견고한 코드 베이스를 작성하는 능력을 주면서도, 여전히 대부분의 하드웨어 플랫폼이나 실시간 처리 등의 요구를 지원할 능력을 갖고 있다. 가장 널리 사용되는 언어 중에서 C++는 이러한 특징을 모두 갖고 있는 유일한 언어다.

▌ 이 책의 목표

이 책은 효율적인 애플리케이션을 작성하는 튼튼한 기본을 쌓고 오늘날의 C++에서 라이브러리를 구현하는 전략에 대한 식견을 넓히도록 돕는 것이 목표다. C++가 어떻게 동작하는지 설명하고자 C++의 역사적인 과정을 살펴보는 것보다는 현재의 C++14/C++17 기능으로 실용적인 접근을 하려고 노력했다.

독자에게 기대하는 지식

이 책은 독자가 C++와 컴퓨터의 구조에 대한 기초 지식과 자신의 기술을 향상시키는 데 타고난 흥미를 갖고 있다고 기대한다. 이 책을 마치고 나면 성능적인 측면이나 구조적으로 자신의 C++ 애플리케이션을 향상시킬 수 있는 몇 가지 방법을 얻기를 바란다. 무엇보다도 "아, 그렇구나!"라고 생각되는 순간을 여러 번 갖기를 바란다.

▌ 다른 언어와 C++의 비교

C++가 처음 출현한 이후로 여러 유형의 애플리케이션과 플랫폼, 프로그래밍 언어가 등장했다. C++는 여전히 널리 사용 중이고, C++ 컴파일러는 대부분의 플랫폼에서 동작한다. 지금 시점에서 이런 사실의 예외는 웹 플랫폼일 것이며, 자바스크립트와 관련 기술이 근간을 이룬다. 하지만 웹 플랫폼은 예전에 데스크톱에서만 가능했던 작업을 실행할 수 있게 발전 중이고, C++는 Emscripten/asm.js와 웹 어셈블리^{web assembly} 같이 자신만의 방법을 찾아가고 있다.

언어의 성능 경쟁

C++가 어떻게 성능을 높이는지 다른 프로그래밍 언어와 비교해서 이해하려면 먼저 C++와 다른 언어와의 근본적인 차이점을 살펴보는 것이 좋다.

간단히 설명하고자 이 절에서는 C++와 자바에 집중해서 살펴본다. 여기서의 비교는 대부분 C#이나 자바스크립트 같은 다른 언어에도 적용이 가능하다.

첫 번째로 자바는 바이트코드^{bytecode}로 일단 컴파일하고, 애플리케이션을 실행하면서 기계어로 컴파일된다. 반면 C++는 소스코드를 직접 기계어로 컴파일한다. 바이트코드와 JIT^{Just-In-Time} 컴파일러가 이론적으로는 사전에 기계어로 컴파일된 것과 같거나 나은 성능을 갖출 수 있더라도 아직까진 그렇지 못하다. 객관적으로 말해 대부분의 경우 충분할 정도로 잘 동작하는 것뿐이다.

두 번째로 자바는 C++와 완전히 다른 방법으로 동적 메모리를 관리한다. 자바에서는 가비지 컬렉터^{garbage collector}가 메모리를 자동으로 해제하는데, C++ 프로그램은 직접 메모리 해제를 관리한다. 가비지 컬렉터는 메모리 누수를 예방하지만 성능과 예측성에 따른 비용이 발생한다.

세 번째로 자바는 모든 객체를 격리된 힙^{heap} 공간에 할당^{allocation}하지만, C++는 프로그래머가 객체를 스택^{stack}이나 힙에 할당하도록 허용한다. C++에서는 단일 힙 할당에 여러 객체를 생성하는 것도 가능하다. 이 경우 두 가지 이유로 성능 측면에서 유리하다. 매번 동적 메모리를 할당하는 과정 없이도 객체를 생성할 수 있고, 여러 개의 관련된 객체는 메모리 내에서 서로 인접해 위치할 수 있다.

다음 예제에서 메모리가 어떻게 할당되는지 살펴보자. C++ 함수는 객체와 정수에 스택^{stack}을 사용한다. 자바는 객체를 힙에 할당한다.

C++	자바
| ```cpp
class Car {
public:
  Car(int doors)
   : doors_(doors) {}
private:
  int doors_{};
};
auto func() {
  auto num_doors = 2;
  auto car1 = Car{num_doors};
  auto car2 = Car{num_doors};
}
``` | ```java
class Car {
  public Car(int doors) {
    doors_ = doors;
  }
  private int doors_;
  static void func() {
    int numDoors = 2;
    Car car1 = new Car(numDoors);
    Car car2 = new Car(numDoors);
  }
}
``` |
| C++는 모두 스택에 배치한다. | 자바는 Car 객체를 힙에 배치한다. |

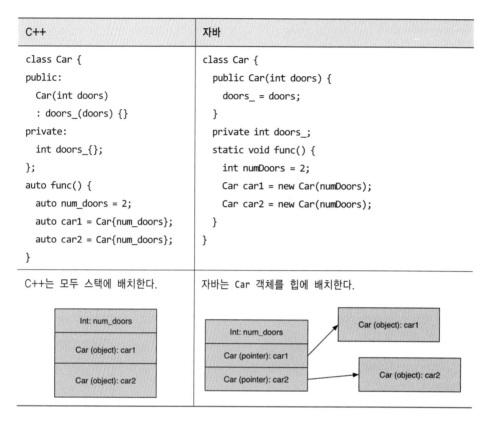

이제 다음 예제를 통해 Car 객체의 배열이 어떻게 메모리에 배치되는지 C++와 자바를 비교해서 살펴보자.

C++	자바
| ```cpp
auto car_list() {
  auto n = 7;
  auto cars =
    std::vector<Car>{};
  cars.reserve(n);
  for(auto i=0; i<n; ++i){
    cars.push_back(Car{});
  }
}
``` | ```java
void carList() {
  int n = 7;
  ArrayList<Car> cars =
    new ArrayList<Car>();
  for(int i=0; i<n; i++) {
    cars.addElement(new Car());
  }
}
``` |

아래의 그림은 C++에서 Car 객체들이 메모리 안에서 어떻게 배치되는지 보여준다.	아래의 그림은 자바에서 Car 객체들이 메모리 안에서 어떻게 배치되는지 보여준다.
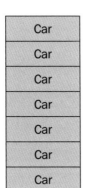	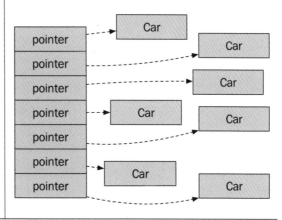

C++ 벡터^{vector}는 실제 **Car** 객체가 위치한 연속된 메모리 공간을 포함하고 있고, 반면 자바는 **Car** 객체의 참조에 대한 연속된 메모리 공간을 갖고 있다. 자바에서는 객체들이 별도로 할당됐고, 이는 해당 객체들이 힙 공간의 어디에나 위치할 수 있다는 의미다.

이러한 부분이 한 번이 아니라 일곱 번의 할당을 수행하는 자바의 성능에 영향을 준다. 또한 애플리케이션이 배열을 반복 연산할 때마다 C++ 입장에서는 가깝게 인접한 위치에 접근하기 때문에 성능에서 유리하며, 메모리 내에서 여러 임의의 위치에 접근하는 것보다 빠르다.

성능과 관련 없는 C++ 언어의 기능

일부 C++와 다른 언어에 대한 설명에서 C++는 성능이 중요한 상황에서 사용되는 것처럼 결론을 내리고 있다. 그렇지 않으면 수동적인 메모리 관리로 인해 코드 베이스만 복잡해지면서 메모리 누수^{leak}나 버그를 찾기 힘든 결과를 낳을 수 있다.

여러 버전 이전의 C++에서는 위와 같은 내용이 사실이었지만, 오늘날의 C++ 프로그래머는 제공되는 컨테이너와 STL의 일부인 스마트 포인터 타입에 의존한다.

이번에는 성능보다는 C++의 견고함을 주제로 간과하기 쉬운 두 가지 강력한 기능을 강조하고 싶다. 값 의미론value semantics과 const 정확성correctness이다.

값 의미론

C++는 값value과 참조reference 의미론 모두를 지원한다. 값 의미론은 객체를 참조로 전달하는 대신 값으로 전달한다. C++는 값 의미론이 기본이며, 클래스나 구조체struct의 인스턴스를 전달할 때 int, float 등의 기본형을 전달하는 것과 동일하게 동작한다는 것을 의미한다. 참조 의미론을 사용하려면 명시적으로 참조나 포인터를 사용해야 한다.

C++의 타입은 명시적인 객체의 소유 상태를 보여준다. 다음의 간단한 C++와 자바 클래스를 비교해보자. C++ 버전으로 시작한다.

```cpp
// C++
class Bagel {
public:
    Bagel(const std::set<std::string>& ts) : toppings_(ts) {}
private:
    std::set<std::string> toppings_;
};
```

자바로 대등하게 구현하면 아래와 같다.

```java
// 자바
class Bagel {
    public Bagel(ArrayList<String> ts) { toppings_ = ts; }
    private ArrayList<String> toppings_;
}
```

C++ 버전에서는 **toppings**를 Bagel 클래스로 완전히 캡슐화되도록 작성했다. 프로그래머가 토핑^{topping} 목록을 여러 베이글^{bagel}에 공유하고자 했다면 **std::shared_ptr** 같은 포인터로 선언했을 것이고, 또는 누군가가 토핑 목록을 소유하고 목록이 프로그램을 실행하면서 수정돼야 한다면 **std::weak_ptr**을 사용할 것이다.

자바에서는 객체들이 서로 참조하면서 소유권을 공유한다. 그러므로 토핑 목록을 몇 개의 베이글끼리 공유하고자 했는지 구분하는 것은 불가능하다. 또는 어딘가에서 토핑 목록이 관리되고 있는지, 그렇다면 대부분 **Bagel** 클래스가 전적으로 소유한 것인지 등을 구분하지 못한다.

함수들을 비교해보자. 자바를 비롯한 대부분의 언어가 기본적으로 모든 객체를 공유하고, 프로그래머는 아래와 같이 미묘한 버그에 주의를 기울여야 한다.

C++	자바
베이글이 토핑을 공유하지 않는 방법을 보자.	베이글이 토핑을 어떻게 공유하는지 보자.
``` auto t = std::set<std::string>{}; t.insert("salt"); auto a = Bagel{t}; ```	``` TreeSet<String> t = new TreeSet<String>(); t.add("salt"); Bagel a = new Bagel(t); ```
``` // 'a'는 영향이 없다. // petter를 더하는 시점 t.insert("pepper"); ```	``` // 지금 'a'는 후추를 가질 것이다. t.add("pepper"); ```
``` // 'a'는 소금이 추가된다. // 'b'는 소금과 후추가 추가된다. auto b = Bagel{t}; ```	``` // 'a'와 'b'는 't'의 토핑을 공유한다. Bagel b = new Bagel(t); ```
``` // 어떤 베이글에도 영향이 없다. t.insert("oregano"); ```	``` // 두 베이글은 오레가노 허브(oregano)를 // 가질 것이다. toppings.add("oregano"); ```

const 정확성

자바와 다른 언어에는 없는 C++의 또 다른 강력한 기능은 const 코드를 올바르게 작성하는 기능이다. const 정확성은 클래스의 각 멤버 함수의 서명signature을 통해 호출자가 객체를 수정할 것인지 아닌지를 명시적으로 알려주는 것이며, 호출자가 const로 선언한 객체를 수정하려고 시도하면 컴파일하지 않을 것이다.

다음은 객체를 의도하지 않게 수정하는 것을 막고자 const 멤버 함수를 어떻게 사용하는지 예를 보여준 아래의 Person 클래스는 age() 멤버 함수가 const로 선언돼 있다. 따라서 Person 객체를 변경할 수 없게 한다. 반면 set_age()는 객체를 변경시킬 수 있고, const로 선언될 수 없다.

```cpp
class Person {
public:
    auto age() const { return age_; }
    auto set_age(int age) { age_ = age; }
private:
    int age_{};
};
```

참조의 변경 가능 여부를 구별하도록 멤버에 반환하는 것은 가능하다. 다음의 Team 클래스에서는 leader() const 멤버 함수가 변경할 수 없는 Person 객체를 반환하고, 반면 leader() 함수는 변경할 수 있는 Person 객체를 반환한다.

```cpp
class Team {
public:
    auto& leader() const { return leader_; }
    auto& leader() { return leader_; }
private:
    Person leader_{};
};
```

이제 변경이 불가능한 객체를 변경하고자 할 때 컴파일러가 어떻게 오류를 찾도록 돕는지 살펴보자. 다음 예제에서 함수의 인수^argument teams가 const로 선언돼 이 함수는 수정이 허용되지 않는다는 것을 명시적으로 보여준다.

```cpp
auto nonmutating_func(const std::vector<Team>& teams) {
    auto tot_age = int{0};
    // 컴파일한다. leader(), age() 모두 const로 선언된다.
    for (constauto& team: teams)
        tot_age += team.leader().age();
    // 컴파일하지 않는다. set_age()는 변경 가능한 객체가 필요하다.
    for (auto& team: teams)
        team.leader().set_age(20);
}
```

teams 객체를 변경할 수 있는 함수를 작성하려면 단순하게 const를 제거하면 된다. 이런 표시를 사용해 이 함수는 teams를 변경할 수도 있다고 호출자에게 알려준다.

```cpp
auto mutating_func(std::vector<Team>& teams) {
    auto tot_age = int{0};
    // 컴파일한다. const 함수는 변경 가능한 객체로 호출될 수 있다.
    for (const auto& team: teams)
        tot_age += team.leader().age();
    // 컴파일한다. teams는 변경 가능한 객체다.
    for (auto& team: teams)
        team.leader().set_age(20);
}
```

객체 소유와 C++의 가비지 컬렉션

극히 일부의 경우를 제외하고 C++ 프로그래머는 컨테이너와 스마트 포인터가 메모리를 관리하게 해야 하고, 수동으로 처리하는 방법에 의지하면 안 된다.

분명히 하자면 자바의 가비지 컬렉션 모델은 모든 객체에 std::shared_ptr를 사용함으로써 C++와 거의 유사하게 동작한다. 가비지 컬렉션을 사용하는 언어는 메모리 할당을 추적하는 std::shared_ptr과 동일한 알고리즘을 사용하지 않는다는 점을 유념하자. std::shared_ptr은 객체가 상호 의존성을 가지면 메모리 누수가 생길 수 있는 방식인 참조를 카운트하는 알고리즘을 기반으로 한 스마트 포인터다. 가비지 컬렉션을 사용하는 언어는 상호 의존적인 객체를 관리하고 해제하는 더욱 세련된 방법을 갖고 있다.

하지만 가비지 컬렉터에 의지하는 것보다는 엄격하고 섬세하게 소유를 관리함으로써 자바의 경우처럼 기본적으로 객체를 공유하는 결과를 야기하는 찾아내기 힘든 버그를 회피할 수 있다.

프로그래머가 C++에서 소유권 공유를 최소화하면 그 결과로 작성된 코드는 사용하기 쉽고, 남용하기는 어렵다. 이는 클래스를 원래 의도대로만 사용하도록 강제할 수 있기 때문이다.

C++ 참조를 사용한 널 객체 예방

엄격한 소유권에 더해 C++는 자바의 참조와는 다른 참조의 개념을 갖고 있다. 내부적으로 참조는 널^{null}이나 재지정^{repoint}을 허용하지 않는 포인터다. 그러므로 함수에 참조를 전달할 때 복사가 발생하지 않는다.

결과적으로 C++에서의 함수 서명은 명시적으로 프로그래머가 널 객체를 파라미터로 전달하는 것을 막는다. 자바에서는 프로그래머가 널이 아닌 파라미터를 나타내려면 문서나 주석을 사용해야만 한다.

다음과 같이 구의 부피를 구하는 두 개의 자바 함수를 살펴보자. 첫 번째 예제는 널 객체가 전달되면 런타임 예외를 발생시킨다. 반면 두 번째 예제는 널 객체를 조용히 무시한다.

다음은 널 객체가 전달되면 런타임 예외를 발생시키는 첫 예제를 자바로 구현한 것이다.

```java
// 자바
float getVolume1(Sphere s) {
    float cube = Math.pow(s.radius(), 3);
    return (Math.PI * 4 / 3) * cube;
}
```

두 번째로 다음은 널 객체를 조용히 무시하도록 자바로 구현한 예제다.

```java
// 자바
float getVolume2(Sphere s) {
    float rad = s == null ? 0.0f : s.radius();
    float cube = Math.pow(rad, 3);
    return (Math.PI * 4 / 3) * cube;
}
```

자바로 구현한 두 함수는 함수의 호출자가 널 객체가 허용되는지 여부를 결정하고자 해당 함수를 검사하도록 구현됐다.

C++에서는 첫 번째 함수 서명이 명시적으로 널이 될 수 없는 참조를 사용한 객체로 초기화된 객체만 허용한다. 두 번째 버전은 인수^{argument}를 포인터로 사용해서 널 객체가 처리 가능하다는 점을 분명히 보여준다.

다음 코드에서는 C++ 인수가 널 값이 허용되지 않는 참조로 전달된다.

```cpp
auto get_volume1(const Sphere& s) {
    auto cube = std::pow(s.radius(), 3);
    auto pi = 3.14f;
    return (pi * 4 / 3) * cube;
}
```

다음 코드에서는 C++ 인수가 널 값이 처리될 수 있음을 보여주는 포인터로 전달된다.

```
auto get_volume2(const Sphere* s) {
    auto rad = s ? s->radius() : 0.0f;
    auto cube = std::pow(rad, 3);
    auto pi = 3.14f;
    return (pi * 4 / 3) * cube;
}
```

인수로 참조나 값을 C++에서 사용할 수 있다는 점은 함수를 어떻게 사용해야 하는지 C++ 프로그래머에게 의도를 알려준다. 반면 자바에서는 객체가 항상 포인터로 전달되면서 널이 될 가능성이 있으므로 사용자가 반드시 함수의 실행을 검사해야 한다.

C++의 단점

C++의 단점에 대한 언급 없이 다른 프로그래밍 언어와 비교하는 것은 공정하지 못하다. 앞에서 언급했듯 C++는 배워야 할 개념이 많고, 따라서 올바르게 사용하거나 잠재력을 모두 이끌어내기는 더욱 어렵다. 하지만 프로그래머가 C++를 완벽하게 익힐 수 있다면 상대적으로 복잡한 부분이 장점으로 변하고, 코드 베이스는 더욱 강력하고 훌륭하게 일을 해낸다.

그럼에도 C++에는 단순한 단점도 있다. 가장 심각한 단점은 긴 컴파일 시간, 전방선언^{forward declaration}과 헤더/소스 파일의 수동 처리, 라이브러리를 가져오는 과정이 복잡한 것이다.

이러한 점이 C++가 기존에 어떤 헤더를 인클루드^{include}했던지 간에 계속 불필요한 가져오기를 야기한다. 이 책을 쓰는 시점에는 최신 모듈^{module} 기반의 임포트 시스템이 표준화돼 소개되겠지만, 표준화된 C++ 버전이 보급되기 전까지는 프로젝트의 관리가 여전히 번거로울 것이다.

또 다른 단점은 제공되는 라이브러리가 부족하다는 것이다. 다른 언어는 그래픽, 사용자 인터페이스, 네트워크, 스레드, 자원resource 관리 등 대부분의 애플리케이션에 필요한 라이브러리와 함께 제공되지만, C++는 알고리즘, 스레드, C++ 17에서의 파일 시스템 관리 등 최소한을 갖춘 정도로만 제공된다. 따라서 여러 경우에 프로그래머는 외부 라이브러리에 의존한다.

요약하면 C++는 대부분의 다른 언어보다 완만하지 못하고 한꺼번에 많이 배워야 하는 과정을 갖고 있기는 하지만, 제대로 쓴다면 다른 언어에 비해 강력하다는 장점이 있다. 따라서 C++의 오래된 라이브러리를 가져오는 시스템임에도 불구하고, 규모가 큰 프로젝트나 성능이 최우선이 아닌 프로젝트에도 적합한 언어다.

▍ 클래스 인터페이스와 예외 처리

C++의 고성능에 대한 개념으로 더 깊이 들어가기 전에 C++ 코드를 작성하면서 분명히 해둘 몇 가지 개념을 강조하고자 한다.

엄격한 클래스 인터페이스

클래스를 작성하는 기본적인 지침은 클래스의 사용자가 내부적인 처리 동작에 부담을 갖지 않도록 인터페이스를 노출시키는 것이다. C++에서 클래스 복사란 일종의 인터페이스이므로 필요에 맞게 최대한 엄격해야 한다.

클래스는 구성 전체가 완전히 복사돼 동작하거나, 복사할 경우 컴파일에 실패하도록 동작해야 한다. 클래스를 복사할 경우 복사된 클래스가 원본 클래스를 수정하는 부작용이 발생하지 않아야 한다. 이러한 사실은 듣기에는 간단하지만 클래스가 힙에 할당된 객체에 포인터 멤버 변수로 접근하는 경우처럼 모호한 환경이 만들어지기도 한다. 예를 들어 다음과 같이 std::shared_ptr의 경우를 살펴보자.

```
class Engine {
public:
    auto set_oil_amount(float v) { oil_ = v; }
    auto get_oil_amount() const { return oil_; }
private:
    float oil_{};
};
class YamahaEngine : public Engine {
    //...
};
```

Boat 클래스를 만든 프로그래머는 복사 의미론에 주의를 기울이지 않고 다소 느슨한 인터페이스를 만들었다.

```
class Boat {
public:
    Boat(std::shared_ptr<Engine> e, float l)
    : engine_{e}
    , length_{l}
    {}
    auto set_length(float l) { length_ = l; }
    auto& get_engine() { return engine_; }
private:
    // 파생되는 engine_ 클래스는 힙에 할당된다.
    std::shared_ptr<Engine> engine_;
    float length_{};
};
```

나중에 다른 프로그래머가 Boat 클래스를 사용하고 복사한 것이 올바르게 동작할 것을 기대할 것이다.

```
auto boat0 = Boat{std::make_shared<YamahaEngine>(), 6.7f};
auto boat1 = boat0;
// ... 기름 값(oil_amount)이 두 보트에 영향을 주는지 알아채지 못한다.
boat1.set_length(8.56f);
boat1.get_engine()->set_oil_amount(3.4f);
```

이런 결과는 Boat 클래스 인터페이스가 복사를 더욱 엄격하게 제한했다면 막을 수 있다. 이제 두 번째 프로그래머가 Boat 클래스를 처리하는 알고리즘의 설계를 다시 검토할 필요는 있지만, 찾기 힘든 버그들을 우연히 만들게 되지는 않을 것이다.

```
class Boat {
private:
    Boat(const Boat& b) = delete;
    // 복사 불가
    auto operator=(const Boat& b) -> Boat& = delete;
    // 복사 불가
public:
    Boat(std::shared_ptr<Engine> e, float l) : engine_{e}, length_{l} {}
    auto set_length(float l) { length_ = l; }
    auto& get_engine() { return engine_; }
private:
    float length_{};
    std::shared_ptr<Engine> engine_;
};

// 다른 프로그래머가 보트 객체를 복사하려고 하면
auto boat0 = Boat{std::make_shared<YamahaEngine>(), 6.7f};
// 컴파일되지 않을 것이다. 따라서 다른 프로그래머는
// 보트의 제약을 해결할 다른 방법을 찾을 필요가 있다.
auto boat1 = boat0;
```

오류 처리와 자원 관리

경험적으로 예외exception는 다양한 C++ 코드 베이스에서 여러 가지 방법으로 사용되고 있다(실제로 예외를 지원하는 다른 언어에서도 마찬가지다). 특수한 애플리케이션이 런타임 오류를 처리하면서 다양한 요구를 받는 것도 한 가지 이유다. 심장 박동기나 발전소 제어 시스템과 같은 애플리케이션이 비정상 종료crash될 경우 심각한 영향을 주게 되므로, 메모리 부족과 같이 가능한 모든 예외 조건을 처리해야 하고 애플리케이션을 항상 실행 중인 상태로 유지해야 한다. 심지어 어떤 애플리케이션은 힙 메모리 영역의 사용을 완전히 배제해야 하는데, 기계적으로 새로운 메모리를 할당하는 것 자체가 애플리케이션에서 제어할 수 없는 조건이기 때문이다.

대부분의 애플리케이션에서는 위와 같은 조건이 이례적인 것이고, 현재 상태를 저장하면서 정상적으로 종료하는 데 아무런 문제가 없다. 이례적으로 시스템 환경적인 이유로 예외가 발생하는데, 메모리와 디스크 공간 부족 등을 예로 들 수 있다. 예외는 문제가 있는 코드나 일종의 알림을 위해 정상적인 흐름에서 벗어나려는 용도로 사용돼서는 안 된다.

유효 상태의 유지

다음 예제를 살펴보자. branches_ = ot.branches_ 동작이 메모리 부족(branches_는 매우 큰 메모리를 쓰는 변수라고 가정)으로 인해 예외를 발생시키면 tree1과 branches_에서 생성된 leafs_를 포함하고 있는 tree() 메서드는 정상적인 흐름이 유효한 상태가 아닌 채로 남게 된다.

```
struct Leaf { /* ... */ };
struct Branch { /* ... */ };

class OakTree {
public:
```

```
        auto& operator=(const OakTree& other) {
            leafs_ = other.leafs_;
            // branches의 복사가 예외를 발생시키면 leafs만
            // 복사되고 OakTree는 무효한 상태로 남는다.
            branches_ = other.branches_;
            *this;
        }
        std::vector<Leaf> leafs_;
        std::vector<Branch> branches_;
    };
    auto save_to_disk(const std::vector<OakTree>& trees) {
        // 모든 trees를 유지한다.
    }

    auto oaktree_func() {
        auto tree0 = OakTree{std::vector<Leaf>{1000}, std::vector<Branch>{100}};
        auto tree1 = OakTree{std::vector<Leaf>{50}, std::vector<Branch>{5}}
        try {
            tree0 = tree1;
        }
        catch(const std::exception& e) {
            // tree()가 손상됐을 수 있다.
            save_to_disk({tree0, tree1});
        }
    }
```

이미 부여된 동작을 갖고 있는 **tree()**가 유효한 상태를 유지하기 원하므로 모든 떡갈나무^{oak tree}를 저장(여기서 떡갈나무 생성기 애플리케이션을 만든다고 가정)하고 종료한다.

여기서는 copy와 swap이라는 형식을 사용해 바로잡을 수 있으며, 이는 애플리케이션의 상태가 swap 함수로 인해 바뀌기 전에 예외를 발생시킬 수도 있는 동작을 수행하는 것을 의미한다.

```
class OakTree {
public:
    auto& operator=(const OakTree& other) {
        // 우선 OakTree 객체의 수정 없이 지역 복사(local copies)를 생성한다.
        // 복사가 예외를 발생시킬 수 있지만 OakTree는 유효한 상태로 남는다.
        auto leafs = other.leafs_;
        auto branches = other.branches_;

        // 아무런 예외 오류가 발생하지 않고, swap에 의해 객체 상태를
        // 이제 안전하게 수정할 수 있다.
        std::swap(leafs_, leafs);
        std::swap(branches_, branches);
        return *this;
    }
    std::vector<Leaf> leafs_;
    std::vector<Branch> branches_;
    return *this;
};
```

자원 관리

모든 지역 변수의 소멸자^{destructor}는 여전히 실행되고, 이는 **leafs**와 **branches**가 할당한 어떤 자원(여기서는 메모리)이건 해제된다는 것을 의미한다. C++ 객체의 소멸은 예측 가능하고, 확보한 모든 자원을 해제하는 데 대한 제어권을 갖고 있다. 다음 예제는 뮤텍스^{mutex} 변수인 **m**이 어디서 어떻게 벗어나든지 제어 범위^{scope}에서 빠져나오면 잠금이 해제되는(즉, 함수를 벗어나면 잠금이 항상 해제되는) 것을 보여준다.

```
auto func(std::mutex& m, int val, bool b) {
    auto guard = std::lock_guard<std::mutex>{m};
    // 뮤텍스가 잠긴다.
    if (b) {
        // 여기를 일찍 빠져나가면 자동으로 뮤텍스 잠금을 해제한다.
```

```
        return;
    }
    if (val == 313) {
        // 예외가 발생하면 자동으로 해제한다.
        throw std::exception{};
    }
    // 함수를 빠져나가면 뮤텍스를 자동으로 해제한다.
}
```

소유권^{ownership}, 객체 수명^{lifetime}, 자원 확보^{acquisition} 등은 이 책에서 나중에 다룰 기본이 되는 C++의 개념이다.

예외와 오류 코드의 비교

2000년대 중반에는 C++에서 예외 처리를 사용하면 실제로 예외가 발생되지 않더라도 성능에 나쁜 영향을 준다고 봤다. 성능이 매우 중요한 코드는 종종 예외를 나타내기 위해 오류 코드를 반환하도록 코드를 작성했다. 오류 코드를 반환하고 처리해 코드 베이스를 키우는 것은 성능이 중요하고 예외에 대해 안전한 코드를 작성하는 유일한 방법이었다.

오늘날의 C++ 컴파일러에서 예외 처리는 예외가 발생했을 경우에만 영향을 준다. 발생한 예외의 일부만 현재 프로세스를 종료시키는 데 영향을 주는 점을 고려하면 성능에 민감한 시스템에서도 안전하게 예외 처리를 사용할 수 있고, 오류 코드보다는 예외 처리를 사용해서 얻는 장점을 활용할 수 있다.

▌ 이 책에서 사용한 라이브러리

C++는 라이브러리를 최소한의 필요를 만족시키는 정도로만 제공한다. 따라서 이 책에서는 필요한 경우 외부 라이브러리에 의존한다. C++ 업계에서 가장 일반적으로 사

용되는 라이브러리는 부스트^{Boost} 라이브러리(http://www.boost.org/)일 것이다. 사용해야 할 라이브러리가 너무 많지 않게 유지하고자 이 책에서는 부스트 라이브러리를 SIMD, GPU와 같은 하드웨어 의존적인 최적화에 사용한다.

이 책에서 표준 C++ 라이브러리로 부족한 경우에는 전반적으로 부스트 라이브러리를 사용할 것이다. 이후에 만난 여러 C++ 표준의 일부(filesystem, any, optional, variant)를 부스트에서 활용하겠지만, 표준 C++에 포함될 예정인 라이브러리는 이 책에서 다룬다. 부스터 라이브러리에서 특별한 빌드를 구성할 필요 없이 헤더만 필요한 부분 header-only part을 사용할 것이므로 지정된 헤더 파일만 포함하면 된다.

▌요약

1장에서는 C++의 몇 가지 특징적인 기능과 단점, 그리고 오늘날까지 발전해온 모습을 다뤘다. C++를 다른 언어와 비교하면서 성능과 강력한 기능적인 면에서 장단점을 알아봤다. C++에 대한 근거 없는 믿음이나 오해가 풀렸기를 바란다. 또한 엄격한 인터페이스, 자원 관리, 올바른 예외 처리의 중요성도 배웠다.

02

최신 C++ 개념

2장에서는 몇 가지 최신 C++ 개념을 깊이 있게 살펴본다. 이동 의미론^{move semantics}(이동에 대한 개념의 체계), 전달 참조^{forwarding references}, std::optional, std::any와 람다^{lambda} 함수 등을 다룬다. 이런 개념 중 일부는 경험 많은 C++ 프로그래머에게도 여전히 혼란스러우므로, 내부적으로 어떻게 동작하는지 활용 사례와 함께 살펴본다.

▌auto 키워드를 사용한 자동 타입 추론

C++11에서 auto 키워드가 도입된 이후에 C++ 커뮤니티에서는 많은 혼란이 있었는데, 주로 const auto&, auto&, auto&&와 같이 다양한 형태로 나타난 auto의 사용법에 관한 것이다.

함수 서명에서 auto 사용

일부 C++ 프로그래머가 반대하지만, 경험적으로 함수 서명^{function signatures}에 auto를 사용하면 헤더 파일을 찾아볼 때 가독성^{readability}을 크게 증가시킨다.

다음은 명시적 타입을 사용한 기존 구문과 비교한 새로운 auto 구문이다.

명시적 타입의 기존 구문	auto를 사용한 새 구문
| ```cpp
struct Foo {
  int val() const {
    return m_;
  }
  const int& cref() const {
    return m_;
  }
  int& mref() {
    return m_;
  }
  int m_{};
};
``` | ```cpp
struct Foo {
  auto val() const {
    return m_;
  }
  auto& cref() const {
    return m_;
  }
  auto& mref() {
    return m_;
  }
  int m_{};
};
``` |

auto 구문은 후행 반환^{trailing return} 타입의 존재 여부와 상관없이 사용할 수 있다. 후행하는 반환 값은 함수의 정의를 헤더에 선언하는 대신 .cpp 파일에 넣을 때 필요하다.

auto 구문은 free 함수에도 사용할 수 있다는 점을 유의한다.

반환 타입	구문 변형(동일한 결과에 대응하는 a, b, c)	
값	auto val() const	// a) auto, 추론된 타입
	auto val() const -> int	// b) 타입이 제공된 auto
	int val() const	// c) 명시적 타입

(이어짐)

반환 타입	구문 변형(동일한 결과에 대응하는 a, b, c)	
const 참조	`auto& cref() const`	// a) auto, 추론된 타입
	`auto cref() const -> const int&`	// b) 타입이 제공된 auto
	`const int& cref() const`	// c) 명시적 타입
변형 가능한 참조	`auto& mref()`	// a) auto, 추론된 타입
	`auto mref() -> int&`	// b) 타입이 제공된 auto
	`int& mref()`	// c) 명시적 타입

변수에서 auto 사용

C++11에서 **auto** 키워드의 도입은 C++ 프로그래머 사이에 상당한 논란을 야기했다. 많은 사람이 가독성을 나빠지게 하거나 동적으로 타입을 결정하는 다른 언어처럼 만들었다고 생각했다. 이러한 논란과는 별개로 필자는 **auto**를 대부분의 경우에 사용할 것을 권하고 싶다. 코드를 더 안전하고 덜 지저분하게 만든다는 경험에서 나온 의견이다.

auto를 지역 변수에 대해 좌에서 우로 초기화하는 방식으로 사용하는 것을 선호한다. 이는 변수를 항상 좌측에 두고, 등호를 붙이고, 우측에 타입을 넣는 방식을 말하며, 다음과 같다.

```
auto i = 0;
auto x = Foo{};
auto y = create_object();
auto z = std::mutex{};
```

C++17에서 소개된 복사 생략$^{copy\ elision}$은 **auto x = Foo{}**와 **Foo x{}** 구문을 동일하게 만든다. 이는 C++ 언어에 위 과정에서 이동하거나 복사가 필요한 임시 객체가 없다는 점을 명백하게 한 것이다. 또한 성능에 대한 걱정 없이 좌에서 우로 초기화해나가는

방식을 사용할 수 있다는 것을 의미하며, 이동 불가능한 유형이나 복사 불가능한 유형
에도 적용할 수 있다.

auto를 활용하면 변수에 올바른 타입을 사용하는 데 도움이 된다. 여전히 필요한 작업
은 변수를 어떻게 사용하고자 하는지 표현해주는 정도이며, 이는 참조나 복사가 필요
한지, 변수를 수정하고 싶은지, 아니면 그냥 읽고 싶은지를 지정해주는 것이다.

const 참조

const auto&와 같이 나타내는 const 참조^{const reference}는 어느 것과도 바인드^{bind}가 가능
하다. 생성된 변수는 항상 불변이므로 const 참조는 수정을 원하지 않는 변수에 대한
기본적인 선택이어야 한다.

이러한 const 참조가 임시 객체와 엮이면 임시 객체는 참조의 수명만큼 연장된다.
다음 예제에서 이 내용을 살펴보자.

```
auto func(const std::string& a, const std::string& b) {
    const auto& str = a + b;
    // a + b 결과로 임시 객체를 반환한다.
    ...
} // str은 유효한 범위를 벗어나므로 임시 객체는 소멸된다.
```

auto&를 사용해 const 참조도 가능하다. 다음 예제로 알아보자.

```
auto func() {
    auto foo = Foo{};
    auto& cref = foo.cref();    // cref는 const 참조다.
    auto& mref = foo.mref();    // mref는 변경 가능한 참조다.
}
```

기본적으로 이 코드는 전혀 문제가 없지만, const auto&를 사용해서 항상 명시적으로 const 참조를 처리하는 것을 선호한다. 더 중요한 것은 auto&가 변경 가능한 객체라는 표시를 해주는 것이다.

가변 참조

const 참조와 대조적으로 가변 참조^{mutable reference}는 임시 객체와 바인드가 되지 않는다. auto&는 가변 참조를 표시해 사용한다. 가변 참조는 객체 참조를 변경하고자 하는 경우에만 사용한다.

전달 참조

auto&&를 전달 참조^{forwarding reference}라고 한다(일반적인 참조^{universal reference}라고도 한다). 어떤 것과도 바인드할 수 있고, 일부 상황에서 특히 유용하다. 전달 참조는 const 참조와 마찬가지로 임시 객체의 수명을 확장한다. 하지만 const 참조와는 달리 auto&&는 임시 객체를 포함한 해당 객체 참조의 변경을 허용한다.

auto&&를 사용하면 다른 코드에 변수를 전달한다. 전달 과정에서 변수가 const인지 변경 가능한지를 염려할 필요가 거의 없고, 일부 코드에 실제 사용할 변수를 전달해주면 된다.

 템플릿 메서드에서 오직 auto&&와 T&&만이 전달 참조임을 유념한다. 명시적 타입으로 && 구문을 사용하는 것은 std::string&&처럼 오른쪽 값(r-value)을 말하며, 전달 참조의 특징을 갖고 있지 않다(오른쪽 값과 이동 의미론은 2장의 후반부에서 다룬다).

결론

개인적인 의견이지만 가능하면 const auto&를 항상 사용할 것을 권하고, 그로 인해 다른 의심스런 작업 없이 값만 읽어가기를 원한다는 의사를 표현할 수 있다. 이런 방식이 C++ 코드 베이스의 변수 선언에 대한 주류 형태로 자리 잡아야 한다.

auto&와 auto는 가변 참조나 명시적 복사 동작이 필요한 경우에만 사용돼야 한다. 이러한 변수가 다른 변수를 변경시키기 때문에 중요하며, 복사되지 않을 경우 다른 변수를 변경시킬 수도 있다는 점을 코드를 보는 사람에게 알려준다. 결국 auto&&는 전달 코드에서만 사용한다.

위와 같은 규칙을 따르면 코드 베이스를 읽고, 디버깅하기 쉽다는 장점도 있다.

 대부분의 변수 선언에 const auto&를 사용할 것을 권하는 것이 다소 이상하게 들릴지도 모르겠다. 전반적으로 이 책에서 단순한 auto를 사용하는 경향이 있다. 단순화된 auto를 사용하는 이유는 단지 이 책에서 허용되는 양식의 제한된 여백 때문이다.

▌람다 함수

람다 함수lambda function는 C++11에서 소개됐고, C++14에서 다형성polymorphic 기능이 강화됐다. 람다 함수는 최신 C++에서 가장 쓸 만한 기능 중 하나다. 람다 함수의 다양한 능력은 알고리즘 속에서의 쉬운 전달만이 아니라 관련 코드를 전달할 필요가 있는 여러 환경에서 사용할 수 있기 때문이며, 특히 람다 함수를 std::function에 저장할 수 있다.

람다 함수로 이런 프로그래밍 기술을 다루기 쉬워졌지만, 클래스를 operator()로 오버로드overload해서 만들어도 이 절의 모든 것을 람다 함수 없이 수행할 수 있다.

이와 같은 클래스와 람다 함수의 유사점을 나중에 살펴볼 것이고, 우선 간단한 예제를 통해 람다 함수를 소개한다.

C++ 람다 함수의 기본 구문

간단히 말해 람다 함수의 기능은 프로그래머가 마치 변수를 전달하듯이 함수를 정규 함수에 전달하게 해준다.

람다 함수를 알고리즘에 전달하는 것을 변수의 전달과 함께 비교해보자.

```cpp
// 준비 사항
auto vals = std::vector<int>{1, 3, 2, 5, 4};

// 숫자 3을 살펴보자.
auto three = 3;
auto num_threes = std::count(vals.begin(), vals.end(), three);
// num_threes는 1이다.

// 3보다 큰 수를 찾아보자.
auto is_above_3 = [](int v){ return v > 3; };
auto num_above_3 = std::count_if(vals.begin(), vals.end(), is_above_3);
// num_above_3은 2다.
```

변수를 전달하고 나서 std::count()로 찾는 첫 번째 경우와 std::count_if()로 찾고자 함수를 전달한 두 번째 경우를 살펴보자. 이는 람다 함수의 전형적인 활용 사례다. 함수를 다른 함수에 여러 번 사용하도록 전달한다(여기서는 std::count_if).

또한 람다는 변수와 반드시 연계될 필요는 없고, 단지 구문에서 변수를 오른쪽에 놓으면 된다. 이런 동작을 람다 함수로 수행해보자.

```cpp
auto num_3 = std::count(vals.begin(), vals.end(), 3);
auto num_above_3 = std::count_if(vals.begin(), vals.end(), [](int v){
```

```
    return v > 3;
});
```

캡처 블록

이제 좀 더 깊게 살펴보자. 앞의 예제에서는 세고자 하는 숫자를 직접 코드에 넣었다. 람다에 외부 변수를 대신 써보려면 어떻게 할까? 람다에서 [] 형태로 표시된 캡처 블록capture block에 외부 변수를 넣어 캡처한다.

```
auto count_value_above(const std::vector<int>& vals, int th) {
    auto is_above = [th](int v) { return v > th; };
    return std::count_if(vals.begin(), vals.end(), is_above);
}
```

위 예제에서 th 변수를 람다 함수에 복사하면서 캡처했다. th 변수를 참조로 선언하길 원하면 & 기호를 다음과 같이 앞에 놓으면 된다.

```
auto is_above = [&th](int v) { return v > th; };
```

C++에서 보통 사용하는 참조 변수처럼 단순한 외부 th 변수를 참조한다.

참조에 의한 캡처와 값에 의한 캡처

캡처 블록을 참조나 변수의 복사와 같은 형태로 사용하는 것은 일반적인 변수와 동일하게 동작한다. 다음의 두 예제를 살펴보면서 차이점을 찾아보자.

값에 의한 캡처	참조에 의한 캡처
``cpp	```cpp

값에 의한 캡처	참조에 의한 캡처

<pre>auto func() {
  auto vals = {1,2,3,4,5,6};
  auto th = 3;
  auto is_above=[th](int v){
    return v > th;
  };
  th = 4;
  auto count_b=std::count_if(
    vals.begin(),
    vals.end(),
    is_above
  );
  // count_b는 3이다.
}</pre>
	<pre>auto func() {
	  auto vals = {1,2,3,4,5,6};
	  auto th = 3;
	  auto is_above=[&th](int v){
	    return v > th;
	  };
	  th = 4;
	  auto count_b=std::count_if(
	    vals.begin(),
	    vals.end(),
	    is_above
	  );
	  //count_b는 2다.
	}</pre>

첫 번째 예제는 임곗값이 람다 함수 안으로 복사됐으므로 th가 변경될 때 영향을 받지 않는다. 따라서 std::count_if()는 3보다 큰 값의 수를 카운트한다.

두 번째 예제는 th가 참조에 의해 캡처됐으므로 std::count_if()는 대신 4보다 큰 값의 수를 카운트한다.

람다와 클래스의 유사점

람다 함수가 어떤 것들로 구성되는지 알아보고자 다음과 같이 평범한 클래스class에 제약조건을 걸어볼 수 있다.

- 클래스는 오직 한 개의 멤버 함수만 가진다.
- 캡처 블록은 클래스 멤버 변수와 생성자의 조합이다.
- 각 람다 함수는 자신만의 고유한 타입을 가진다. 두 개의 람다 함수가 단순히 복사된 관계라도 여전히 두 개 모두 고유한 타입을 가진다.

아래의 표는 단순한 람다 함수인 **is_above**와 람다 함수에 대응하는 클래스를 보여준다. 좌측의 열은 값에 의한 캡처^{capture by value}를 사용하고, 우측의 열은 참조에 의한 캡처^{capture by reference}를 보여준다.

값에 의한 캡처의 람다...	참조에 의한 캡처의 람다...
```cpp\nauto th = 3;\nauto is_above = [th](int v) {\n return v > th;\n};\nauto test = is_above(5);\n// test equals true\n```	```cpp\nauto th = 3;\nauto is_above = [&th](int v) {\n return v > th;\n};\nauto test = is_above(5);\n// test equals true\n```
... 대응하는 클래스	... 대응하는 클래스
```cpp\nauto th = 3;\nclass IsAbove {\npublic:\n IsAbove(int th) : th{th} {}\n // 유일한 멤버 함수\n auto operator()(int v)const{\n return v > th;\n }\nprivate:\n int th{}; // 멤버\n};\nauto is_above = IsAbove{th};\nauto test = is_above(5);\n// test equals true\n```	```cpp\nauto th = 3;\nclass IsAbove{\npublic:\n IsAbove(int& th) : th{th} {}\n // 유일한 멤버 함수\n auto operator()(int v)const{\n return v > th;\n }\nprivate:\n int& th; // 멤버\n};\nauto is_above = IsAbove{th};\nauto test = is_above(5);\n// test equals true\n```

캡처에서의 변수 초기화

앞의 예제에서 봤듯이 캡처 범위에 대응하는 클래스에서 멤버 변수를 초기화한다. 이는 람다 내부에서 보이는 범위에 한해 람다에서도 멤버 변수를 초기화할 수 있음을 의미한다.

람다 함수	대응 클래스
| ```cpp
auto func = [c=std::list<int>{4,2}](){
  for(auto v : c)
    std::cout << v;
};
func();
// 결과: 42
``` | ```cpp
class Func {
public:
  Func() : c{4, 2} {}
  auto operator()()const->void{
    for(auto v : c)
      std::cout << v;
  }
private:
  std::list<int> c;
};
auto func = Func{};
func();
// 결과: 42
``` |

람다 멤버 변수 변경

람다 함수는 멤버 변수가 있는 클래스처럼 동작하므로 변경도 가능하다. 다음 예제에서는 임곗값^{threshold} 변수가 호출될 때마다 람다가 변경한다.

람다에서 멤버 변수를 변경하려면 람다를 선언할 때 **mutable**을 지정해야 한다. 람다 함수에서 **mutable** 수식어는 일반적인 클래스 멤버 함수에서의 const에 반대되는 개념으로 동작한다. 클래스 멤버 함수와는 대조적으로 람다 함수에서는 const가 기본이다. 그러므로 람다의 변경은 명시적으로 지정해야 한다.

값에 의한 캡처	참조에 의한 캡처
| ```cpp
auto func() {
  auto v = 7;
  auto lambda = [v]() mutable {
    std::cout << v << " ";
    ++v;
  };
``` | ```cpp
auto func() {
  auto v = 7;
  auto lambda = [&v]() {
    std::cout << v << " ";
    ++v;
  };
``` |

| ```
    assert(v == 7);
    lambda();
    lambda();
    assert(v == 7);
    std::cout << v;
}
``` | ```
    assert(v == 7);
    lambda();
    lambda();
    assert(v == 9);
    std::cout << v;
}
``` |
| 결과:7 8 7 | 결과: 7 8 9 |

v를 참조로 캡처하고자 한다면 람다는 자체적으로 변경하지 않기 때문에 **mutable** 키워드를 지정할 필요가 없다. 그 대신 **func**의 원래 v는 변경되는데, 이는 출력 결과가 다르다는 것을 의미한다.

컴파일러 관점에서의 멤버 변수 변경

앞의 예제에서 무슨 일이 일어나는 것인지 이해하고자 앞에서 살펴본 람다 객체를 컴파일러는 어떻게 바라보는지 살펴보자.

값에 의한 캡처의 경우	참조에 의한 캡처의 경우
| ```
class MutatingLambda {
public:
  MutatingLambda(int m)
  : v{m} {}
  auto operator()() {
    std::cout<< v <<" ";
    ++v;
  }
  private:
  int v{};
};
``` | ```
class MutatingLambda {
public:
  MutatingLambda(int& m)
  : v{m} {}
  auto operator()()const{
    std::cout<< v <<" ";
    ++v;
  }
  private:
  int& v;
};
``` |

위에서 알 수 있듯이 첫 번째 경우는 일반적인 멤버를 쓰는 클래스에 해당한다. 반면 참조에 의한 캡처는 단순히 멤버 변수가 참조인 클래스에 해당한다.

여기서 참조에 의한 캡처 클래스에서 operate() 멤버 함수에 const 키워드를 추가하고 대응하는 람다는 mutable로 지정하지 않았다는 것을 알 수 있다. 이와 같이 처리한 이유는 실제 클래스나 람다 안에서 아무것도 변경하지 않는 위 클래스가 const로 간주되기 때문이다. 실제 변경된 사항은 참조된 값에 대해 적용되는 것이며, 함수는 여전히 const로 간주된다.

한꺼번에 캡처

변수를 하나씩 캡처하는 것 외에도 단순히 [=]나 [&]를 넣어 범위 내의 모든 변수를 캡처할 수도 있다.

[=]를 사용하면 모든 변수가 값으로 캡처되고, [&]를 사용하면 모든 변수를 참조로 캡처한다.

클래스 내부일 경우 [this]를 사용하면 참조로 모든 클래스 멤버 변수를 캡처할 수 있고, [*this]를 사용해 복사로 캡처할 수도 있다.

```cpp
class Foo {
public:
    auto member_function() {
        auto a = 0;
        auto b = 1.0f;
        // 복사로 모든 변수 캡처
        auto lambda_0 = [=]() { std::cout << a << b << m_; };
        // 참조로 모든 변수 캡처
        auto lambda_1 = [&]() { std::cout << a << b << m_; };
        // 참조로 멤버 변수 캡처
        auto lambda_2 = [this]() { std::cout << m_; };
        // 복사로 멤버 변수 캡처
        auto lambda_3 = [*this]() { std::cout << m_; };
    }

private:
```

```
    int m_{};
};
```

[=]를 사용하면 유효한 범위^{scope} 내의 모든 변수를 람다로 복사하지는 않고 사용되는 변수들만 복사한다는 점에 주의한다.

 [&]나 [=]를 사용해서 모든 변수를 캡처하면 편리하지만, 하나씩 캡처하는 것을 권한다. 람다 범위 안에서 사용되는 변수를 분명하게 확인하기 쉬워서 코드의 가독성이 향상되기 때문이다.

값으로 모든 변수를 캡처하는 경우 참조로 캡처할 변수를 지정할 수 있다(반대의 경우도 가능하다). 아래의 표는 캡처 블록에서 다양한 조합의 결과를 보여준다.

캡처 블록	캡처 타입 결과
int a, b, c; auto func = [=](){};	a, b, c를 값으로 캡처
int a, b, c; auto func = [&](){};	a, b, c를 참조로 캡처
int a, b, c; auto func = [=, &c](){};	a, b는 값으로, c는 참조로 캡처
int a, b, c; auto func = [&, c](){};	a, b는 참조로, c는 값으로 캡처

C 함수 포인터를 람다에 할당

콜백^{callback} 함수를 파라미터로 사용하는 C 라이브러리나 오래된 C++ 라이브러리를 사용한다고 가정해보자. 편의상 다음과 같은 람다 함수를 사용하려 한다.

```
external void download_webpage(
        const char* url, void (*callback)(int, const char*));
```

여기서의 콜백은 반환되는 코드와 HTML 웹 페이지다. 람다로 호출하고 싶다면 람다
함수 앞에 더하기 표시를 사용해서 일반 함수 포인터로 변환해야 한다.

```
auto func() {
    auto lambda = +[](int result, const char* str) {};
    download_webpage("http://www.packt.com", lambda);
}
```

이와 같이 람다는 일반 함수 포인터로 변환된다. 이런 기능을 사용하고자 람다는 캡처
를 전혀 가질 수 없다는 점을 유념한다.

람다와 std::function

앞에서 언급했듯이 모든 람다 함수는 자신만의 타입을 갖고 있으며, 동일한 두 개의
람다가 동일한 서명을 갖고 있어도 마찬가지다.

std::function의 서명은 다음과 같이 정의한다.

```
std::function< return_type ( 파라미터0, 파라미터1...) >
```

따라서 std::function은 아무것도 반환하지 않고, 파라미터도 없이 다음과 같이 정의
한다.

```
auto func = std::function<void(void)>{};
```

std::function이 bool을 반환하고 int와 std::string 파라미터를 가지면 다음과 같이 정의한다.

```
auto func = std::function<bool(int, std::string)>{};
```

std::functions에 람다 할당

다시 말하지만 모든 람다는 자신만의 타입이 있고, 따라서 똑같은 함수라도 다른 람다 함수에 할당될 수 없다. 하지만 std::function은 동일한 서명을 갖고 있는 어떤 람다 함수라도 보유할 수 있고, 이 경우 동일한 파라미터와 반환되는 값을 가진다. std::function은 실행 중에 재할당될 수도 있다. 이는 람다 함수를 보유할 변수를 원하는 경우 std::function 타입을 만든다.

여기서 중요한 것은 람다에 의해 캡처된 것이 해당 서명에 영향을 주지 않는다는 것이고, 두 람다 모두 캡처와 무관하게 동일한 std::function에 할당할 수 있다.

다음 코드 블록은 서로 다른 람다가 동일한 std::function 객체에 어떻게 할당되는지 보여준다.

```
// 아직 할당된 것이 없는 std::function 객체를 생성한다.
auto func = std::function<void(int)>{};
// std::function에 캡처 없이 람다를 할당한다.
func = [](int v) { std::cout << v; };
func(12); // 12를 출력한다.

// 동일한 std::function에 캡처와 함께 람다를 할당한다.
auto forty_two = 42;
func = [forty_two](int v) { std::cout << (v + forty_two); };
func(12); // 54를 출력한다.
```

72

std::function으로 간단한 버튼 클래스 구현

std::function을 실제 환경에서 쓰는 예제와 비슷하게 활용해보자. 버튼 클래스를 만들면 std::function을 사용해 버튼 클릭에 해당하는 동작을 저장할 수 있으므로 on_click() 멤버 함수를 호출하면 해당 코드가 실행된다.

Button 클래스를 다음과 같이 선언할 수 있다.

```cpp
class Button {
public:
    Button(std::function<void(void)> click) : on_click_{click} {}
    auto on_click() const { on_click_(); }
private:
    std::function<void(void)> on_click_{};
};
```

이제는 다양한 동작을 위한 여러 버튼을 만드는 데 위 클래스를 사용할 수 있다. 각 버튼은 여전히 동일한 타입을 갖고 있기 때문에 컨테이너에 저장할 수도 있다.

```cpp
auto make_buttons() {
    auto beep_button = Button([beep_count = 0]() mutable {
        std::cout << "Beep:" << beep_count << "! ";
        ++beep_count;
    });
    auto bop_button = Button([]{ std::cout << "Bop. "; });
    auto silent_button = Button([]{});
    auto buttons = std::vector<Button>{
        beep_button,
        bop_button,
        silent_button
    };
    return buttons;
}
```

각 버튼의 on_click()을 실행해 리스트를 반복하면 해당하는 함수가 실행된다.

```
auto buttons = make_buttons();
for(const auto& b: buttons) {
    b.on_click();
}
buttons.front().on_click();
// 결과: "Beep: 0! Bop. Beep: 1!"
```

위에서 볼 수 있듯이 on_click() 멤버 함수는 const 함수다. 하지만 beep_count_를 증가시켜 on_click_이라는 멤버 변수를 변경한다. Button 클래스에서 const 멤버 함수가 클래스 멤버 중 하나를 변경하는 함수를 호출하기 때문에 const 정확성correctness의 규칙이 깨진 것처럼 보일 수 있다. 그러나 이런 동작이 허용되는 이유는 const 구문context 안에서 포인터 멤버가 자신이 가리키는 값을 변경할 수 있는 것과 같은 이유다. 2장 후반부에서 포인터 데이터 멤버에 대한 상수성constness을 어떻게 전파propagate하는지 다룬다.

std::function의 성능 고려 사항

std::function은 람다 함수에 비해 몇 가지 성능적인 부분의 단점이 있다. 다음 절에서 살펴보자.

std::function은 인라인으로 쓸 수 없다

람다 함수에 대해 컴파일러는 인라인inline 함수 호출을 지원하는데, 함수를 호출하는데 대한 부담이 없다는 의미다. std::function의 유연한 설계로 인해 컴파일러가 std::function으로 감싼wrapped 함수의 인라인 호출이 거의 불가능하다. 이러한 오버헤드는 std::function으로 감싼 작은 함수가 자주 호출될 경우에는 성능에 영향을 줄 수 있다.

std::function의 힙 할당과 변수 캡처

값이나 참조로 캡처를 사용한 람다 함수가 std::function에 할당되면 대부분 std::function은 힙heap에 캡처된 변수를 저장할 공간을 할당한다(std::function의 일부 구현은 캡처된 변수의 크기가 특정 임곗값 이하일 경우 힙을 할당하지 않는다).

이는 힙의 할당과 std::function의 실행으로 인한 약간의 성능 저하가 있을 뿐만 아니라 힙의 할당이 캐시 미스(4장에서 캐시 미스를 더 자세히 다룬다)를 암시하므로 느려진다.

람다보다 약간의 추가 동작이 필요한 std::function의 호출

std::function 호출은 일반적으로 추가 코드가 조금 포함되므로, 람다를 실행하는 것보다 약간 느리다. 예를 들어 명시적인 람다 형태로 std::vector에 대해 100만 번의 함수 호출과 해당 std::function은 다음과 같다.

캡처 없는 람다 호출과 std::function의 벤치마크는 다음과 같다.

람다	std::function
``auto test_direct_lambda() {
auto lbd = [](int v) {
return v * 3;
};
using L = decltype(lbd);
auto fs = std::vector<L>{};
fs.resize(1'000'000, lbd);
auto res = int{0};
for (const auto& f: fs) {
res = f(res);
}
return res;
}```	```auto test_std_function() {
auto lbd = [](int v) {
return v * 3;
};
using F = std::function<int(int)>;
auto fs = std::vector<F>{};
fs.resize(1'000'000, lbd);
auto res = int{0};
for (const auto& f: fs) {
res = f(res);
}
return res;
}```

람다를 직접 사용하는 첫 번째 버전은 std::function과 벡터를 사용하는 두 번째 버전과 비교해서 대략 4분의 1 정도의 시간에 실행된다.

다형성 람다

이름은 복잡해보이지만 다형성polymorphic 람다는 단순하게 auto를 파라미터로 허용하고, 어떤 타입으로도 호출이 가능하다. 일반적인 람다처럼 동작하지만 operator()는 멤버 함수 템플릿으로 정의된다.

파라미터만이 템플릿 변수가 되며, 캡처된 변수는 안 된다. 달리 말하면 다음 예제에서 캡처된 변수 v는 정수로 남게 될 것이다.

따라서 다형성 람다를 다음과 같이 정의해보자.

```
auto v = 3;
auto lambda = [v](auto v0, auto v1){ return v + v0*v1; };
```

위의 람다 구문을 클래스로 전환해보면 아래와 같다.

```
class Lambda {
public:
    Lambda(int v) : v_{v} {}
    template <typename T0, typename T1>
    auto operator()(T0 v0, T1 v1) const { return v_ + v0*v1; }
private:
    int v_{};
    };
    auto v = 3;
    auto lambda = Lambda{v};
```

이는 템플릿된 버전처럼 컴파일러는 람다가 호출될 때까지 함수를 실제로 만들지 않음을 의미한다.

따라서 앞의 람다를 다음과 같이 호출할 수 있다.

```
auto res_int = lambda(1, 2);
auto res_float = lambda(1.0f, 2.0f);
```

컴파일러는 다음의 람다와 유사한 형태로 생성한다.

```
auto lambda_int = [v](int v0, const int v1) { return v + v0*v1; };
auto lambda_float = [v](float v0, float v1) { return v + v0*v1; };
auto res_int = lambda_int(1, 2);
auto res_float = lambda_float(1.0f, 2.0f);
```

알다시피 이런 버전은 앞으로 일반 람다처럼 처리된다.

재사용이 가능한 다형성 람다 생성

이 절에서는 두 개의 벡터를 소개하는데, 하나는 몇 마리의 동물이 있는 농장과 비슷하고 다른 하나는 국가를 해당하는 대륙에 매핑한다.

```
auto farm = std::vector<std::pair<std::string, int>>{
    {"Bear", 5},
    {"Deer", 0},
    {"Pig", 4}
};

enum class Continent { Europe, Asia, America };
auto countries = std::vector<std::pair<std::string, Continent>>{
    {"Sweden", Continent::Europe},
    {"India", Continent::Asia},
```

```
    {"Belarus", Continent::Europe},
    {"Mexico", Continent::America}
};
```

농장에 몇 마리의 동물이 있는지 알고자 동물들을 정렬하길 원한다고 가정해보자. 그리고 대륙에 속하는 국가들도 마찬가지다. 코드로 풀어보면 std::pair::second 멤버에 맞게 벡터들을 정렬하고자 한다. 벡터들이 다양한 타입의 값을 포함하고 있으므로, 다형성 람다를 사용하자. 코드가 중복되는 것을 방지하고자 람다를 변수로 묶어서 두 벡터를 정렬하는 데 사용할 수 있다.

```
auto less_by_second = [](const auto& a, const auto& b) {
    return a.second < b.second;
};
// 동일한 람다를 사용해서 두 벡터를 정렬할 수 있다.
std::sort(farm.begin(), farm.end(), less_by_second);
std::sort(countries.begin(), countries.end(), less_by_second);
```

이런 정렬을 위해 재사용이 가능한 람다를 생성하는 것은 어떤 캡처도 필요하지 않다는 점에서 매우 직관적이다. 하지만 캡처가 필요하면서 재사용할 람다가 필요하다면 어떻게 해야 할까?

예를 들면 동물의 수를 센다거나 유럽에 속한 나라의 수를 센다고 가정해보자. 이 경우 해야 할 일은 캡처를 래핑wrapping해서 다음과 같이 함수로 만드는 것이다.

```
template <typename T>
auto is_second_equal(const T& x) {
    // 람다가 캡처한 x가 반환된다.
    return [&x](const auto& p) { return p.second == x; };
}

auto missing_animals = std::count_if(farm.begin(), farm.end(),
```

78

```
    is_second_equal(0));
// 농장에 Deer가 없으므로 missing_animals는 1이다.

auto num_european_countries = std::count_if(
    countries.begin(),
    countries.end(),
    is_second_equal(Continent::Europe)
);
// 스웨덴과 벨라루스로 인해 num_european_countries는 2다.
```

위에서 보듯이 템플릿 함수 **is_second_equal**은 캡처 타입을 템플릿으로 만드는 프록시로 사용됐다. 그리고 반환된 다형성 람다는 쌍^pair^으로 된 전체 타입을 알 필요가 없다. 실제 람다 함수는 **std::count_if**가 호출될 때까지 만들어지지 않는다.

따라서 컴파일러는 다음 줄을 발견한다.

```
auto lambda = is_second_equal(5);
```

이제 다형성 람다를 반환하는 함수를 생성하는데, x는 다음과 같은 정수다.

```
auto is_second_equal_int(const int& x) {
    return [&x](const auto& p) { return p.second == x; };
}
```

함수가 생성되면 컴파일러가 진행하면서 다음과 같은 클래스를 생성한다.

```
class Lambda {
public:
    Lambda(const int& x) : x_{x} {}
    template <typename T>
    auto operator()(const T& p) const { return p.second == x_; }
```

```
    int x_{};
};
```

이제 람다 클래스 객체가 구성됐고, 다음과 같은 알고리즘에 전달된다.

```
auto missing_animals = std::count_if(farm.begin(), farm.end(), Lambda{0});
```

람다 클래스의 operator() 템플릿 멤버 함수는 다음과 같은 함수로 변환된다.

```
auto operator()(const std::pair<std::string, int>& p) const {
    return p.second == x_;
}
```

▌ 포인터에 대한 const 전파

C++의 const 정확성에서 일반적으로 범하는 실수는 const로 초기화된 객체가 멤버 포인터가 가리키는 값을 변경하는 것이다. 아래의 예제로 문제를 살펴보자.

```
class Foo {
public:
    Foo(int* ptr) : ptr_{ptr} {}
    auto set_ptr_val(int v) const {
        *ptr_ = v;   // 함수가 const로 선언됐지만 컴파일한다.
    }
private:
    int* ptr_{};
};

auto main() -> int {
```

```
    const auto foo = Foo{};
    foo.set_ptr_val(42);
}
```

set_ptr_val() 함수가 int 값을 변경하지만, ptr_ 포인터 자체는 변경되지 않으므로 const로 유효하게 선언됐다. 포인터가 가리키고 있는 것은 int 객체일 뿐이다.

이런 상황을 읽어나가기 좋은 방법으로 풀고자 std::experimental::propagate_const 라는 래퍼^{wrapper}가 std 라이브러리 확장^{extensions}으로 추가된다(이 책을 쓰는 시점에서 최신 버전의 CLang과 GCC에 포함돼 있다). propagate_const를 사용한 set_ptr_val() 함수는 컴파일되지 않을 것이다. propagate_const는 포인터와 std::function이 아 닌 std::shared_ptr, std::unique_ptr 등의 포인터처럼 생긴 클래스에만 적용된다.

다음과 같은 활용 예제를 보자.

```
namespace exp = std::experimental;
class Foo {
public:
    auto set_ptr(int* p) const {
        ptr_ = p;   // 예상대로 컴파일하지 않는다.
    }
    auto set_val(int v) const {
        val_ = v;   // 예상대로 컴파일하지 않는다.
    }
    auto set_ptr_val(int v) const {
        *ptr_ = v;   // const가 전파된다. 컴파일하지 않는다.
    }
private:
    exp::propagate_const<int*> ptr_ = nullptr;
    int val_{};
};
```

▌ 이동 의미론 설명

이동 의미론^{move semantics}은 C++11에서 소개된 개념이며, 경험상 숙련된 프로그래머도 파악하기 매우 어렵다. 따라서 컴파일러가 사용할 때 어떻게 동작하는지, 그리고 무엇보다도 왜 필요한지 깊이 있게 설명하고자 한다.

기본적으로 다른 언어가 갖지 못한 이동 의미론의 개념을 C++가 도입한 이유는 1장에 언급했듯이 C++가 값 기반의 언어로 진화해온 결과다. C++가 이동 의미론을 갖추지 못했다면 값 기반 의미론의 장점 대부분을 잃게 되며, 프로그래머는 결국 아래와 같은 절충안 중 하나를 선택해야 한다.

- 성능에 대한 많은 대가를 치르면서 중복되는 딥 클로닝^{deep-cloning} 작업을 수행한다.
- 자바처럼 객체에 대한 포인터를 사용하고, 값 의미론의 강점을 포기한다.
- 가독성이 떨어지더라도 오류가 발생하기 쉬운 교환^{swapping} 작업을 수행한다.

위의 어느 것 하나도 바람직하지 않으므로, 이동 의미론이 어떻게 도움이 될 수 있는지 살펴보자.

복사 생성, 교환, 이동

이동에 대한 더 자세한 내용을 다루기 전에 복사 생성^{copy-construction}, 두 객체의 교환^{swapping}, 객체의 이동 생성^{move-construction} 등의 차이점을 먼저 설명하겠다.

객체 복사 생성

객체를 복사할 때에는 새로운 자원^{resource}이 할당돼야 하며, 원본 객체에서의 자원이 복사돼 두 개의 객체가 완전히 구분돼야 한다. 다음 코드에서 복사 생성에 대한 자원 할당을 기술한다.

```
auto a = Object{};
auto b = a;      // 복사 생성(copy-construction)
```

아래의 그림에서 그 과정을 설명한다.

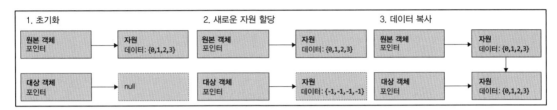

객체를 자원과 함께 복사

자원의 할당^{allocation}과 복사는 느리고, 대부분의 경우 원본 객체는 더 이상 필요 없다.
이동 의미론에서 컴파일러는 이와 같이 기존 객체가 변수에 얽매이지 않으면서 이동
하는 작업을 수행한다. 이 부분은 다음에 설명한다.

두 객체의 교환

C++11에서 이동 의미론이 추가되기 전에는 두 객체의 내용 교환^{swapping}이 자원의 할당
이나 복사 없이 데이터를 전달하는 일반적인 방법이었다. 객체는 단순하게 내용을
서로 교환한다.

```
auto a = Object{};
auto b = Object{};
std::swap(a, b);
```

아래의 그림에서 이 과정을 보여준다.

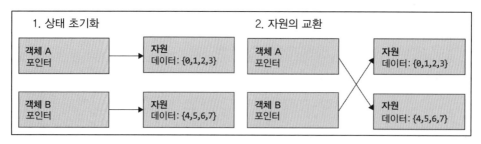

두 객체의 자원 교환

객체 이동 생성

객체를 이동할 때에는 아래 그림과 같이 생성될 객체가 먼저 원본 객체의 자원을 가져오고 나서 원본 객체가 초기화된다. 물론 원본 객체가 받는 것은 없지만, 서로 자원을 교환하는 형태로 이뤄진다.

```
auto a = Object{};
auto b = std::move(a); // b로 자원을 이동하도록 컴파일러에게 지시한다.
```

아래의 그림에서 이 과정을 보여준다.

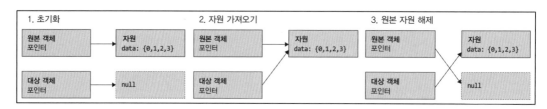

객체의 자원 이동

 객체의 이동은 어떤 자원을 소유하는 유형의 객체에 알맞다(힙에 할당된 메모리가 대부분이다). 모든 데이터가 객체 안에 포함돼 있다면 객체를 이동하는 가장 효율적인 방법은 단순히 복사하는 것이다.

84

자원의 획득과 3의 법칙

이제는 무엇을 다룰 것인지 알았으니 세부적인 내용을 살펴보자.

이동 의미론을 완전하게 이해하려면 C++에서의 클래스와 자원 획득acquisition의 기본으로 돌아가야 한다. C++에서 클래스와 자원 획득의 기본적인 개념 중 하나는 클래스가 반드시 자신의 자원을 완벽하게 관리해야 한다는 것이다.

이는 클래스가 복사, 할당, 소멸될 때 클래스는 해당 자원도 마찬가지로 복사, 할당, 해제를 분명히 해야 한다. 이와 같은 세 가지 기능을 구현해야 하는 필요성을 일반적으로 3의 법칙이라고 한다.

3의 법칙은 C++와 STL에서 매우 명백한 부분이므로 생각할 필요도 없이 사용하게 된다. 하지만 `std::vector<int>`를 복사하는 간단한 함수를 살펴본다면 내부적인 동작이 있다.

```
0. auto func() {
1.     // 준비 사항
2.     const auto a0 = std::vector<int>{1,2,3,4,5,6};
3.     const auto a1 = std::vector<int>{7,8,9};
4.     // 복사 생성
5.     auto b = a0;
6.     // 복사 할당
7.     b = a1;
8. }
```

a0에 할당된 데이터는 5번째 줄에서 새롭게 b로 복사 생성되고, a1의 데이터는 7번째 줄에서 b에 복사 할당된다. 함수에서 빠져나가는 시점에 a0, a1, b가 보유한 할당들은 자동으로 소멸자destructors에 의해 해제된다.

3의 법칙 구현

C++11 이전에서 자동적인 자원 획득은 '3의 법칙^{the rule of three}'이라는 지침에 따라 수행됐고, 여기서 3은 특별한 멤버 함수 복사 생성자^{copy-constructor}, 복사 할당^{copy-assignment}, 소멸자^{destructor}를 말한다. 이 규칙에 의하면 셋 중에 어느 하나로 자원을 처리할 경우 대부분 세 가지 모두를 수행해야 한다.

할당된 자원을 관리하는 클래스에서 3의 법칙이 어떻게 구현되는지 살펴보자. 다음의 일부 코드에서 정의된 Buffer 클래스에 할당된 자원은 ptr_이라는 원래 포인터가 가리키는 float형의 배열이다. 3의 법칙이 float 배열의 자원을 어떻게 할당하고 해제하는지 유의해서 살펴보자.

```
class Buffer {
public:
    // 생성자
    Buffer(const std::initializer_list<float>& values)
    : size_{values.size()} {
        ptr_ = new float[values.size()];
        std::copy(values.begin(), values.end(), ptr_);
    }
    // 1. 복사 생성자
    Buffer(const Buffer& other) : size_{other.size_} {
        ptr_ = new float[size_];
        std::copy(other.ptr_, other.ptr_ + size_, ptr_);
    }
    // 2. 복사 할당
    auto& operator=(const Buffer& other) {
        delete [] ptr_;
        ptr_ = new float[other.size_];
        size_ = other.size_;
        std::copy(other.ptr_, other.ptr_ + size_, ptr_);
        return *this;
    }
```

```
    // 3. 소멸자
    ~Buffer() {
        delete [] ptr_;    // null 포인터를 삭제하는 것은 유효
        ptr_ = nullptr;
    }
    // 데이터 접근을 위한 반복 연산
    auto begin() const { return ptr_; }
    auto end() const { return ptr_ + size_; }
private:
    size_t size_{0};
    float* ptr_{nullptr};
};
```

이 경우에 처리된 자원은 할당된 메모리 블록이다. 할당된 메모리는 클래스가 처리하는 가장 일반적인 자원이지만, 자원은 더 다양한 것이 될 수 있다는 점을 유의한다. 예를 들어 뮤텍스^{mutex}, 그래픽 카드의 텍스처^{texture} 핸들, 스레드 핸들 등이 될 수 있다.

생성자

다음과 같이 Buffer 객체를 생성할 수 있다.

```
auto float_array = Buffer({0.0f, 0.5f, 1.0f, 1.5f});
```

실제 객체는 컴퓨터의 메모리에서 다음과 같이 보일 것이다.

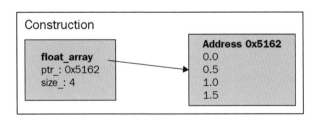

복사 생성자, 복사 할당, 소멸자는 다음과 같이 호출된다.

```
auto func() {
    // 생성
    auto b0 = Buffer({0.0f, 0.5f, 1.0f, 1.5f});
    // 1. 복사 생성
    auto b1 = b0;
    // 2. 복사 할당, b0는 이미 초기화된 상태
    b0 = b1;
    // 3. 함수를 빠져나올 때에는 소멸자가 자동으로 호출된다.
}
```

3의 법칙에 대한 제약

3의 법칙에 대한 올바른 구현이 내부적으로 자원을 관리하는 클래스에게 모두 필요하지만, 여기서 다음과 같은 두 가지 문제가 발생할 수 있다.

- **복사할 수 없는 자원**: Buffer 클래스 예제에서 자원은 복사할 수 있었지만, 복사한다는 것이 말이 안 되는 몇 가지 형태의 자원이 있다. 예를 들면 std::thread 클래스를 포함한 자원, 네트워크 연결 등과 같이 복사할 수 없는 자원이다. 이러한 경우에 객체를 넘겨주는 것이 단순히 불가능하다.
- **불필요한 복사**: 함수에서 Buffer 클래스를 반환하는 경우 전체 배열이 복사돼야 한다.

다음 예제는 make_buffer() 안에서 생성된 Buffer 객체가 어떻게 local_buffer에서 buffer로 함수에서 반환되면서 완전하게 복사되는지 보여준다.

```
auto make_buffer() {
    auto local_buffer = Buffer({2.0f, 4.0f, 6.0f, 8.0f});
    return local_buffer;
```

```
}

auto buffer = make_buffer();
```

여기서 이동 의미론을 Buffer 클래스에 대해 추가한다면 컴파일러가 볼 때 `local_
buffer`는 더 이상 사용되지 않으므로, 위 복사는 생략될 것이다.

이동 의미론 없는 복사 방지

이동 의미론이 없을 경우 포인터를 통해 할당하거나 실제 클래스 대신 포인터를 전달
해서 여러 문제를 피했다. 이 경우 일종의 스마트 포인터(shared_ptr, unique_ptr, 또는
예전에 사라진 auto_ptr)가 대부분 사용되지만, 예전 방식대로 원시 포인터를 분명하게
사용한다.

```
auto make_buffer() -> Buffer* {
    auto buffer = new Buffer({2.0, 4.0, 6.0, 8.0});
    return buffer;
}

// 실제 버퍼 객체가 아니라 포인터만 복사된다.
auto buffer = make_buffer();     // 버퍼는 Buffer*다.
```

위와 같은 방법은 다음과 같은 몇 가지 단점이 있다.

- C++에서의 값 의미론value semantics의 장점이 사라진다. 프로그래머가 포인터를
  수동으로 처리하는 것에서 해방될 수 없다.
- 코드는 단순히 최적화를 목적으로 사용될 포인터들로 가득 차게 된다.
- 더 많은 힙 할당이 필요하게 되며, 이는 캐시 미스cache misses와 증가된 할당
  수로 인해 잠재적으로 느린 코드가 될 수 있다.

이동 의미론 소개

앞 절의 문제들을 해결하고자 3의 법칙이 5의 법칙으로 확장됐다.

구체적으로 복사 생성자copy-constructor와 복사 할당copy-assignment에 더해 이동 생성자 move-constructor와 이동 할당move-assignment도 가진다.

파라미터로 const 참조를 취하는 대신에 이동과 관련해서는 Buffer&& 객체를 받아들 인다.

&& 수식어는 파라미터가 복사보다는 이동을 원하는 객체라는 것을 가리킨다. C++ 용어로 얘기하면 **오른쪽 값**r-value이라고 하며, 나중에 좀 더 자세히 설명한다.

복사 함수는 객체를 복사하는 반면에 이동과 관련된 것들은 자원을 한 객체에서 다른 객체로 이동시켜 이동된 객체를 자원에서 해제한다.

 이동할 원본 객체는 여전히 유효한 상태로 남아있어야 한다는 것이 중요하다. 이 객체는 반드시 자신의 소멸자를 실행할 수 있어야 하고, 새로운 값을 다시 할당할 수도 있어야 한다.

다음은 Buffer 클래스를 이동 생성자와 이동 할당으로 확장하는 방법이다. 이런 기능은 예외를 발생시키지 않으며, noexcept로 표시된다. 복사 생성자/복사 할당과는 달리 실제로 할당하거나 예외를 발생시킬 만한 작업을 수행하지 않기 때문이다.

```
class Buffer {
  ...
  Buffer(Buffer&& other) noexcept
  : ptr_{other.ptr_}
  , size_{other.size_} {
    other.ptr_ = nullptr;
    other.size_ = 0;
  }
```

```
auto& operator=(Buffer&& other) noexcept {
    ptr_ = other.ptr_;
    size_ = other.size_;
    other.ptr_ = nullptr;
    other.size_ = 0;
    return *this;
}
...
};
```

이제 Buffer를 함수에서 반환하는 것처럼 복사를 수행하는 것으로 보이지만, 복사할 원본 값들이 더 이상 사용되지 않는 것을 컴파일러가 감지하면 복사 대신 이동 생성자/이동 할당move-constructor/mov-assignment을 사용할 것이다.

이런 점이 매력적이다. 인터페이스는 복사할 때 분명하게 남아있지만, 내부적으로는 컴파일러가 단순한 이동을 수행한다. 그러므로 프로그래머는 복사를 피하고자 어려운 포인터나 외부 파라미터를 사용할 필요가 없다. 이는 클래스에 이동 의미론이 구현돼 있고, 컴파일러가 자동으로 관리해주기 때문이다.

 이동 생성자와 이동 할당 작업자를 noexcept로 표시하는 것을 잊으면 안 된다(물론 예외를 발생시키지 않는 조건에서다). noexcept로 표시하지 않으면 STL 컨테이너와 알고리즘이 그것들을 사용할 수 없게 만들며, 특정 조건에서는 일반적인 복사/할당에 의존하게 만든다.

명명된 변수와 오른쪽 값

그렇다면 컴파일러가 객체를 복사하는 대신 옮기는 것을 허용한다면 어떨까? 간단한 답을 먼저 설명하자면 컴파일러는 객체가 오른쪽 값r-value[1]으로 분류될 수 있을 때 이

---

1. 오른쪽 값으로 번역된 r-value는 실제 방향과 상관이 없다. x = 1과 같이 왼쪽으로 변수에 값을 할당하는 형태가 더 일반적인 l-value(왼쪽 값)이며, r-value는 이외의 다른 방법을 총칭한다. – 옮긴이

동한다. 오른쪽 값이라는 용어는 어려워 보이지만, 다음과 같은 이유로 명명된 변수에 엮여 있지 않은 단순한 객체다.

- 함수에서 곧바로 등장한다.
- std::move(...)를 사용해 변수를 오른쪽 값으로 만든다.

다음 예제에서 이런 두 가지 시나리오를 보여준다.

```
// 아래와 같이 make_buffer에서 받은 객체는 어떤 변수에 종속되지 않는다.
// 결과적으로 x로 이동한다.
auto x = make_buffer();

// x가 std::move에 전달된다. 결국 y에 이동 할당된다.
auto y = std::move(x);
```

클래스의 std::string 타입 멤버 변수를 사용해 이 예제를 좀 더 발전시켜보자.

다음과 같이 주어진 준비 사항을 참고해서 세부적으로 몇 가지를 복사하는 내용을 살펴보자.

```
class Bird {
public:
    Bird() {}
    auto set_song(const std::string& s) { song_ = s; }
    auto set_song(std::string&& s) { song_ = std::move(s); }
    std::string song_;
};
auto bird = Bird{};
```

사례 1: Bird::song_은 복사 할당되며, song이 cuckoo_a에 연결돼 있다.

```
auto cuckoo_a = std::string{"I'm a Cuckoo"};
```

```
bird.set_song(cuckoo_a);
```

사례 2: Bird::song_은 이동 할당되며, cuckoo_b 변수는 std::move()를 통해 전달된다.

```
auto cuckoo_b = std::string{"I'm a Cuckoo"};
bird.set_song(std::move(cuckoo_b));
```

사례 3: Bird::song_은 이동 할당되며, song 문자열은 함수에서 바로 등장한다.

```
auto make_roast_song() { return std::string{"I'm a Roast"}; }
bird.set_song(make_roast_song());
```

사례 4: Bird::song_은 복사 할당되며, song 문자열은 roast_song_a 변수가 보유하고 있다.

```
auto roast_song_a = make_roast_song();
bird.set_song(roast_song_a);
```

사례 5: Bird::song_은 복사 할당되며, roast_song_b는 const로 선언되므로 변경될 수 없다.

```
const auto roast_song_b = make_roast_song();
bird.set_song(std::move(roast_song_b));
```

여기에서 알 수 있듯이 객체의 이동이나 복사 여부를 결정하는 것은 매우 간단하다. 변수의 이름을 갖고 있다면 복사되고, 아니면 이동된다.

가능한 경우 인수를 이동으로 받기

std::function을 소문자로 변환하는 함수를 검토해보자. 이동 생성자와 복사 생성자를 각각 적용 가능한 곳에서 사용하려면 다음과 같이 두 개의 함수가 필요하다.

```
// 인수 s는 const 참조다.
auto str_to_lower(const std::string& s) -> std::string {
    auto clone = s;
    for(auto& c: clone) c = std::tolower(c);
    return clone;
}

// 인수 s는 r-value다.
auto str_to_lower(std::string&& s) -> std::string {
    for(auto& c: s) c = std::tolower(c);
    return s;
}
```

하지만 값을 사용해 **std::string**을 적용해서 두 함수를 아우르는 한 개의 함수를 작성할 수 있다.

```
auto str_to_lower(std::string s) -> std::string {
    for(auto& c: s)
        c = std::tolower(c);
    return s;
}
```

이제 **str_to_lower()**의 구현이 왜 불필요한 복사를 피하게 되는지 살펴보자.

아래에서 보듯이 정규 변수가 전달될 때 함수의 호출에 앞서 **str**의 내용은 복사 생성돼 **s**로 넘어가고, 함수가 반환할 때 **str**에 다시 이동 할당된다.

```
auto str = std::string{"ABC"};
str = str_to_lower(str);
```

다음과 같이 오른쪽 값이 전달될 때 **str**의 내용은 함수의 호출 이전에 **s**에 이동 생성되고, 함수가 반환할 때 다시 **str**에 이동 할당된다. 그러므로 함수 호출 전반에 걸쳐 복사는 생성되지 않았다.

```
auto str = std::string{"ABC"};
str = str_to_lower(std::move(str));
```

기본 이동 의미론과 영의 법칙

 이번 절에서는 자동으로 생성된 복사 할당 연산자를 알아본다. 이렇게 생성된 함수는 예외의 강력한 보장(strong exception guarantees)을 하지 않는다는 점을 알아야 한다. 그러므로 복사 할당 중 예외가 발생하면 객체는 부분적으로 복사된 상태로 남을 수 있다.

복사 생성자, 복사 할당과 함께 컴파일러는 이동 생성자와 이동 할당을 생성할 수 있다. 일부 컴파일러는 직접 특정 조건에서 자동으로 이런 함수를 생성하더라도(나중에 더 자세히 다룬다) 컴파일러가 default 키워드를 사용해서 생성하도록 간단하게 지시할 수도 있다.

Bird 클래스를 다음과 같이 단순하게 확장한다.

```
class Bird {
    ...
    // 복사 생성자/복사 할당
    Bird(const Bird&) = default;
    auto operator=(const Bird&) -> Bird& = default;
    // 이동 생성자/이동 할당
    Bird(Bird&&) noexcept = default;
    auto operator=(Bird&&) noexcept -> Bird& = default;
    // 소멸자
    ~Bird() = default;
    ...
};
```

심지어 더 간단하게 하고자 사용자 정의 복사 생성자/복사 할당이나 소멸자를 선언하지 않는다면 이동 생성자/이동 할당은 암시적으로 선언되는데, 이는 첫 번째 **Bird** 클래스가 실제로 모든 것을 처리한다는 의미다.

```
class Bird {
    ...
    // 컴파일러가 모두 자동으로 생성해주므로 여기서 할 것이 없다.
    ...
};
```

달리 말하면 사용자 정의 소멸자를 다음과 같이 추가한다.

```
class Bird {
public:
    Bird() {}
    ~Bird() { std::cout << "Bird is dead." << '\n'; }
    auto set_song(const std::string& song) { song_ = song; }
    auto set_song(std::string&& song) { song_ = std::move(song); }
private:
    std::string song_;
};
```

이렇게 하면 이동 연산자가 생성되지 않으면서 클래스는 항상 복사될 것이다.

실제 코드 베이스에서 영의 법칙

실질적으로 복사/이동 생성자와 복사/이동 할당을 직접 작성해야 하는 경우는 매우 적다. 자신의 애플리케이션 코드 베이스에 클래스를 생성한다면 앞에서 다룬 내용이 필요한 영역은 코드 베이스상의 어느 라이브러리에 위치하게 될 것이다.

명시적으로 기재된 복사 생성자, 복사 할당, 이동 생성자, 이동 할당, 소멸자가 필요 없는 자신만의 클래스를 작성하는 것을 영(0)의 법칙이라고 한다. 애플리케이션 코드 베이스 내의 어떤 클래스가 명시적으로 작성된 함수를 가져야 한다면 코드 베이스의 라이브러리 일부로 빼는 것이 좋다.

 2장에서 영의 법칙을 적용할 때 선택적인 멤버를 다루는 편리한 도구 클래스인 std::optional을 다룬다.

빈 소멸자 주의 사항

비어 있는 소멸자는 컴파일러가 특정 최적화를 수행하는 것을 방해한다는 점을 유의한다. 아래의 표에서 보듯이 비어 있는 소멸자를 가진 사소한 클래스의 배열을 복제하면 직접 작성한 루프를 복사하는 것처럼 최적화되지 않은 어셈블리 코드를 넘겨준다.

빈 소멸자와 std::copy	직접 작성한 루프 복사
| ```
struct Point {
  int x, y;
  ~Point(){}
};
auto copy(Point* src, Point* dst) {
  std::copy(src, src+64, dst);
}
``` | ```
struct Point {
  int x, y;
};
auto copy(Point* src, Point* dst) {
  const auto end = src + 64;
  for(; src != end; ++src, ++dst) {
    *dst = *src;
  }
}
``` |

이는 다음과 같은 x86 어셈블리 코드를 생성한다.

```
  xor eax, eax
.L2:
  mov rdx, QWORD PTR [rdi+rax]
  mov QWORD PTR [rsi+rax], rdx
```

```
add rax, 8
cmp rax, 512
jne .L2
rep ret
```

하지만 소멸자를 제거하거나 **default**로 선언하면 컴파일러는 루프 대신에 **memmove**를 사용해서 **std::copy**를 최적화한다. https://godbolt.org/에서 활용할 수 있는 컴파일러 탐색기^{compiler explorer}에서 GCC7.1을 사용해 어셈블리 코드를 생성한다.

소멸자 없는 `std::copy`	명시적인 default 소멸자와 `std::copy`
```struct Point { int x, y; }; auto copy(Point* src, Point* dst) { std::copy(src, src+64, dst); }```	```struct Point { int x, y; ~Point() = default; }; auto copy(Point* src, Point* dst) { std::copy(src, src+64, dst); }```

다음과 같이 **memmove** 최적화가 반영된 x86 어셈블리 코드가 생성된다.

```
mov rax, rdi
mov edx, 512
mov rdi, rsi
mov rsi, rax
jmp memmove
```

요약해보면 빈 소멸자를 습관적으로 사용하는 대신 **default** 소멸자를 사용해서 자신의 애플리케이션 성능이 최적화되도록 조금 쥐어 짤 수도 있다.

일반적 함정: 비자원의 이동

기본으로 생성된 이동 할당을 사용할 때 일반적으로 빠지기 쉬운 함정이 있다. 단순한 기본형과 고급 자료형을 혼합해서 사용하는 클래스(즉, 고급 자료형과는 반대로 정수, 논리형과 같은 단순한 기본형)는 이동할 때 단순하게 복사되고 어떠한 자원도 관리하지 않는다.

기본형이 자원을 소유한 형태와 혼용되면 이동 할당은 이동과 복사가 혼합된 형태가 된다.

다음은 클래스에 오류가 발생하는 예제다.

```cpp
class TowerList {
public:
    TowerList() : max_height_idx_{1}, tower_heights_{25.0f, 44.0f, 12.0f} {}
    auto get_max_tower_height() const {
        return max_height_idx_ >= 0 ?
            tower_heights_[max_height_idx_] : 0.0f;
    }
    std::vector<float> tower_heights_{};
    int max_height_idx_{-1};
};
```

TowerList 클래스는 아래와 같이 다루면 정의되지 않은 동작을 갖게 된다.

```cpp
auto a = TowerList{};
auto b = std::move(a);
auto max_height = a.get_max_tower_height();
```

정의되지 않은 동작은 tower_heights_ 벡터가 이동되면서 발생하고, 결과적으로 비어 있게 된다. 반면 max_height_idx_는 복사되고, 결과적으로 a 객체에서 이동한 2를 값으로 갖는다. get_max_tower_height()가 호출될 때 해당 함수는 index가 2일 때

`tower_heights_`에 접근하고자 할 것이고 프로그램이 크래시[crash]될 것이다.

이러한 경우에 이동 생성자/할당은 단순하게 멤버를 아래와 같이 교환해서 조금 좋게 구현할 수 있다.

```cpp
TowerList(TowerList&& tl) noexcept {
    std::swap(tower_heights_, tl.tower_heights_);
    std::swap(max_height_idx_, tl.max_height_idx_);
}

auto& operator=(TowerList&& tl) noexcept {
    std::swap(tower_heights_, tl.tower_heights_);
    std::swap(max_height_idx_, tl.max_height_idx_);
    return *this;
}
```

이 방법은 TowerList 클래스를 안전하게 이동하면서 동시에 예외가 발생하지 않도록 보장한다. 이 책의 8장에서 위와 같은 요소들을 교환하는 이동 생성자/할당 함수를 생성하는 과정을 자동화하기 위한 C++의 리플렉션[reflection] 기술의 장점을 활용하는 방법을 알아본다.

&& 수정자를 클래스 멤버 함수에 적용

&& 수정자[modifier]를 객체에 적용하는 것 외에 마치 멤버 함수에 const를 적용하듯이 클래스의 멤버 함수에 추가할 수 있다. const 수식어와 마찬가지로 && 수정자를 가진 멤버 함수는 오른쪽 값[r-value]에 대해서만 실행이 허용된다.

```cpp
struct Foo {
    auto func() && {}
};
auto a = Foo{};
```

```
a.func();              // 'a'가 오른쪽 값이 아니므로 컴파일이 실패한다.
std::move(a).func();   // 컴파일된다.
Foo{}.func();          // 컴파일된다.
```

▌ std::optional로 옵션 값 표현

C++17에서 매우 작은 비중을 차지하는 기능이지만 std::optional은 STL 라이브러리에 추가된 깔끔한 기능으로, 사용하기 전에는 직관적으로 표현할 수 없었던 경우를 단순화시킨다. 간단히 말해 래핑된 타입을 초기화하고 초기화할 수 없는 모든 타입의 작은 래퍼^{wrapper}다.

C++언어적으로 표현하면 std::optional은 1이라는 최대 크기를 갖는 스택에 할당된 컨테이너다.

 부스트(boost) 라이브러리는 std::optional에 해당하는 boost::optional을 이미 몇 년 전에 갖고 있었다.

옵션 반환값

std::optional이 소개되기 전에는 두 줄짜리 세그먼트의 교집합^{intersection}과 같은 정의된 값을 반환하지 않을 수도 있는 optional 함수를 정의하는 마땅한 방법이 없었다. std::optional이 등장하면서 옵션 반환값을 깔끔하게 표현할 수 있게 됐다. 다음은 두 줄의 옵션 교집합을 반환하는 함수를 구현한 것이다.

```
// 전제 조건
class Point {...}; class Line {...};
```

```
external auto is_intersecting(Line a, Line b) -> bool {...}
external auto get_intersection(Line a, Line b) -> Point {...}

auto get_intersection_point(const Line& a, const Line& b)
      -> std::optional<Point> {
  return is_intersection(a, b) ?
        std::make_optional(get_intersection(a, b)):
        std::optional<Point>{};
}
```

std::optional 구문은 포인터와 유사하며, * 연산자나 -> 연산자로 값에 접근한다. 비어 있는 optional의 값에 접근하려고 하면 std::optional은 예외를 발생시킨다. 다음은 std::optional을 반환하는 간단한 활용 예제다.

```
// 준비 사항
auto line0 = Line{...};
auto line1 = Line{...};
external auto set_magic_point(Point p);

// optional intersection 얻기
auto intersection = get_intersection_point(line0, line1);
if(intersection.has_value()) {
  // intersection이 비어 있으면 std::optional은 예외를 발생시킨다.
  set_magic_point(*intersection);
}
```

 std::optional을 보유한 객체는 항상 스택에 할당되고, T와 비교해서 std::optional<T>에 대한 메모리 부담은 한 개의 bool(보통 1바이트)에 추가의 여분 공간이 더해지는 정도다.

옵션 멤버 변수

사람의 머리를 나타내는 클래스를 갖고 있다고 가정해보자. 머리는 일종의 모자를 갖기도 하고, 없을 수도 있다. std::optional을 사용해서 Hat 멤버 변수는 다음과 같이 표현할 수 있다.

```cpp
struct Hat {...}
class Head {
public:
    Head() { assert(!hat_); }           // 기본적으로 hat_은 비어 있다.
    auto set_hat(const Hat& h){ hat_ = h; }
    auto has_hat() const { return hat_.has_value(); }
    auto& get_hat() const { assert(hat_.has_value()); return *hat_; }
    auto remove_hat() { hat_ = {}; }    // {}이 할당되면서 Hat이 정리된다.
private:
    std::optional<Hat> hat_;
};
```

std::optional 없이 옵션 멤버 변수를 나타내려면 포인터나 추가 논리형 멤버 변수 등에 의지해야 하며, 두 가지 모두 힙^{heap}에 할당되거나 부주의로 값이 없는 옵션 멤버에 접근할 수 있는 단점이 있다.

정렬과 std::optional의 비교

std::optional은 다음 표의 규칙을 사용해 비교와 정렬이 가능하다.

두 개의 비어있는 옵션은 동등하게 간주된다.	한 개의 빈 옵션은 비어 있지 않은 것보다 작은 것으로 간주된다.

`auto a = std::optional<int>{};`
`auto b = std::optional<int>{};`
`auto c = std::optional<int>{4};`
`assert(a == b);`
`assert(b != c);``
	`auto a = std::optional<int>{};`
	`auto b = std::optional<int>{4};`
	`auto c = std::optional<int>{5};`
	`assert(a < b);`
	`assert(b < c);`

그러므로 std::optional<T> 컨테이너를 정렬한다면 비어 있는 옵션은 컨테이너의 처음에서 끝나게 되는 반면 비어 있지 않은 옵션은 예상대로 잘 정렬된다.

```cpp
auto c = std::vector<std::optional<int>>{{3}, {}, {1}, {}, {2}};
std::sort(c.begin(), c.end());
// c is {}, {}, {1}, {2}, {3}
```

▌std::any로 동적인 값 표현

std::optional과 마찬가지로 std::any는 단일 옵션 값을 저장할 수 있지만, 동적으로 작성되는 언어처럼 실행 중에 어떤 타입도 가능하다는 차이점이 있다. std::any가 어떤 타입도 가능함에 따라 std::any_cast라는 전역 함수를 사용해 객체를 읽을 때 명시적으로 타입을 지정해야 한다.

std::any가 비어 있거나 지정된 타입 이외에 다른 타입을 갖고 있는 경우에는 예외가 발생된다.

다음은 어떻게 동작하는지 보여준다.

```cpp
// 비어 있는 std::any를 초기화한다.
auto a = std::any{};
// 문자열을 넣는다.
a = std::string{"something"};
// 문자열을 가진 참조를 반환한다.
auto& str_ref = std::any_cast<std::string&>(a);
// 그 문자열을 복사한다.
auto str_copy = std::any_cast<std::string>(a);
// any가 float이 되며 읽어 온다.
a = 135.246f;
auto flt = std::any_cast<float>(a);
```

```
// any 객체를 복사한다.
auto b = a;
auto is_same =
    (a.type() == b.type()) &&
    (std::any_cast<float>(a) == std::any_cast<float>(b));
// a와 b는 같은 타입과 값을 가지므로 동일하다.
```

typeid로 std::any 인스턴스^{instance}가 타입을 포함하는지 물어보는 것은 다소 장황하지만, 다음과 같이 지정된 타입을 std::any가 포함하는지 확인하는 편리한 함수를 쉽게 만들 수 있다.

```
template <typename T>
auto is_withheld_type(const std::any& a) -> bool {
    return typeid(T) == a.type();
}

auto a = std::any{32.0};
auto is_int = is_withheld_type<int>(a);
// is_int는 false다. 'a'는 double을 갖는다.
auto is_double = is_withheld_type<double>(a);
// is_double은 true다. 'a'는 double을 갖고 있다.
```

std::any의 성능

std::optional, std::variant(8장에서 다룬다)와는 대조적으로 std::any는 any에 작은 객체를 저장하도록 권하기는 하지만, 힙에 값과 함께 할당된다. 또한 값을 얻고자 std::any_cast를 호출하는 것은 std::variant에 비해 매우 느리다.

부스트는 std::any, std::any_cast에 대응해서 어떤 타입이 포함됐는지 아는 경우에 사용하는 빠른 boost::any_cast_unsafe를 제공한다. std::any_cast와는 반대로 boost::any_cast_unsafe를 잘못된 타입으로 사용하면 예외를 발생시키는 대신 정의되지 않은 동작을 하는 결과를 낳는다.

▌요약

2장에서는 참조 전달, 이동 의미론, 람다 함수, std::any, std::optional 등의 최신 C++ 기능을 어떻게 사용하는지 배웠다. 3장에서는 C++에서 성능을 측정하는 여러 가지 접근 방법을 살펴본다.

03

성능 측정

효율적으로 동작하는 C++ 코드를 다루는 책이므로 소프트웨어의 성능과 알고리즘의 효율성을 평가하는 방법도 다룰 필요가 있다. 3장에서 다루는 대부분의 주제는 C++ 분야에만 한정되지 않고, 성능 문제를 다루는 어떠한 상황에 직면했을 때에든 활용할 수 있는 내용이다.

지금부터 빅 O 표기법$^{big\ O\ notation}$을 사용해서 알고리즘의 효율성을 평가하는 방법을 알아보는데, 알고리즘과 STL에서 데이터 구조를 선택할 때 기본이 되는 지식이다. 빅 O 표기법을 처음 접한다면 이후의 내용을 완전히 이해하는 데 시간이 걸리겠지만 포기하지 않길 바란다. 이 책의 나머지 후반부를 이해하는 데 아주 중요한 주제일 뿐만 아니라 무엇보다도 성능을 이해하는 프로그래머가 되기 위해서다. 이 개념에 더해 공식적이거나 실용적인 소개 자료가 필요하다면 이 주제만 다루는 많은 온라인 자료와 책도 있다. 반면에 빅 O 표기법과 복잡한 소요 시간을 다루는 데 익숙하다면 이번 절은 건너뛰고 다음 절로 넘어가도 좋다.

3장에서 다루는 내용은 다음과 같다.

- 빅 O 표기법을 사용한 알고리즘 효율성 평가
- 불필요한 코드 튜닝tuning에 따른 시간 낭비를 줄이는 코드를 최적화할 때 필요한 워크플로workflow
- CPU 프로파일러의 정의와 용도

▌점근적 복잡도와 빅 O 표기법

어떤 문제를 해결하는 방법에는 여러 가지가 있는데, 효율성이 문제라면 우선 올바른 알고리즘과 데이터 구조를 선택했는지부터 시작하는 큰 틀의 문제에 집중해야 한다. 알고리즘을 비교하고 평가에 도움이 되는 방법은 점근적인 연산의 복잡도asymptotic computational complexity를 보는 것이다. 이는 실행 시간, 즉 수행하는 데 소요되는 시간이나 메모리의 사용량이 입력의 증가에 따라 어떻게 변하는지 분석하는 것을 의미한다. 더구나 C++ 표준 템플릿 라이브러리STL, Standard Template Library는 모든 컨테이너와 알고리즘에 대해 점근적 복잡성을 정의하는데, STL을 사용한다면 이 주제에 대한 기초적인 이해가 필수라는 것을 의미한다. 이미 알고리즘의 복잡성과 빅 O 표기법에 익숙하다면 안심하고 이 절을 건너뛰어도 좋다.

이제 예제부터 시작해보자. 배열에서 특정 키key를 찾아내면 true, 아니면 false를 반환하는 알고리즘을 작성한다고 가정해본다. 다양한 크기의 배열을 전달할 때 알고리즘이 어떻게 동작하는지 알아내고자 알고리즘의 각 입력 크기에 대한 함수의 수행 시간을 분석하려고 한다.

```
auto linear_search(const std::vector<int>& vals, int key) {
    for (const auto& v : vals) {
        if (v == key) {
            return true;
        }
    }
    return false;
}
```

이 알고리즘은 단순하다. 배열의 각 요소element에 대해 키 값을 반복해서 비교한다. 운이 좋다면 배열의 시작 지점에서 값을 찾아 즉각 반환할 것이다. 하지만 키를 찾지 못하면 전체 배열에서 반복 작업을 해야 하고, 바로 이런 경우가 알고리즘의 최악의 경우이며, 일반화된 분석을 하려는 부분이다. 반면 여기서 입력의 크기를 증가시키면 실행 시간(실행하는 데 소요된 시간)은 어떻게 될까? 아마도 최악의 경우에는 배열의 모든 요소를 비교할 것이고, 두 배의 입력 크기를 사용한다면 실행 시간도 배로 늘어날 것이다. 이러한 과정은 입력과 실행 시간의 선형 관계로 생각할 수 있다. 이를 선형 증가율linear growth rate이라고 한다.

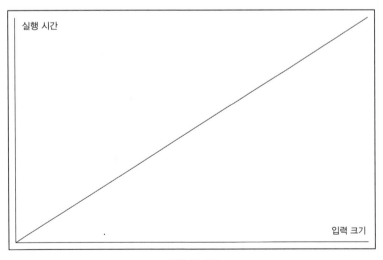

선형 증가율

다음과 같은 알고리즘을 살펴보자.

```cpp
struct Point {
    int x{};
    int y{};
};

auto linear_search(const std::vector<Point>& a, const Point& key) {
    for (size_t i = 0; i < a.size(); ++i) {
        if (a[i].x == key.x && a[i].y == key.y) {
            return true;
        }
    }
    return false;
}
```

여기서는 정수 배열 대신 좌표를 비교하며, 각각의 요소에 접근할 때 인덱스를 사용한다. 이러한 변화가 실행 시간에 어떤 영향을 줄까? 아마도 첫 번째 소개한 알고리즘과 비교해서 더 많은 작업을 수행하므로 절대적인 실행 시간은 증가할 것이다. 예를 들어 좌표의 비교는 하나의 요소에 두 개의 정수가 관련된다. 하지만 여기에서는 알고리즘이 보여줄 작업의 증가율에 관심이 있으며, 입력의 크기에 대응해서 실행 시간을 추정해보면 앞의 그림처럼 직선으로 비율이 결정될 것이다.

정수를 검색하는 마지막 예제로 배열의 요소가 정렬돼 있다고 가정해보자. 첫 번째로 사용했던 알고리즘은 각 배열의 순서와 상관없이 동작하지만, 정렬돼 있는 경우에 이진 검색^{binary search}을 사용할 수 있다. 배열 중앙에 있는 요소부터 검색한 다음에 전반부나 후반부의 배열을 검색할 것인지 결정한다.

```cpp
auto binary_search(const std::vector<int>& a, int key) {
    if (a.empty()) {
        return false;
```

```
    }
    auto low = size_t{0};
    auto high = a.size() - 1;
    while (low <= high) {
        const auto mid = low + ((high - low) / 2);
        if (a[mid] < key) {
            low = mid + 1;
        }
        else if (a[mid] > key) {
            high = mid - 1;
        }
        else {
            return true;
        }
    }
    return false;
}
```

이 알고리즘을 보면 단순한 선형 검색^{linear scan}보다는 이해하기 어렵다. 특정 키가 배열의 중앙에 있을 것으로 가정하면서 찾아 가는 것으로 보인다. 아니면 어느 쪽 절반에 따른 방향으로 키를 찾아야 하는지 결정하고자 중앙에 있는 요소부터 키를 비교하는 것으로도 보인다. 따라서 단위 연산 작업 안에서 배열을 반으로 나눈다. 64개의 요소를 갖고 있는 배열이 있을 때 binary_search()를 호출한다고 가정해보자. 반복될 첫 번째 연산에서 32개를 제외시키고, 다음 연산 과정에서 16개를 제외시키는 과정이 더 이상 비교할 요소가 없거나 키를 찾을 때까지 계속된다. 입력의 크기가 64일 경우 거의 7번의 반복 연산이 수행된다. 그럼 128개일 경우에는 어떨까? 각 단위 연산에서 절반으로 크기를 줄이므로, 한 번의 추가 연산 과정만이 생긴다. 이로써 증가율이 선형이 아니라는 점이 분명하게 드러난다. 실제로는 로그^{logarithmic} 형태를 갖는다. binary_search()의 실행 시간을 측정해본다면 증가율이 다음 그림과 같은 형태를 보일 것이다.

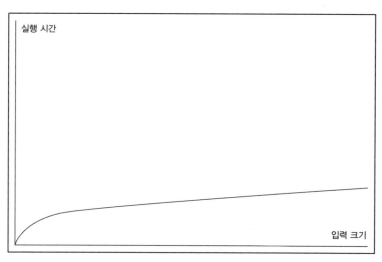

실행 시간

입력 크기

로그 증가율

필자의 컴퓨터에서 세 가지 알고리즘을 다양한 입력 크기(n)로 10,000번을 반복 호출해 측정한 결과를 표로 정리했다.

알고리즘	n=10	n=1000	n=100,000
1. int 선형 검색	0.04 ms	4.7 ms	458 ms
2. Point 선형 검색	0.07 ms	6.7 ms	725 ms
3. int 이진 검색	0.03 ms	0.08 ms	0.16 ms

알고리즘 1과 2를 보면 정수 대신 좌표(point)를 비교하는 것이 시간이 더 걸렸지만, 입력 크기가 증가하는 데 따라 변한다. 하지만 입력 크기에 따른 세 가지 알고리즘 모두를 비교하면서 정말 중요한 것은 각 알고리즘이 보여주는 증가율이다. 정렬된 배열이라는 점을 이용해서 현저하게 작은 반복 연산으로 검색 함수를 구현할 수 있었다. 긴 배열의 경우 이진 검색이 선형 검색보다 합리적인 선택이다.

TIP 주어진 문제에 자신이 정확한 알고리즘과 데이터 구조를 선택했다고 확신하기 전에는 코드
를 최적화하는 데 시간을 낭비하지 말자.

알고리즘을 선택할 때 도움이 되도록 앞서와 같은 증가율을 표현할 수 있는 방법이
정해져 있다면 좋을 것이다. 여기서 바로 빅 O 표기법이 등장한다. 다음과 같이 비교
적 쉽게 기술한 정의를 살펴보자. 입력 크기인 n에 대한 알고리즘의 실행 시간을 나타
내는 $f(n)$ 함수가 있고, $f(n) \leq k * g(n)$과 같이 상수인 k가 있다면 이 $f(n)$을 $O(g(n))$이
라고 한다. 이는 정수와 좌표를 사용했던 두 가지 모두에 해당하는 linear_search()
의 시간 복잡도가 $O(n)$이라는 것을 의미한다. 반면 binary_search()의 시간 복잡도
는 $O(\log\ n)$이다($\log\ n$의 빅 O라고도 한다).

실제로 어떤 함수의 빅 O 표기법이 필요할 때에는 가장 큰 증가율을 가진 하나를
제외한 나머지 모두를 제외하고 나서 상수로 표현 가능한 요소를 제거한 후에 사용할
수 있다. 예를 들어 $f(n) = 4n^2 + 30n + 100$ 형태의 시간 복잡도를 가진 알고리즘이
있다면 가장 큰 증가율을 가진 $4n^2$을 고른다. 다음으로 상수인 4를 제거하고 n^2만
남는다. 이는 알고리즘이 $O(n^2)$ 형태로 수행된다는 의미다. 어떤 알고리즘의 시간
복잡도를 알아내는 것은 어렵지만, 코드를 작성하면서 좀 더 고민해보는 습관을 들이
면 찾기가 더 쉬워질 것이다.

또 다른 예를 살펴보자.

```cpp
auto insertion_sort(std::vector<int>& a) {
   for (size_t i = 1; i < a.size(); ++i) {
      auto j = i;
      while (j > 0 && a[j-1] > a[j]) {
         std::swap(a[j], a[j-1]);
         --j;
      }
```

```
        }
    }
```

입력의 크기는 배열의 크기와 같다. 배열의 모든 요소를 반복 연산하는 것을 보면 실행 소요 시간을 대략적으로 알 수 있다. 우선 $n - 1$개의 요소를 반복 연산하는 바깥쪽 루프가 있다. 반면에 안쪽 루프는 다르다. 처음 while 루프에 도달할 때 j는 1이고, 루프는 오직 한 번만 수행된다. 다음번 연산에서 j는 2에서 시작하고, 0으로 줄어든다. 바깥쪽 루프의 단위 연산에서 안쪽 루프는 점점 더 많은 작업을 수행한다. 결국 j는 $n - 1$부터 시작하고, 최악의 경우 $1 + 2 + 3 + ... + (n - 1)$회의 swap 함수를 실행한다. 이러한 경우는 n을 사용해 수열로 표시할 수 있다. 이 수열의 합은 $1 + 2 + ... + k = (1/2)(k * (k + 1))$ 형태로 볼 수 있다. 그러므로 $k = (n - 1)$과 같이 설정한다면 복잡도는 다음과 같다.

$$(1/2)((n-1) * (n-1 + 1)) = (1/2)((n-1) * n) = (1/2)(n^2-n) = (1/2)n^2 - (1/2)n$$

이제 결과에 가장 큰 영향을 주는 하나만 남기고 모두 제거해서 이 함수의 빅 O 표기법을 찾을 수 있으며, 이것이 바로 $(1/2)n^2$이다. 이제 상수인 $(1/2)$을 제거하고 나면 이 정렬 알고리즘의 실행 시간은 $O(n^2)$이라는 결론에 도달한다.

증가율

앞에서 언급한 함수의 복잡도에 해당하는 빅 O 표기법을 찾는 첫 단계는 가장 높은 증가율만을 남기고 나머지는 모두 제거하는 것이다. 따라서 일반적인 함수에 대한 증가율을 다소 알고 있어야 한다. 다음 그림은 가장 일반적인 함수를 보여준다.

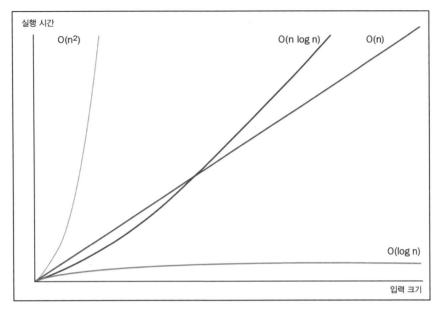

함수의 소요 시간 증가율 비교

증가율은 개별 컴퓨터와 코딩 형식에 독립적이며, 두 알고리즘의 증가율이 다른 경우에 입력 크기가 충분히 크면 낮은 증가율을 가진 알고리즘이 항상 효율적이다. 한 개의 단위 작업을 수행하는 데 1밀리초가 소요된다고 가정하고 서로 다른 증가율에 따라 실행 시간이 어떤 결과로 나타나는지 살펴보자. 아래의 표는 증가 함수, 일반적인 이름과 여러 입력 크기 n을 표시한 목록이다.

f(n)	이름	n = 10	n = 50	n = 1000
$O(1)$	상수	0.001초	0.001초	0.001초
$O(\log n)$	로그	0.003초	0.006초	0.01초
$O(n)$	선형	0.01초	0.05초	1초
$O(n \log n)$	선형 또는 n log n	0.03초	0.3초	10초
$O(n^2)$	제곱	0.1초	2.5초	16.7분
$O(2^n)$	지수	1초	357세기	무한대

분할 상환 시간 복잡도

일반적으로 알고리즘은 입력이 따라 다른 동작을 한다. 배열에서 요소를 선형 검색으로 찾는 알고리즘을 생각해보면 키가 배열에 없는 경우에는 전부 분석해야만 했다. 이 알고리즘은 최악의 경우 알고리즘에서 필요한 가장 많은 자원을 사용했다. 최상의 경우에는 알고리즘에 필요한 최소의 자원이 사용된다. 반면 평균은 다양한 입력에 따라 알고리즘이 얼마의 자원이 평균적으로 필요한지를 의미한다.

STL은 일반적으로 컨테이너에서 동작하는 함수의 분할 상환amortized 실행 시간을 참조한다. 알고리즘이 상수 분할 상환 시간 동안 실행된다면 예외적인 경우를 제외한 대부분이 $O(1)$ 형태로 실행되는 것을 의미한다. 처음에는 분할 상환 실행 시간과 평균 시간의 구분이 어렵지만 좀 더 살펴보면 다른 점을 이해할 수 있다.

분할 상환 시간 복잡도를 이해하려면 std::vector::push_back()으로 고민해보자. 벡터가 모든 요소를 저장하는 고정된 크기의 배열을 내부적으로 갖고 있다고 가정해 본다. push_back()을 호출할 때 고정된 크기의 배열 내에 추가 요소를 위한 빈자리가 있다면 $O(1)$과 같은 상수, 즉 일정한 시간 동안 작업이 실행될 것이므로 내부 배열에 한 개 이상의 자리가 있다면 벡터 내에 있는 요소의 수에 영향은 없다.

```
if (internal_array.size() > size) {
    internal_array[size] = new_element;
    ++size;
}
```

하지만 내부 배열이 가득 차면 어떨까? 벡터의 크기 증가를 관리할 한 가지 방법은 더 큰 크기의 비어 있는 내부 벡터를 새로 생성하고 나서 모든 요소를 기존 배열에서 새 배열로 옮기는 것이다. 분명 이 작업은 더 이상 일정한 상수적 시간이 아니며 배열에서 요소당 한 번씩 이동하는 결과, 즉 $O(n)$이 된다. 최악의 경우를 가정해보면 push_back()은 $O(n)$이 된다는 것을 의미한다. 하지만 push_back()을 여러 번 호출하면 시간이 많이 소요되는 push_back()은 자주 발생될 수 없고, push_back()이 한 개의 행에서 다수 호출될 것임을 미리 안다면 push_back()이 $O(n)$이라는 것은 비관적이거나 합리적인 결론이 아닌 것으로 보인다. 분할 상환 실행 시간은 단일 실행보다는 일련의 동작을 분석할 때 사용된다. 여전히 최악의 조건을 분석하지만 일련의 동작을 분석하는 것으로, 분할 상환 실행 시간은 전체 과정의 첫 실행 시간 분석을 각 단계의 길이로 나눠서 산출한다. m개의 동작을 가지면서 총 $T(m)$ 시간이 소요되는 과정을 수행한다고 가정해보자.

$$T(m) = t_0 + t_1 + t_2 \ldots + t_{m-1}$$

여기에서 $t_0 = 1$, $t_1 = n$, $t_2 = 1$, $t_3 = n$ 등이다. 다시 말해 전체 동작의 절반은 일정한 시간으로, 나머지 절반은 선형적으로 증가하는 시간 동안 수행된다.

$$T(m) = n\,\frac{m}{2} + \frac{m}{2} = \frac{(n+1)m}{2}$$

각 동작의 분할 상환 복잡도는 전체 시간을 단위 동작 개수로 나눈 것이며, $O(n)$으로 나타난다.

$$T(m)/m = \frac{(n+1)m}{2m} = \frac{n+1}{2} = O(n)$$

하지만 크기와 순서에 따라 시간이 많이 소요되는, 즉 연산이 많은 동작이 자주 발생하지 않는다는 것을 보장할 수만 있다면 분할 상환 실행 부담을 줄일 수 있다. 예를 들어 부하가 큰 동작이 일련의 과정 $T(n) + T(1) + T(1) + \ldots$에서 한 번만 발생한다고 확신할 수 있다면 분할 상환 실행 시간은 $O(1)$이다. 따라서 결국 과도한 연산이 발생하는 주기에 따라 분할 상환 실행 시간이 바뀐다.

이제 std::vector로 돌아가 보자. 표준에 의하면 push_back()은 일정한 분할 상환 시간, 즉 $O(1)$으로 실행될 필요가 있다. STL 제작사 입장에서 이런 목표를 어떻게 달성할 수 있을까? 벡터가 가득 찰 때마다 고정된 수의 요소만큼 용량^{capacity}이 증가하는 경우라면 앞에서 $O(n)$의 실행 시간을 보였던 비슷한 예를 다룬 적이 있다. 여기에 매우 큰 상수를 갖고 있더라도 용량의 변화는 여전히 고정된 간격으로 발생한다. 중요한 점은 시간이나 비용이 많이 드는 동작의 발생 주기를 충분히 낮추려면 벡터를 기하급수적으로 증가시킬 필요가 있다는 것이다. 내부적으로 벡터는 현재의 배열에 몇 배수의 크기를 가진 새로운 배열의 크기와 같은 성장 계수^{growth factor}를 사용한다.

큰 성장 계수는 잠재적으로 메모리를 낭비할 수 있지만, 시간이 많이 소요되는 부하가 큰 동작의 발생 주기를 낮춘다. 이 산술적 관계를 단순화하고자 벡터 크기의 증가가 필요할 때마다 두 배씩 증가시킨다고 가정해보자. 이제 부하가 큰 동작의 호출 빈도를 측정할 수 있다. n의 크기를 가진 하나의 벡터에 대해 항상 두 배씩 크기를 증가시키므로 $log_2 (n)$번의 횟수로 내부 배열을 증가시킨다. 배열의 크기를 증가시킬 때마다 현재의 배열에 있는 모든 요소를 이동시켜야 한다. i번째로 배열을 증가시킬 때 2^i개의 요소를 이동시킬 것이다. 그러므로 push_back() 동작을 m번 실행하는 경우 전체 과정의 실행 시간은 다음과 같다.

$$T(m) = \sum_{i=1}^{log_2(m)} 2^i$$

이는 다음과 같은 등비수열로 나타낼 수 있다.

$$\frac{2 - 2^{log_2(m)+1}}{1 - 2} = 2m - 2 = O(m)$$

이제 전체 과정의 길이(m)로 나누면 분할 상환 실행 시간은 $O(1)$이다.

앞에서 언급했듯이 분할 상환 시간 복잡도는 많은 STL에서 사용되므로 잘 이해하고 있어야 한다. push_back()이 어떻게 일정한 분할 상환 시간으로 수행됐는지 검토해보면 단순화된 상수적 분할 상환 시간을 떠올리는 데 도움이 된다. 대부분의 경우 $O(1)$

로 실행되며, 극히 일부만 나쁘게 나타날 수도 있다.

이것이 점근적 복잡도에 관해 다룰 내용의 전부다. 이제 성능 문제를 어떻게 다루는지, 자신의 코드를 최적화하는 효과적인 작업 방법은 무엇인지 알아보겠다.

▌측정 대상

최적화는 대부분 코드를 더 복잡하게 만든다. 큰 틀에서의 최적화, 즉 알고리즘과 데이터의 선택은 코드의 의도를 분명하게 할 수 있지만 대부분 코드를 읽고 관리하기 어렵게 만든다. 따라서 달성하고자 하는 성능에 실제 영향을 주는 최적화 작업인지 확신이 필요하다. 정말 코드를 더 빠르게 실행되게 만들 것인가? 어떤 방법으로 할까? 정말 메모리를 지나치게 많이 사용하는 것일까? 어떠한 최적화 작업이 가능한지 이해하려면 처리 시간latency, 처리량throughput, 메모리 사용량 등과 같은 요구 사항을 이해할 필요가 있다. 코드를 최적화하는 것은 재미있지만, 달성할 수 있는 측정 가능한 요소가 없다면 헤매기 쉽다. 여기서는 코드를 조정하고자 할 때 따라 해볼 수 있는 워크플로workflow를 제시하면서 설명을 시작하려고 한다.

1. **목표 설정**: 잘 정의된 정량적인 목표가 있다면 어떻게 최적화해서 언제 끝낼 것인지 쉽게 알 수 있다. 일부 애플리케이션은 요구 사항이 무엇인지 처음부터 분명하지만 대부분 애매할 때가 더 많다. 심지어 코드가 느린 것이 분명하더라도 충분히 적당한 성능이라는 것을 인지하는 것도 중요하다. 각각의 영역에서 특수한 제약이 있으며, 자신의 애플리케이션과 연관이 있는 것을 확실히 이해해야 한다. 다음은 앞에 언급한 사실을 더 분명하게 정의할 수 있는 사례다.

   - 상호작용이 있는 애플리케이션의 응답 시간은 100밀리초 이하. 다음 글을 참고한다.

https://www.nngroup.com/articles/response-times-3-important-limits

- 60FPS^{Frames Per Second}(초당 프레임 수) 그래픽, 프레임당 16밀리초
- 128 샘플 버퍼를 가진 실시간 오디오, 44.1kHz 샘플링 주기, 즉 3밀리초 이하

2. **측정:** 일단 무엇을 측정하고, 어떤 제약이 있는지 이해했다면 애플리케이션의 성능이 지금 어떤 상태인지 측정해야 한다. 앞의 **1**번 단계에서 평균 시간, 최대 부하 등과 같은 것에 중점을 둘 것인지 분명히 해야 한다. 이 단계에서는 설정하는 목표의 측정에만 관심이 있다. 애플리케이션에 따라서는 세련된 고급 성능 분석 도구가 아니라 초시계만 있어도 된다.

3. **병목 지점의 확인:** 다음으로 애플리케이션의 병목 지점을 찾아야 한다. 병목 지점이란 느리고 불필요한 부분을 의미한다. 이 단계에서는 직관을 믿지 말아야 한다. **2**단계에서 다양한 관점으로 코드를 측정해서 어느 정도 코드에 대한 통찰력이 생기겠지만 거기까지다. 가장 문제가 되는 지점을 찾는 더 심층적인 프로파일러가 대부분 필요하다.

4. **경험에서 나온 합리적 추측의 설정:** 성능을 향상시킬 방법에 대해 가설을 만든다. 테이블 룩업을 사용할 수 있을까? 전반적인 처리량을 높이고자 데이터를 캐시^{cache}에 올릴까? 컴파일러가 코드를 벡터화하도록 코드를 변경할 수 있을까? 메모리를 재사용해서 크리티컬 섹션^{critical section}에 할당하는 횟수를 줄일 수 있을까? 이러한 가설을 수립하는 것이 실은 경험적인 추측이라는 사실을 안다면 보통 어렵지 않다. 틀려도 좋다. 나중에 실제로 영향이 있는지 없는지 결국에는 알아낼 것이다.

5. **최적화:** **4**단계에서 만든 가설을 구현한다. 실제로 영향이 있는지 알아내기 전에 이 단계에서 너무 많은 시간을 소비하지 마라. 최적화를 거절할 준비도 해야 한다. 원하는 효과가 없을 수도 있다.

6. **평가:** 다시 측정하라. **2**단계와 같이 정확하게 동일한 테스트를 하고 결과를

비교한다. 여기서 무엇을 얻을까? 아무것도 얻지 못한다면 코드를 거절하고 다시 4단계로 돌아간다. 최적화가 실제로 긍정적인 효과가 있다면 더 시간을 투입해도 되는지 자신에게 물어본다(최적화가 얼마나 복잡한지, 더 노력을 해볼 것인지, 일반적인 성능 향상인지 아니면 특정 조건이나 플랫폼에만 해당되는 것인지, 유지 및 관리가 가능한지, 캡슐화^{encapsulate}하거나 코드 베이스에 걸쳐 전반적으로 활용할 수 있는지). 최적화에 대해 동기 부여가 되지 않으면 4단계로 간다. 아니면 마지막 단계로 간다.

7. **리팩토링**: 5단계의 안내를 따랐다면 처음부터 완벽한 코드를 작성하려고 너무 많은 시간을 소비하지 마라. 이제 효과를 분명하게 하도록 최적화 작업을 리팩토링할 시점이다. 대부분 최적화는 평소와 다르게 무언가를 왜 해야만 하는지 설명하는 주석이 필요하다.

성능의 속성

측정을 시작하기 전에 애플리케이션을 작성하는 데 중요한 성능의 속성을 알아야 한다. 이 절에서는 성능을 측정할 때 자주 사용되는 용어를 설명한다. 제작할 애플리케이션에 따라 일부 속성은 다른 것보다 더 많은 연관성이 있다. 예를 들어 온라인 이미지 변환 서비스를 제작하는 경우 처리량^{throughput}이 처리 시간^{latency}보다 더 중요한 속성이 될 수 있다. 반면 처리 시간은 실시간 요구 사항에 대한 상호작용을 수행하는 애플리케이션에서 핵심적인 역할을 한다.

- **처리/응답 시간**: 개발 분야에 따라 처리 시간과 응답 시간은 매우 정확해야 하면서도 다양한 정의를 가질 수 있다. 하지만 이 책에서는 어떤 동작의 요청과 응답 구간에서 소요된 시간을 의미한다. 예를 들어 한 개의 이미지를 변환하는 데 소요된 시간을 말한다.

- **처리량**: 단위 시간당 트랜잭션^{transaction} 수(또는 작업, 요청 수 등)를 말하며, 예를 들어 이미지 변환 서비스가 초당 처리할 수 있는 이미지 수를 말한다.

- **입출력 또는 CPU 의존성:** 대부분의 작업은 주요 시간을 CPU에서 뭔가를 계산하는 데 소비하거나 입출력(하드 디스크, 네트워크 등)을 대기하면서 소비한다. CPU가 더 빠를 경우에 작업을 더 빠르게 실행한다면 이 작업은 CPU 의존성 bound이 높은 작업이라고 한다. 입출력을 빠르게 해서 실행이 빨라지면 입출력 의존성I/O bound이 높은 작업이다. 가끔은 메모리 의존성이 높은 작업도 있는데, 주 메모리의 크기나 속도가 해당 시점에서 병목이라는 것을 의미한다.

- **전력 소비:** 배터리로 구동되는 모바일 장치에서 실행되는 코드라면 중요하다. 전력 사용을 줄이려면 애플리케이션이 CPU와 네트워크 등과 같은 하드웨어를 더욱 효율적으로 사용해야 한다. 이외에도 빠른 주기의 폴링polling은 피하는 것이 좋은데, 이는 CPU가 대기 상태sleep로 전환되는 것을 방해하기 때문이다.

- **데이터 취합:** 일반적으로 성능을 측정할 때 많은 양의 샘플을 수집할 필요가 있다. 평균값이 프로그램이 어떻게 수행되는지 알아보는 적당한 지표가 되기도 하지만, 가끔 튀는 값으로 인해 중앙값median이 실제 성능을 더 잘 설명하기도 한다. 지나치게 튀는 값에 관심이 있다면 최솟값, 최댓값(또는 10% 범위 등)을 측정할 수도 있다.

성능 테스트: 모범 사례

여러 이유로 성능과 관련된 요구 사항보다는 기능적인 요구 사항functional requirements을 다루는 회귀 테스트가 더 일반적이다. 성능 테스트는 보통 개발 과정에서 가끔씩 그리고 너무 늦게 수행된다. 가능하다면 만든 빌드나 여러 기능을 한밤중에 미리 성능을 테스트하고 측정해 둘 것을 권한다.

매우 큰 입력을 처리해야 한다면 알고리즘과 데이터 구조를 현명하게 선택해야 하고, 합리적인 근거 없이 코드를 그냥 조정해보는 작업은 하지 말자. 또한 실제 상황에 가까운 테스트 데이터를 가능하면 미리 준비해서 자신의 애플리케이션을 테스트하는 것도 중요하다. 프로젝트 중에는 데이터 크기를 미리 물어보자. 애플리케이션이 얼마나 많은 행의 테이블을 처리해야 하는지, 그래도 스크롤이 매끄럽게 처리되는 것인지 등을 알아보자. 100여개만으로 테스트하고, 자신의 코드가 적당한 규모를 갖추었기를 바라지 말자.

데이터를 보이도록 그려 보는 것은 수집한 데이터를 이해하는 데 효과적이다. 요즘에는 데이터를 사용해 그리는 아주 편리하고 좋은 도구가 많아서 그려보지 않고 나중에 변명할 수 있는 여지가 거의 없다. 그림은 반드시 예쁘게 그려야 유용한 것이 아니다. 자신의 데이터를 시각화해보면 튀는 값과 패턴을 볼 수 있고, 이런 값이나 패턴은 보통 숫자로 가득한 테이블에서는 찾기 어렵다.

▌코드의 이해와 핵심 지점

파레토의 법칙Pareto principle 또는 80/20 법칙은 이탈리아의 경제학자 빌프레도 파레토 Vilfredo Pareto가 100년도 더 이전에 처음 알려진 이후로 여러 분야에서 쓰이고 있다. 파레토는 이탈리아 인구의 20%가 80%의 땅을 소유하고 있다는 사실을 알렸다. 컴퓨터 공학에서도 이 법칙이 널리 사용됐다(어쩌면 남용됐을 수도 있다). 소프트웨어 최적화에서는 20%의 코드가 프로그램이 사용하는 80%의 자원을 사용한다고 한다. 이는 물론 경험적 원리이고 너무 글자 그대로 받아들일 필요는 없다. 반면 최적화되지 않은 코드는 일반적으로 전체 자원을 주로 소비하지만 비교적 작은 핫 스팟hot spots을 발견할 수 있다. 이는 성능에 대한 지나친 부담 없이도 대부분의 코드를 작성할 수 있다는 뜻이니 프로그래머에게는 좋은 소식이다. 대신 코드를 깔끔하게 작성하는 데 집중하면 된다. 또한 최적화할 때 어디에 적용할 것인가의 질문에 더 나은 지점이 있다는 것이고, 그 위치가 아니라면 코드의 최적화가 전반적인 성능에 영향을 주지 못한다. 이번 절에서는 최적화할 가치가 있는 코드의 20%를 찾는 방법론과 도구를 살펴본다.

프로파일러

일반적으로 프로파일러profiler를 사용하면 프로그램에서 핵심 지점을 찾을 때 가장 효율적이다. 프로파일러는 프로그램의 실행을 분석하고, 통계적인 요약, 함수의 호출 횟수, 프로그램에서 호출된 명령어 등을 보여준다. 게다가 프로파일러는 보통 함수의 호출 관계, 즉 프로파일 실행 중에 호출자와 호출된 함수를 그래프로 보여준다. 다음의 그림에서 sort() 함수가 main() 함수에 의해 호출된 것과 호출자caller sort()가 swap() 함수(호출된 함수callee)를 호출했다는 것을 볼 수 있다.

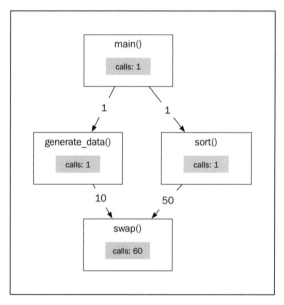

함수 호출 그래프의 예

프로파일러는 두 종류가 있는데, 샘플링sampling 프로파일러와 측정instruments 프로파일러다. 물론 두 가지 방식을 병행하는 프로파일러까지 세 가지로 분류할 수도 있다. 유닉스 성능 분석 도구인 gprof가 세 번째 방식의 좋은 예다.

측정 프로파일러

측정이란 분석할 프로그램에 코드를 삽입해서 함수의 실행 빈도에 대한 정보를 수집하는 것이다. 특히 삽입된 측정 코드는 함수의 진입 지점과 빠져 나가는 지점을 기록한다. 자신만의 코드를 직접 삽입해서 기본적인 측정 프로파일러를 작성할 수도 있고, 자동으로 필요한 코드를 빌드 과정에서 삽입해주는 도구를 사용할 수도 있다. 자신의 목표에 따라 단순한 노력으로도 충분할 수 있지만, 추가된 코드의 성능으로 인해 결과가 영향을 받지 않도록 주의해야 한다. 또 다른 문제는 컴파일러 최적화 과정에 방해가 되거나 최적화된 결과에서 멀어질 위험이 있다.

측정 프로파일러의 예로, 다음과 같이 이전의 프로젝트에서 다룬 타이머 클래스의 단순화된 버전을 사용해보자.

```cpp
class ScopedTimer {
public:
    using ClockType = std::chrono::steady_clock;

    ScopedTimer(const char* func) :
        function_{func},
        start_{ClockType::now()} { }

    ScopedTimer(const ScopedTimer&) = delete;
    ScopedTimer(ScopedTimer&&) = delete;
    auto operator=(const ScopedTimer&) -> ScopedTimer& = delete;
    auto& operator=(ScopedTimer&&) -> ScopedTimer& = delete;

    ~ScopedTimer() {
        using namespace std::chrono;
        auto stop = ClockType::now();
        auto duration = (stop - start_);
        auto ms = duration_cast<milliseconds>(duration).count();
        std::cout << ms << " ms " << function_ << '\n';
    }
```

```
private:
    const char* function_{};
    const ClockType::time_point start_{};
};
```

ScopedTimer 클래스는 생성되면서부터 시간을 측정하기 시작해서 범위에서 벗어난 시점(즉, 소멸될 때)까지 측정한다. 여기서는 C++11부터 소개됐고 시간 간격을 측정하기 위해 만든 std::chrono::steady_clock만을 사용한다. steady_clock은 단순해서 clock_type::now()까지 연속된 두 개의 호출을 하면서 시간이 줄어드는 변화가 없다. 언제라도 조정이 가능한 시스템 시계와는 다르다.

이제 시간에 대한 클래스가 프로그램의 함수를 측정하고, 함수의 시작 지점에 ScopedTimer 인스턴스를 생성하게 해본다.

```
auto some_function() {
    ScopedTimer timer{"some_function"};

    ...
}
```

일반적으로 프리프로세서 매크로macros의 사용을 권하지 않지만, 이번 경우는 사용해 볼만하다.

```
#if USE_TIMER
    #define MEASURE_FUNCTION() ScopedTimer timer{__func__}
#else
    #define MEASURE_FUNCTION()
#endif
```

함수의 이름을 얻기 위해 C++11부터 사용할 수 있는 사전 정의된 함수 지역 __func__ 변수만 사용한다. 대부분의 컴파일러가 지원하는 미리 정의된 비표준 매크로가 있으며,

디버깅 목적으로 매우 유용하다. 비표준 매크로의 예로는 __FUNCTION__, __FILE__, __LINE__ 등이 있다.

다음과 같이 ScopedTimer 클래스를 사용한다.

```
auto some_function() {
    MEASURE_FUNCTION();
    ...
}
```

타이머를 컴파일할 때 USE_TIMER를 정의했다면 다음과 같이 some_function()이 반환할 때마다 출력할 것이다.

```
2.3 ms some_function
```

샘플링 프로파일러

샘플링 프로파일러는 실행 중인 프로그램 상태를 보면서 프로파일을 생성하며, 10밀리초 간격도 가능하다. 샘플링 프로파일러는 보통 프로그램의 실제 성능에 주는 영향을 최소화하며, 릴리스^{release} 모드에서 모든 최적화 옵션이 켜진 상태로도 빌드가 가능하다. 샘플링 프로파일러의 단점은 정확성이 떨어지고 통계적으로 접근한다는 것이지만, 이러한 단점을 알고 있다면 일반적으로 문제가 되지 않는다. 다음의 그림은 5개의 함수 main(), f1(), f2(), f3(), f4()로 실행 중인 프로그램을 샘플링한 시간을 보여준다. t_1에서 t_{10}은 각각의 샘플을 취한 시점을 나타낸다. 표시된 각 상자는 각각의 실행되는 함수의 진입점과 나가는 지점을 가리킨다.

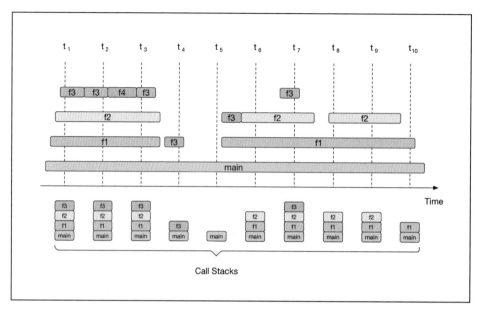

샘플링 프로파일러 세션의 예

프로파일은 아래의 표와 같이 요약된다.

함수	합계	자신
main()	100%	10%
f1()	80%	10%
f2()	70%	30%
f3()	50%	50%

위 표에서 합계 열은 하위 함수를 포함하는 호출 스택[call stacks]의 누적량을 보여준다. 이 예제에서는 main() 함수가 10개 중에서 10개 모두(100%)를 포함한 결과이고, f2()는 70%에 해당하는 7개의 호출 스택에서만 확인된다.

개별 함수에서 자신만을 포함하는 열에서는 호출 스택의 최상위에서 몇 번 실행됐는지 보여준다. main() 함수는 다섯 번째 샘플인 t_5에서 한 번만 최상위 호출 스택으로 감지되고, f2() 함수는 3/10 = 30%에 해당하는 샘플 t_6, t_8, t_9에서 호출 스택의 최상단에 위치한다. f3() 함수는 가장 높은 자신에 대한 값(5/10)을 갖는데, f3()이 감지될 때마다 호출 스택 최상단에 위치한다.

개념적인 면에서 샘플링 프로파일러는 일정한 시간 간격으로 호출 스택의 샘플을 저장하고, 현재 CPU가 무엇을 실행하는지 알아낸다. 순수한 샘플링 프로파일러는 보통 현재 실행 상태에 있는 스레드에서 실행 중인 함수만 감지하는데, 대기 중인 스레드는 CPU에 의해 스케줄되지 않기 때문이다. 함수가 스레드를 대기 상태로 만드는 잠금^{lock}을 기다리는 상황이 되면 시간 프로파일에 시간이 나타나지 않는다. 이는 샘플링 프로파일러가 보지 못하는 스레드 동기화에 의해 발생하는 병목 지점이므로 중요한 의미를 갖는다.

f4() 함수에서는 무슨 일이 있었을까? 그래프를 보면 샘플 2번과 3번 사이에서 f2() 함수에 의해 호출되지만, 여기의 통계적 프로파일로는 어떤 호출 스택에서도 나타나지 않는다. 이 또한 샘플링 프로파일러에서 알아야 할 중요한 점이다. 각각의 샘플 시간 간격이 너무 크거나 전체 샘플링 세션 수가 너무 작으면 실행 시간이 짧고 자주 호출되지 않는 함수는 프로파일에 나타나지 않는다. 이러한 함수는 대부분 성능 조정 대상이 아니며, 보통 문제가 되지 않는다. 또 하나의 예로 f3() 함수는 t_5와 t_6 사이 지점에서는 놓쳤지만, f3() 함수는 아주 자주 호출됐기 때문에 프로파일에서는 성능에 중요한 영향이 있다.

자신이 사용 중인 프로파일러가 기록하는 내용이 실제로 무엇을 의미하는지 이해해야만 관련된 제약 사항과 장점 등을 최대한 효과적으로 사용할 수 있다.

▍요약

3장에서는 빅 O 표기법을 사용해서 알고리즘의 효율성을 비교하는 방법을 배웠다. 이제 C++ STL의 복잡도를 정의하는 방법을 알고 있다. 모든 STL 알고리즘은 최악의 경우와 평균적인 경우의 성능으로 정의하지만, 컨테이너와 반복 연산 과정은 분할 상환 복잡도로 정의한다.

또한 처리 시간과 처리량을 측정해서 소프트웨어 성능을 정량화하는 방법을 배웠다. 마지막으로 CPU 프로파일러를 사용해 자신의 코드에서 성능에 핵심적인 위치를 찾는 방법도 배웠다.

04

데이터 구조

3장에서 시간과 메모리의 복잡도를 분석하고 성능을 측정하는 방법을 알아봤다. 4장에서는 표준 템플릿 라이브러리에서 데이터 구조를 선택하고 활용하는 방법을 알아본다. 오늘날의 컴퓨터에서 특정 데이터 구조가 매끄럽게 동작하는 원리를 이해하려면 먼저 컴퓨터 메모리의 기초를 다룰 필요가 있다.

4장에서 다루는 내용은 다음과 같다.

- 컴퓨터 메모리의 속성
- STL 컨테이너: 시퀀스sequence 컨테이너, 연관associative 컨테이너와 컨테이너 어댑터adapters
- 병렬parallel 배열

▌ 컴퓨터 메모리의 속성

STL 컨테이너와 여러 유용한 데이터 구조를 알아보기 전에 컴퓨터 메모리를 간단히 알아보자.

C++는 메모리를 연속된 셀[cell]로 취급한다. 각 셀의 크기는 1바이트이고, 각 셀은 주소를 갖고 있다. 해당 주소를 사용해 메모리의 바이트에 접근하는 것은 총 메모리 셀의 수와 무관한 일정한 시간 연산 $O(1)$이다. 32비트 컴퓨터에서는 이론적으로 4GB 정도의 메모리 크기 2^{32}바이트를 하나의 프로세스가 사용할 수 있다. 64비트 컴퓨터에서는 프로세스 하나가 2^{64}바이트의 메모리 주소를 사용하므로 소진될 가능성이 거의 없는 충분한 크기다.[1]

아래의 그림은 메모리에 실제로 배치된 메모리 셀의 시퀀스를 보여준다. 각 셀은 8비트를 갖고 있다. 16진수로 표현된 숫자들은 메모리 셀의 주소다.

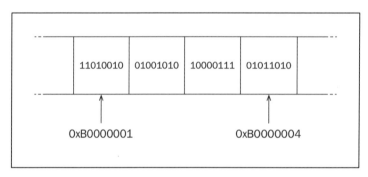

메모리에 배치된 메모리 셀의 시퀀스

주소로 바이트에 접근하는 것은 $O(1)$ 연산이므로 프로그래머 관점에서 단위 메모리 셀에 접근하는 것이 동일하게 빠르다는 장점이 있다. 이는 대부분의 경우에 적합한 접근 방법이지만, 효율적인 데이터 구조를 선택할 때는 사용하는 컴퓨터에 존재하는

---

1. 실제로 윈도우 32비트 컴퓨터에서는 2GB를 커널에 할당하므로 사용자 프로세스 메모리 크기는 4GB가 아닌 나머지 2GB다. 64비트 컴퓨터에서는 64개의 비트 모두를 프로세스 메모리가 접근 가능한 주소로 사용하지는 않는다. 하지만 여전히 매우 큰 메모리 주소 공간이다.

메모리 구조를 이해할 필요가 있다. 메모리 구조는 더욱 중요해지고 있고, 결과적으로 주 메모리에서 읽고 쓰는 시간은 오늘날의 프로세서 속도에 비해 오히려 비효율적인 방법이 됐다. 아래의 그림은 4개의 코어로 구성된 CPU를 가진 컴퓨터의 구조를 보여준다.

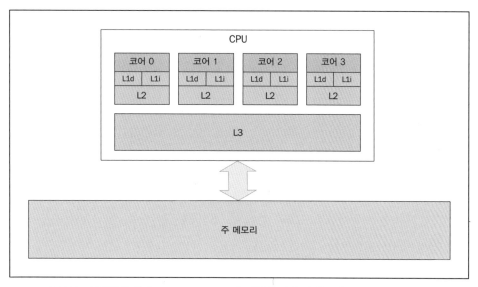

4 코어 프로세서의 사례. L1i, L1d, L2, L4의 이름을 가진 상자는 메모리 캐시(cache)다.

이 책은 2013년에 제작된 맥북을 사용하며, 인텔 쿼드코어 i7 CPU를 장착했다. 이 프로세서는 각 코어가 L1, L2 캐시를 갖고 있고 L3 캐시는 모든 코어와 공유된다. 터미널에서 sysctl -a hw 명령을 실행한 결과는 아래와 같은 정보를 포함한다.

```
hw.memsize: 17179869184
hw.cachelinesize: 64
hw.l1icachesize: 32768
hw.l1dcachesize: 32768
hw.l2cachesize: 262144
hw.l3cachesize: 6291456
```

앞에 제시된 **hw.memsize**는 주 메모리의 전체 크기이고, 여기서는 16GB다.

64바이트로 표시돼 있는 **hw.cachelinesize**는 캐시 라인의 크기이며 블록^{block}이라 부른다. 메모리에서 바이트에 접근할 때 컴퓨터는 요청한 바이트만 가져오는 것이 아니라 항상 64바이트로 표시된 캐시 라인에서 가져온다. CPU와 주 메모리 사이에 위치한 다양한 캐시는 개별 바이트 대신 64바이트 블록을 계속 추적한다.

hw.l1icachesize는 L1 명령어^{instruction} 캐시의 크기로, CPU가 최근에 사용한 명령어를 저장하고자 지정된 32KB 캐시를 말한다. 또한 **hw.l1dcachesize**는 32KB이고, 명령어에 해당하는 데이터를 위해 지정된 공간이다.

마지막으로 L2 캐시와 L3 캐시의 크기도 각각 2MB와 6MB라는 것을 보여준다. 주 메모리의 가용한 메모리 크기에 비해 캐시는 작다는 점이 중요하다.

캐시 구조에서 단위 계층으로부터 데이터에 접근하는 데 필요한 실제 반복 작업량의 구체적인 내용을 모른다면 L1, L2와 같이 두 개의 인접한 계층 간의 응답 시간 차이 정도만이 대략적인 기준이 된다. 아래의 표는 피터 노빅^{Peter Norvig}이 쓴 『Teach yourself programming in ten years』(2001)(http://norvig.com/21-days.html)에서 제시된 응답 속도다. 전체 표 내용은 보통 제프 딘^{Jeff Dean}이 검증한 『Latency numbers every programmer should know』를 참고했다.

```
L1 cache reference        0.5  ns
L2 cache reference          7  ns
Main memory reference     100  ns
```

캐시를 온전히 활용할 수 있도록 데이터를 구조화하면 좀 더 극적인 성능 향상의 효과를 가져온다. 최근에 사용된 데이터에 접근하면 캐시에 존재할 가능성이 있고, 프로그램 실행이 빨라진다. 이를 시간 구역성^{temporal locality}이라 한다.

또한 지금 사용하는 데이터에서 가까운 곳에 위치한 데이터에 접근하면 이미 주 메모리에서 가져온 캐시 라인에 필요한 데이터가 존재할 가능성을 높인다. 이를 공간 구역 성spatial locality이라 한다.

안쪽 반복문에서 캐시 라인을 지속적으로 지우면 성능이 매우 저하될 수 있다. 이를 캐시 스레싱cache thrashing이라 한다. 다음의 코드를 살펴보자.

```cpp
constexpr auto kL1CacheCapacity = 32768;    // L1 데이터 캐시 크기
constexpr auto kSize = kL1CacheCapacity / sizeof(int);
using MatrixType = std::array<std::array<int, kSize>, kSize>;

auto cache_thrashing(MatrixType& matrix) {
    auto counter = 0;
    for (auto i = 0; i < kSize; ++i) {
        for (auto j = 0; j < kSize; ++j) {
            matrix[i][j] = counter++;
        }
    }
}
```

이 코드는 필자의 컴퓨터에서 약 40ms 정도 걸린다. 하지만 안쪽 반복문을 다음과 같이 고치는 것만으로 함수의 기능을 완료하는 데 걸리는 시간을 800ms로 증가시킬 수 있다.

```cpp
matrix[j][i] = counter++;
```

matrix[i][j]를 사용한 첫 예제에서는 대부분 메모리에 접근할 때 L4 캐시에 원하는 데이터가 이미 있는 반면에 matrix[j][i]를 사용하는 경우 L1 캐시 적중에 매번 실패한다. 따라서 메모리 접근에 일정한 시간이 소요되는 동작이지만, 실제로는 캐시에서 가져오면 속도가 크게 향상된다.

▮ STL 컨테이너

STL은 매우 쓸 만한 컨테이너^{container} 타입 세트를 제공한다. 컨테이너는 배열 요소 ^{elements}에서 특정 집합을 포함하고 있는 데이터 구조다. 이는 컨테이너에 넣을 객체를 명시적으로 생성하거나 삭제할 필요가 없다는 것을 의미한다. 스택에 생성된 객체를 컨테이너에 전달할 수 있으며, 컨테이너는 비어 있는 저장소에 복사하거나 저장한다.

반복자^{iterators}는 컨테이너에 있는 요소에 접근하는 데 사용되므로 STL의 기초적인 개념이다. 반복자의 개념은 5장에서 다룬다. 4장에서는 반복자를 한 개의 요소에 대한 포인터로 간주하고, 요소가 포함된 컨테이너에 따라 다양한 반복자가 정의된다는 점을 이해하는 것으로 충분하다. 예를 들면 배열과 같은 데이터 구조는 요소에 임의로 접근한다. 이와 같은 반복자는 산술적 연산자인 +, -를 사용하는 반면에 연결 리스트 ^{linked list}는 ++, --와 같은 연산자만 지원한다.

컨테이너는 시퀀스 컨테이너, 연관 컨테이너, 컨테이너 어댑터와 같이 세 가지로 분류된다. 이번 절에서는 각 컨테이너를 간단히 소개하고 성능 위주로 무엇을 중요하게 고려해야 하는지 알아본다.

시퀀스 컨테이너

시퀀스 컨테이너^{sequence container}는 요소를 컨테이너에 추가할 때 요소의 순서를 유지한다. 시퀀스 컨테이너는 `std::array`, `std::vector`, `std::deque`, `std::basic_string`, `std::list`, `std::forward_list` 등이 있다. 시퀀스 컨테이너를 선택하기 전에 알아야 할 사항은 다음과 같다.

1. 요소의 개수(계산 차수^{order of magnitude})
2. **사용 유형:** 데이터를 얼마나 자주 추가하는가? 데이터 읽기/순회^{traverse}인가? 데이터 삭제 또는 데이터 재정렬인가?

3. 요소의 정렬이 필요한가?

시퀀스 컨테이너에 요소를 추가할 때에는 항상 시퀀스 내의 위치가 지정돼야 한다. 예를 들어 벡터에 요소를 추가하는 경우에 push_back을 호출할 수 있고, 새로운 요소는 컨테이너의 끝에 위치할 것이다.

벡터와 배열

std::vector는 가장 널리 사용되는 컨테이너 유형이며, 그럴 만한 이유가 있다. 벡터는 필요할 때 동적으로 확장되는 배열이다. 벡터에 추가된 요소는 메모리에 인접해서 배치되는 것이 보장되는데, 일정한 시간 내에 인덱스를 사용해 배열 안의 요소에 접근할 수 있음을 의미한다. 또한 앞서 언급한 공간 구역성 덕택에 배치된 순서대로 요소들을 순회할 때 성능이 뛰어나다는 것을 의미한다.

벡터는 크기와 용량^{capacity}을 갖고 있다. 크기는 컨테이너가 보유한 요소의 수이고, 용량은 벡터가 추가로 공간을 할당하기 전까지 가질 수 있는 요소의 수다.

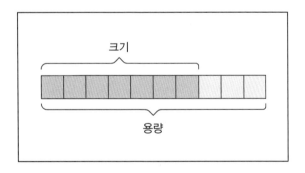

push_back을 사용해 벡터의 끝부분에 요소를 추가하는 방식은 현재 크기가 용량보다 작을 때 빠르다. 더 이상 용량의 여유가 없을 때 요소를 추가하면 벡터는 새로운 내부 버퍼를 할당하고, 새로 생성된 공간에 모든 요소를 이동시킨다. 이런 방식으로 버퍼의 크기를 조정하면서 용량이 증가하는 경우는 3장에서 성능 측정을 다루면서 나왔던 분할 상환^{amortized}으로 표현되는 일정 시간의 동작으로 봐도 될 정도로 드물게 발생한다.

std::vector<Person> 타입의 벡터 템플릿 인스턴스는 Person 객체를 값으로 저장한다. 벡터가 Person 객체를 재정렬할 필요가 있다면(예를 들어 무언가 추가해서) 값들은 복사 생성되거나 이동된다. 객체가 nothrow 이동 생성자를 갖고 있다면 이동한다. 아니면 예외exception에 대한 안전성을 보장하기 위해 객체는 복사 생성된다.

```
Person(Person&& other) { // 복사
    ...
}
Person(Person&& other) noexcept { // 이동
    ...
}
```

내부적으로 std::vector는 객체를 복사할지 이동할지 결정하고자 std::move_if_noexcept를 사용한다. 이 타입은 컴파일할 때 검증할 수 있게 만드는 라이브러리를 지원해 자신의 클래스가 이동하면서 예외를 발생시키지 않도록 보장한다.

```
static_assert(std::is_nothrow_move_constructible<Person>::value, "")
```

새로 생성한 객체를 벡터에 추가하는 경우에는 emplace_back 함수를 활용할 수 있는데, 이 함수는 객체를 생성하고 나서 push_back 함수로 벡터에 복사하거나 이동하는 대신 객체를 올바른 위치에 생성한다.

```
persons.emplace_back("John", 65);
```

벡터의 용량은 다음과 같은 방법으로 변경할 수 있다.

- 용량과 크기가 같아졌을 때 벡터에 요소를 추가
- reserve()를 호출
- shrink_to_fit()을 호출

이외에는 벡터가 용량을 바꾸지 않고, 여유 공간의 메모리를 새로 할당하지 않으므로 실시간 작업 수행 중에도 벡터를 사용할 수 있다.

동적으로 크기가 조정되는 벡터에 대한 대안으로 STL은 동적 저장소 대신 스택을 사용해 요소를 관리하는 **std::array**도 제공한다. 배열의 크기는 템플릿의 인수^{argument}로 컴파일 시에 지정되고, 이는 크기와 요소의 타입이 변하지 않는다는 것을 의미한다.

```
auto a = std::array<int, 16>{};
auto b = std::array<int, 1024>{};
```

위의 예에서 **a**와 **b**는 같은 타입이 아니다. 이는 함수의 파라미터로 타입을 사용할 때 크기를 반드시 지정해야 한다는 의미다.

```
auto f(const std::array<int, 1024>& input) {
    ...
}
f(a);
// 컴파일되지 않는다. f는 1024 크기의 정수 배열을 요구한다.
```

다소 고루하게 보이지만 실제로는 배열의 첫 번째 요소를 가리키는 포인터로 자동 변환함으로써 함수에 전달할 때 크기 정보를 잃어버리는 내장된 배열 타입(c 배열)보다 매우 유리하다.

```
// 입력이 배열처럼 보이지만 실은 포인터다.
auto f(const int input[]) {
    ...
}

int a[16];
int b[1024];
f(a);
```

// 컴파일을 하기는 하지만 안전하지 않다.

데크(deque)

가끔은 요소를 맨 마지막이나 앞에 추가할 필요도 있다. 벡터를 사용하면서 맨 앞에 요소를 추가하는 성능을 향상시키려면 double-ended를 의미하는 std::deque를 사용할 수 있다. std::deque는 보통 고정된 크기의 컬렉션으로 구현되며, 일정 시간에 해당 인덱스를 사용해 요소에 접근할 수 있다. 하지만 다음의 그림에서 볼 수 있듯이 모든 요소가 벡터와 배열의 경우처럼 메모리에 인접 배치되는 것은 아니다.

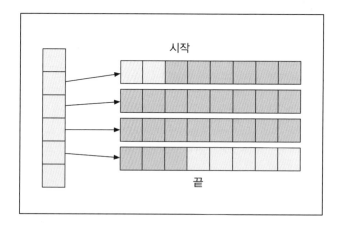

리스트와 forward_list

std::list는 각각의 요소가 다음 요소와 이전 요소에 연결돼 있는 양쪽으로 연결된 리스트다. 이 리스트는 순방향이나 역방향으로 반복 연산할 수 있다. 또한 단방향으로 연결된 리스트인 std::forward_list도 있다. 항상 양방향으로 연결된 리스트를 사용하지 않는 이유는 양쪽으로 연결된 리스트에서 역방향을 가리키는 포인터가 지나치게 메모리를 차지할 수 있기 때문이다. 따라서 역방향으로 리스트를 순회할 필요가 없다면 std::forward_list를 사용한다. 순방향 리스트의 또 다른 흥미로운 점은 매우 짧은 리스트에 최적화돼 있다는 점이다. 리스트가 비어 있는 경우 1 워드의 용량만 차지하므로 적은 양의 데이터에 맞는 데이터 구조다.

요소들이 시퀀스 내에서 정렬돼 있는 경우라도 벡터나 배열처럼 메모리에서 인접해 있지 않을 수 있다는 점을 유념해야 하는데, 이는 연결된 리스트로 반복 연산을 할 때 벡터에 비해 캐시의 적중에 실패하는 경우가 많이 발생할 수 있다는 의미다.

std::list는 앞과 뒤에 위치한 요소를 가리키는 포인터를 사용해 양방향으로 연결된 리스트다.

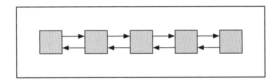

std::forward_list는 다음 요소를 가리키는 포인터를 사용한 단방향 연결 리스트다.

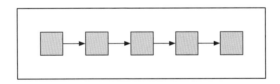

std::fowrad_list는 다음 요소를 가리키는 하나의 포인터만을 가지므로 메모리 효율성이 더 좋다.

basic_string

마지막으로 소개할 컨테이너는 std::basic_string이다. std::basic_string은 std::basic_string<char>에 대한 typedef다. 기존에 std::basic_string은 메모리에서 인접 배치되는 것을 보장하지는 않았다. C++17부터 이 부분이 개선됐고, 캐릭터의 배열이 필요한 API에 string을 전달할 수 있게 됐다. 예를 들어 다음 코드는 파일 전체를 string으로 읽어 들인다.

```
auto in = std::ifstream{"file.txt", std::ios::binary | std::ios::ate};
if (in.is_open()) {
    auto size = in.tellg();
    auto content = std::string(size, '\0');
    in.seekg(0);
    in.read(&content[0], size);
    // 이제 "content"는 파일 전체를 포함한다.
}
```

문자열의 크기가 작은 경우 동적인 메모리의 할당이 없기 때문에 대부분 std::
basic_string을 사용한 경우를 소규모 최적화라고 볼 수 있다. 이런 섬세한 최적화는
이 책의 후반부에서 더 자세히 다룬다.

연관 컨테이너

연관 컨테이너associative container는 요소 자신을 기준으로 다른 요소를 위치시킨다. 예를
들면 연관 컨테이너에서는 요소를 앞이나 뒤에 추가할 수 없다. 대신 전체 컨테이너를
검색하지 않고도 요소를 찾을 수 있도록 요소가 추가된다. 그러므로 연관 컨테이너는
컨테이너에 저장할 객체에 대해 약간의 요구 사항이 생긴다. 이런 요구 사항은 나중에
살펴본다.

연관 컨테이너는 다음과 같이 크게 두 가지 종류로 나뉜다.

- **정렬된 연관 컨테이너**: 트리tree 구조를 기반으로 하는 컨테이너다. 이러한 컨테
  이너는 요소를 저장하기 위해 트리를 사용하고, 비교 연산자(<)를 사용해 요소
  들이 정렬돼 있어야 한다. 요소를 추가, 삭제, 검색하는 함수는 트리 기반의
  컨테이너에서 모두 $O(\log n)$이다. 이러한 컨테이너에는 std::set, std::map,
  std::multiset, std::multimap 등이 있다.

- **비정렬 연관 컨테이너**: 해시hash 테이블을 기반으로 하는 컨테이너다. 이러한

142

컨테이너는 요소를 저장하고자 해시 테이블을 사용하고, 동등 연산자(==)를 사용해 요소를 비교할 수 있으면서 요소의 해시 값을 계산할 방법이 있어야 한다. 요소를 추가, 삭제, 검색하는 함수는 해시 테이블 기반의 컨테이너에서 모두 $O(1)$이다. 이러한 컨테이너에는 `std::unordered_set`, `std::unordered_map`, `std::unordered_multiset`, `std::unordered_multimap` 등이 있다.

정렬된 집합과 맵

정렬된 연관 컨테이너는 추가, 삭제, 검색이 로그^{logarithmic} 시간 $O(\log n)$ 내에 처리되는 것을 보장한다. 이의 성공 여부는 표준 라이브러리의 구현에 달려 있다. 하지만 우리가 알고 있는 구현 방식은 일종의 자가 균형$^{self-balancing}$ 이진 검색 트리다. 트리가 대략적인 균형을 유지하는 것은 트리의 높이와 그에 따른 요소에 대한 최악의 접근 시간을 제어하고자 필요하다. 트리를 위해 메모리를 미리 할당할 필요는 없는데, 전형적인 트리는 요소가 추가될 때마다 여유 공간의 메모리를 할당하고, 요소가 지워질 때마다 메모리를 해제한다. 균형을 갖춘 높이로 $O(\log n)$임을 보여주는 아래의 그림을 살펴보자.

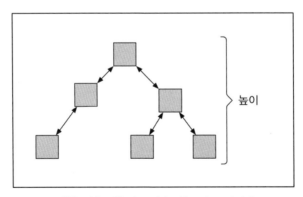

균형을 갖춘 경우의 트리 높이는 O(log n)이다.

비정렬 집합과 맵

정렬되지 않은 집합과 맵은 트리 방식의 대안으로 해시 방식을 제공한다. 이 데이터 구조는 일반적으로 해시 테이블을 참조한다. 이론적으로 해시 테이블은 추가, 삭제 동작 등에 일정한 시간이 소요되는데, 물론 $O(\log n)$의 동작을 하는 트리 기반의 버전 보다는 좋다. 하지만 실제로는 컨테이너에 매우 많은 요소를 저장하지 않고 있다면 차이가 분명하게 보이지 않을 수 있다.

이제 해시 테이블로 $O(1)$의 동작이 어떻게 가능한지 알아보자. 해시 테이블은 요소를 일종의 배열로 유지한다. 해시 테이블에 요소를 추가할 때는 해시 함수를 사용해서 요소에 대한 하나의 정수가 계산된다. 이 정수를 요소의 해시 값이라고 한다. 해시 값은 배열의 크기로 결정되는데(예를 들어 모듈로 연산을 사용함으로써), 새로 정해진 값은 배열의 인덱스로 활용될 수 있다. 일단 인덱스가 계산되면 해시 테이블은 해당 인덱스의 배열에 요소를 저장할 수 있다. 마찬가지로 요소를 찾는 룩업은 찾고자 하는 요소의 해시 값을 먼저 계산하고 나서 배열에 접근한다.

아직 절반밖에 다루지 못했지만, 해시 값의 계산과는 별개로 위와 같은 방법은 쉽고 직관적이다. 두 개의 다른 요소가 동일한 해시 값을 생성함으로써 같은 인덱스를 갖게 되거나, 서로 다른 두 개의 해시 값이 같은 인덱스 값으로 결정된다면 어떻게 될까? 두 개의 다른 요소가 동일한 인덱스를 갖는 경우 해시 충돌hash collision이 일어난다. 이는 극단적인 예가 아니고 좋은 해시 함수를 사용하는 경우에도 자주 일어나며, 특히 추가할 요소가 많지만 상대적으로 배열이 작은 경우에 일어난다. 해시 충돌을 처리하는 방법에는 여러 가지가 있다. 여기서는 분리 체인separate chaining이라고 불리는 표준 라이브러리를 사용하는 방법을 집중적으로 다룬다.

분리 체인은 두 개의 다른 요소가 동일한 인덱스를 갖는 문제를 해결한다. 배열에 요소를 직접 저장하는 대신 배열을 하나의 버킷buckets에 대한 시퀀스로 구성한다. 각 버킷은 여러 개의 요소를 포함할 수 있고, 모든 요소는 동일한 인덱스에 대한 해시를 가지므로 각 버킷은 일종의 컨테이너로 볼 수 있다. 버킷의 정확한 데이터 구조를 정의하지 않지만 여러 방법으로 구현할 수 있다. 하지만 하나의 연결 리스트^{linked list}라고 보고 특정 버킷에서 요소를 찾는 것은 버킷 내의 요소를 선형적으로 검색하므로 느릴 수 있다.

다음 그림은 8개의 버킷을 가진 해시 테이블을 보여준다. 요소는 3개의 구분된 버킷에 자리 잡고 있다. 4개의 요소를 가진 2번 인덱스 버킷, 2개의 요소를 가진 4번 인덱스 버킷, 한 개의 요소만 가진 5번 인덱스를 볼 수 있다. 나머지 버킷은 비어 있다.

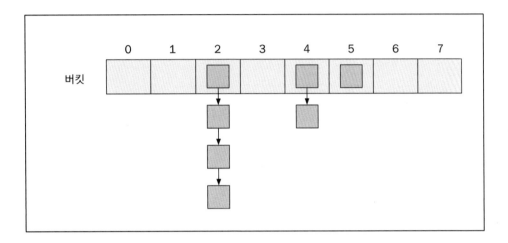

해시와 동등 함수

컨테이너의 크기에 비례해서 일정한 시간을 갖는 해시 값은 요소가 위치할 버킷을 정한다. 하나 이상의 객체가 같은 해시 값을 생성할 수 있어서 동등한 버킷이 생기므로, 개별 키는 동등^{equals} 함수가 필요하며, 이는 버킷의 모든 키로 비교할 키를 찾는 데 사용한다.

두 개의 키가 같다면 동등한 해시 값이 생성돼야 한다. 이는 서로 다른 값을 반환하는 것보다 오히려 훨씬 합리적이다.

좋은 해시 함수는 계산이 빠르고 각 버킷의 요소 개수를 최소화하고자 균등하게 버킷에 키를 분배한다.

다음은 좋은 예가 아니지만 여전히 유효한 해시 함수의 예다.

```
auto my_hash = [](const Person& person) {
    return 47; // 좋지 못한 예로 이렇게 하면 안 된다.
};
```

위는 두 개의 객체에 대해 동등한 해시 값을 반환하는 유효한 예제다. 또한 해시 함수는 매우 빠르다. 하지만 모든 요소가 같은 해시 값을 갖고, 모든 키가 동등한 버킷을 갖게 되므로 요소를 찾는 것은 우리가 원했던 $O(1)$ 대신 $O(n)$이 된다.

반면 좋은 해시 함수는 해시 충돌을 최소화하기 위해 요소를 버킷에 균등하게 분산시킨다. STL은 이미 기본 타입에 대해 훌륭한 해시 함수를 갖고 있다. 대부분의 경우 사용자 정의 타입에 대해 자신만의 해시 함수를 작성할 때 위와 같은 함수를 재사용할 수 있다.

예를 들어 unordered_set의 Person 클래스를 사용한다고 가정해보자. Person 클래스는 두 개의 데이터 멤버를 갖고 있다. int 타입의 age, std::string의 name이다. 먼저 동등한지 판단하는 것부터 시작한다.

```
auto person_eq = [](const Person& lhs, const Person& rhs) {
    return lhs.name() == rhs.name() && lhs.age() == rhs.age();
};
```

두 개의 Person 객체가 동등하려면 같은 이름과 연령을 가지면 된다. 이제 동등하게 판단된 모든 데이터 멤버의 해시 값을 조합해서 해시를 검증할 수 있다. 안타깝게도 C++ 표준에는 해시 값을 조합하는 함수가 아직 없지만 부스트Boost에는 쓸 만한 것이 있다.

```
auto person_hash = [](const Person& person) {
    auto seed = size_t{0};
    boost::hash_combine(seed, person.name());
    boost::hash_combine(seed, person.age());
    return seed;
};
```

 어떤 이유로 부스트를 사용하지 못한다면 boost::hash_combine은 아래의 링크에서 찾을 수 있는 문서에서 복사할 수 있는 실제 한 줄의 코드다.

http://www.boost.org/doc/libs/1_55_0/doc/html/hash/reference.html#boost.hash_combine

동등성과 정의된 해시 판단 함수로 이제는 unordered_set을 생성할 수 있다.

```
using Set = std::unordered_set<Person, decltype(person_hash),
        decltype(person_eq)>;
auto persons = Set{100, person_hash, person_eq};
```

해시 값을 생성할 때 동등 함수에서 활용되는 모든 데이터 멤버를 사용하는 것이 경험적으로 좋은 방법이다. 이 방법으로 동등 함수와 해시 간에 약속을 지킬 수 있고, 결과적으로 효과적인 해시 값을 얻을 수 있다. 예를 들면 해시 값을 계산할 때 이름만 사용하는 것이 틀린 것은 아니지만 비효율적인데, 이는 같은 이름의 모든 Person 객체가 동등한 버킷으로 향하기 때문이다. 더욱 나쁜 상황은 동등 함수에서 사용되지 않는 해시 함수 내의 데이터 멤버를 포함하는 것이다. 이는 동등으로 비교해 자신의 unordered_set 내에 있는 객체를 찾지 못하는 심각한 결과를 초래하기 때문이다.

해시 정책

버킷에 고르게 분배되는 해시 값의 생성과는 별개로, 많은 버킷으로 충돌을 줄일 수도 있다. 버킷당 평균 요소의 수를 load_factor라고 한다. 앞의 예제에서는 100개의 버킷으로 unordered_set을 생성했다. 여기에 50개의 person 객체를 추가하면 load_factor는 0.5가 된다. max_load_factor는 적재 계수$^{load\ factor}$의 상한이고, 상한에 도달하면 버킷의 수를 늘리면서 결과적으로 이미 위치한 요소의 해시를 다시 만든다. 이러한 해시 재생성의 트리거는 rehash와 reserve 멤버 함수를 사용해서 할 수 있다.

컨테이너 어댑터

마지막으로 언급할 STL 컨테이너는 컨테이너 어댑터다. STL에는 세 종류의 어댑터로 스택, 큐, priority_queue가 있다. 컨테이너 어댑터는 시퀀스 컨테이너를 기반으로 구현할 수 있는 추상 데이터 구조를 나타내기 때문에 시퀀스 컨테이너나 연관 컨테이너와는 큰 차이가 있다. 예를 들어 푸시^{push}를 지원하고 상단에서 꺼내가는 후입선출$^{LIFO,\ Last\ In,\ First\ Out}$ 방식의 스택 데이터 구조는 vector, list, deque 또는 back(), push_back() 등을 지원하는 기타 사용자 정의 시퀀스 컨테이너를 사용해 구현된다. 선입선출$^{FIFO,\ First\ In,\ First\ Out}$ 데이터 구조와 priority_queue 형태의 queue 또한 마찬가지다.

이번 절에서는 매우 유용하지만 잊기 쉬운 priority_queue를 집중적으로 다룬다.

우선순위 큐

우선순위 큐$^{priority\ queue}$는 가장 우선적으로 요소를 일정한 시간 내에 룩업할 수 있다. 이 우선순위는 요소의 보다 작은$^{less\ than}$ 비교 연산자를 사용해 정의한다. 추가와 삭제는 모두 로그 시간으로 실행한다. 우선순위 큐는 부분적으로 정렬된 데이터 구조이며,

예를 들어 트리나 정렬된 벡터와 같이 완전히 정렬된 데이터 구조를 대신해서 사용하기 좋은 시점을 정하는 것은 애매하지만 일부 우선순위 큐가 완전히 정렬된 컨테이너보다 적은 비용으로 필요한 기능을 활용할 수도 있다.

표준 라이브러리는 이미 부분 정렬 알고리즘을 제공하므로 직접 이러한 코드를 작성할 필요가 없다. 일단 우선순위 큐를 사용해 부분 정렬 알고리즘을 어떻게 구현하는지 살펴보자. 주어진 질의어를 사용해 문서를 검색하는 프로그램을 작성한다고 가정해본다. 검색어와 일치하는 순서대로 문서가 정렬돼야 하고, 위에서부터 10개의 검색 일치 결과만 찾는다고 가정한다.

각 문서는 다음 클래스로 표현된다.

```cpp
class Document {
public:
    Document(const std::string& title)
    : title_{title}
    {}
private:
    std::string title_;
    ...
};
```

검색할 때 알고리즘은 질의어와 일치하는 문서를 선택하고 일치수로 순위를 계산한다. 각각의 일치한 문서는 다음의 Hit 클래스로 표현된다.

```cpp
struct Hit {
    float rank_{};
    std::shared_ptr<Document> document_;
};
```

마지막으로 일치된 순서에 따라 정렬하고 상위 m개의 문서를 반환해야 한다. 검색 일치에 따른 정렬에는 어떤 방법이 있을까? 일치수가 임의 접근 반복자random access iterators를 제공하는 컨테이너에 포함된다면 std::sort를 사용하고 상위 m개의 요소만을 반환할 수 있다. 또는 일치수의 합계가 반환할 m개의 문서보다 매우 크다면 std::sort보다 훨씬 효율적인 std::partial_sort를 사용할 수 있다. std::partial_sort는 또한 임의 접근 반복자를 필요로 한다.

하지만 임의 접근 반복자가 없다면 어떨까? 일치 여부를 확인하는 알고리즘은 일치에 대한 순방향forward 반복자만 가질 것이다. 그렇다면 우선순위 큐를 사용해 효율적인 해결책을 찾아낼 수 있다. 이제 정렬 인터페이스는 다음과 같은 모양을 갖춘다.

```
template<typename It>
auto sort_hits(It begin, It end, size_t m) -> std::vector<Hit> {
```

이제 이 함수는 증가 연산자가 정의된 반복자를 갖고 있다. 다음으로 큐의 상단에 가장 낮은 일치수를 가진 항목을 보관하기 위한 사용자 정의 함수를 사용하는 std::vector로 역방향 산출된 std::priority_queue를 생성한다.

```
auto cmp = [](const Hit& a, const Hit& b) {
    return a.rank_ > b.rank_; // 여기서는 보다 큰 것을 비교한다는 점에 유의한다.
};
auto queue = std::priority_queue<
    Hit, std::vector<Hit>, decltype(cmp)>{cmp};
```

가장 많은 순서로 m개의 요소를 우선순위 큐에 추가할 것이다. 우선순위 큐는 현재까지 확인된 최상위 일치수를 포함한다. 우선순위 큐에 들어간 요소 중에서 가장 낮은 일치수를 갖는 것은 최상단의 요소가 된다.

```
for (auto it = begin; it != end; ++it) {
    if (queue.size() < m) {
        queue.push(*it);
    }
    else if (it->rank_ > queue.top().rank_) {
        queue.pop();
        queue.push(*it);
    }
}
```

이제 우선순위 큐에 상위 순서대로 모았으므로 남은 일은 역순으로 벡터에 넣고 m개
의 일치수로 정렬된 결과를 반환하는 것이다.

```
    auto result = std::vector<Hit>{};
    while (!queue.empty()) {
        result.push_back(queue.top());
        queue.pop();
    }
    std::reverse(result.begin(), result.end());
    return result;
}
// sort_hits의 끝
```

알고리즘의 복잡도는 어떨까? n으로 표시할 일치수와 m으로 표시할 반환할 요소의
수로 표현해보면 메모리 사용은 $O(m)$인 반면 시간 복잡도는 $O(n * \log m)$이 되는데,
이는 n개의 요소에 대해 반복 연산을 하고 각 연산에서 $O(\log m)$의 시간으로 실행되
는 푸시나 팝을 수행해야 하기 때문이다.

▌평행 배열

요소에 대한 반복 연산과 배열이 유사한 데이터 구조로 반복 연산을 수행할 때 성능을 향상시키는 방법을 살펴보는 것으로 4장을 마무리하려 한다. 이미 언급했듯이 데이터에 접근할 때 공간 구역성과 시간 구역성이라는 두 가지 중요한 성능 요소가 있다. 인접한 메모리 공간에 저장된 요소로 반복 연산을 할 때 객체를 작게 유지해서 데이터가 공간 구역성 덕택에 캐시된 데이터를 적중시킬 확률을 높이는 것을 볼 것이다.

4장의 앞부분에서 다룬 행렬에 걸쳐 반복 연산을 했던 캐시 스레싱 예제를 떠올려보자. 해당 예제는 데이터가 잘 압축돼 있더라도 가끔은 데이터에 접근할 때 어떤 방법을 사용할지 생각해봐야 한다. 이 절에서는 다양한 크기의 객체로 작업하면서 시간이 얼마나 걸리는지 비교한다. 다음과 같이 SmallObject와 BigObject라는 두 개의 구조체를 정의하는 것부터 시작한다.

```
struct SmallObject {
    SmallObject() : score_{std::rand()} {}
    std::array<char, 4> data_{};
    int score_{};
};

struct BigObject {
    BigObject() : score_{std::rand()} {}
    std::array<char, 256> data_{};
    int score_{};
};
```

SmallObject와 BigObject는 초기 데이터 배열의 크기를 제외하고 동일하다. 두 구조체 모두 int 타입의 score를 갖고 있으며, 테스트를 목적으로 임의의 값으로 초기화한다. sizeof 연산을 사용해 컴파일러에 객체의 크기를 알려준다.

```
std::cout << sizeof(SmallObject); // 결과는 8이 될 수 있다.
std::cout << sizeof(BigObject);   // 결과는 260이 될 수 있다.
```

성능을 측정하려면 많은 양의 객체가 필요하다. 종류별로 100만 개의 객체를 생성해 본다.

```
auto small_objects = std::vector<SmallObject>(1'000'000);
auto big_objects = std::vector<BigObject>(1'000'000);
```

이제 반복 연산을 위해 모든 객체가 가진 점수의 합을 구한다고 가정해보자. 이 책의 후반부에서 다룰 std::accumulate()의 사용을 선호하더라도 지금은 단순한 for 반복문으로 수행한다. 여기서 함수를 템플릿으로 작성해서 객체의 타입마다 수동으로 직접 작성할 필요가 없게 한다. 이 함수는 객체를 반복 수행하고 모든 점수를 더한다.

```
template <class T>
auto sum_scores(const std::vector<T>& objects) {
    ScopedTimer t{"sum_scores"};

    auto sum = 0;
    for (const auto& obj : objects) {
        sum += obj.score_;
    }
    return sum;
}
```

이제 작은 객체와 큰 객체를 비교하면서 점수를 더하는 데 얼마나 시간이 걸리는지 확인할 준비가 됐다.

```
auto sum = 0;
sum += sum_scores(small_objects);
```

```
sum += sum_scores(big_objects);
```

믿을 만한 결과를 얻으려면 여러 번 테스트를 반복할 필요가 있다. 필자의 컴퓨터에서는 작은 객체로 더한 것은 1ms가 걸리고, 큰 객체로 더한 것은 10ms가 걸린다. 이 예제는 앞서 살펴봤던 캐시 스래싱 예제와 유사하다. 이런 차이를 만든 이유 중 하나는 컴퓨터가 주 메모리에서 데이터를 가져오는 캐시를 구조적으로 활용하는 방법이다.

위와 같이 큰 객체보다 작은 객체의 컬렉션으로 반복 연산을 수행하는 것이 빠르다는 사실을 어떻게 앞의 예제보다 더 실용적으로 적용해볼 수 있을까?

물론 자신이 작성하는 클래스를 작게 유지하고자 최선을 다할 수도 있겠지만 실제로 구현하는 것은 어렵다. 또한 오래된 코드 베이스로 작업하다 보면 시간이 갈수록 점점 커지고 너무 많은 데이터 멤버와 관리하기에 엄청 큰 클래스를 찾을 일도 생긴다. 이제 온라인 게임 시스템에서 사용자를 나타내는 클래스를 하나 살펴보고, 더 작게 나누는 방법을 살펴본다. 이 클래스는 다음과 같은 멤버 데이터를 갖는다.

```
struct User {
    std::string name_;
    std::string username_;
    std::string password_;
    std::string security_question_;
    std::string security_answer_;
    short level_{};
    bool is_playing_{};
};
```

위 User는 자주 사용되는 이름과 암호, 가끔 인증에 사용되는 약간의 사용자 정보를 갖고 있다. 또한 이 클래스는 is_playing 논리 값을 저장해서 어느 레벨의 사용자가 현재 활동 중playing인지 계속 추적한다.

sizeof 연산은 64비트 구조에서 사용자 클래스를 컴파일할 때 128바이트라고 표시한다. 대략적인 멤버 데이터의 배치는 아래 그림과 같다.

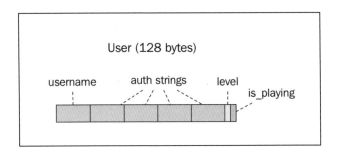

모든 사용자는 std::vector에 보관되며 자주 호출되는 두 개의 전역 함수가 있고, num_users_at_level()과 num_playing_users()를 빠르게 실행할 필요가 있다. 두 함수 모두 모든 사용자에 대한 반복 연산을 하므로 사용자 벡터에 빠르게 반복 연산을 수행해야 한다. 첫 번째 함수는 특정 레벨에 도달한 사용자 수를 반환한다.

```
auto num_users_at_level(short level, const std::vector<User>& users) {
    ScopedTimer t{"num_users_at_level (using 128 bytes User)"};

    auto num_users = 0;
    for (const auto& user : users)
      if (user.level_ == level)
          ++num_users;

    return num_users;
}
```

두 번째 함수는 얼마나 많은 사용자가 현재 활동 중인지 계산한다.

```
auto num_playing_users(const std::vector<User>& users) {
    ScopedTimer t{"num_playing_users (using 128 bytes User)"};
    return std::count_if(
```

```
        users.begin(),
        users.end(),
        [](const auto& user) {
            return user.is_playing_;
        });
    }
```

여기서는 직접 작성한 반복문 num_users_at_level() 대신 STL 알고리즘 std::count_if()를 사용한다. std::count_if()는 users 내의 개별 user에게 벡터를 제공하는지 판단하는 함수를 호출하고 true로 판단된 개수를 반환한다. 이는 기본적으로 첫 번째 함수에서도 하고 있는 일이므로 std::count_if()를 사용할 수 있다. 두 함수 모두 선형의 실행 시간을 갖는다.

100만 명인 사용자의 벡터로 두 함수를 호출하면 다음과 같이 출력된다.

```
11 ms num_users_at_level (using 128 bytes User)
10 ms num_playing_users (using 128 bytes User)
```

우리의 가설은 사용자 클래스를 더 작게 만들어서 벡터로 반복 연산을 더 빠르게 수행한다는 것이다. 앞에서 언급했듯이 암호와 보안 데이터 항목은 가끔만 사용되고 별도의 구조체로 구성할 수 있다. 이러한 사실로 다음과 같은 클래스가 제시될 수도 있다.

```
struct AuthInfo {
    std::string username_;
    std::string password_;
    std::string security_question_;
    std::string security_answer_;
};

struct User {
```

```
    std::string name_;
    std::unique_ptr<AuthInfo> auth_info_;
    short level_{};
    bool is_playing_{};
};
```

위와 같은 변경은 User 클래스를 128바이트에서 40바이트로 크기를 감소시킨다. 4개의 문자열을 User 클래스에 저장하는 대신에 새로운 AuthInfo 객체를 참조하는 포인터를 사용한다. 아래의 그림은 User 클래스를 두 개의 작은 클래스로 어떻게 분리했는지를 보여준다.

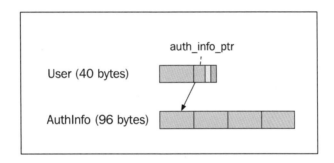

이런 변경은 설계적인 관점에서도 적합하다. 인증 데이터를 구분된 클래스에 보관하는 것은 사용자 클래스의 연결성을 증가시킨다. User 클래스는 인증 정보에 대한 포인터를 포함한다. 사용자 데이터가 차지하는 전체 메모리 크기는 줄지 않았지만 지금 중요한 점은 User 클래스의 크기를 줄여서 모든 사용자에 대한 반복 연산을 수행하는 함수의 속도를 빠르게 만드는 것이다.

최적화의 관점에서 보면 더 작은 데이터가 유효하다는 점에 관해 우리의 가설이 맞는지 다시 측정해야 한다. 작은 User 클래스로 두 개의 함수를 실행한 결과가 두 배 정도 빠르다. 수정된 버전으로 실행한 출력 결과는 다음과 같다.

```
4 ms num_users_at_level with User
3 ms num_playing_users with User
```

다음으로 평행 배열을 사용해서 반복 연산을 수행하는 데이터의 크기를 더 적극적으로 줄여볼 것이다. 대부분의 경우처럼 단점도 있는 여러 최적화 방법 중 하나의 대안이란 점에 주의한다. 몇 가지 예제를 살펴보고 나서 평행 배열의 장단점을 다룬다.

평행 배열을 사용해 큰 구조체를 작은 타입으로 단순하게 분리하는데, 이는 사용자 클래스에 대해 인증 정보를 다뤘던 방법과 비슷하다. 하지만 관련 객체에 대한 포인터를 사용하는 대신 같은 크기의 별도 배열에 더 작은 구조체를 저장한다. 더 작은 객체는 원래의 전체 객체에서 동일한 인덱스를 공유하는 다른 배열에 있다.

예제를 사용해 이 방법의 의미를 명확하게 설명할 것이다. 앞에서 작업한 사용자 클래스는 40바이트다. 여기서는 사용자 이름 문자열과 인증 정보에 대한 포인터, 현재 레벨을 나타내는 정수와 is_playing 논리 값을 포함한다. 사용자 객체를 작게 만들어 객체에 대한 반복 연산의 성능이 향상되는 것을 확인했다. 메모리에 사용자 객체의 배열이 배치된 모습은 아래의 그림과 같다. 지금은 메모리 정렬과 간격은 무시하지만 나중에 이러한 부분도 알아본다.

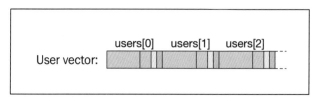

사용자 객체가 벡터 안에서 인접하게 저장돼 있다.

사용자 객체를 한 개의 벡터로 만드는 대신 구분된 벡터의 정수 레벨과 is_playing 여부를 모두 저장할 수도 있다. 또한 사용자 배열에서 인덱스index 0에 해당하는 사용자의 현재 레벨은 레벨 배열의 인덱스 0에 저장된다. 이러한 방법으로 레벨의 포인터를 갖게 되는 것을 피하고 대신 데이터 항목을 연결하는 인덱스만을 사용한다. 마찬가지로 **is_playing**에도 적용하면 결국에는 하나로 관리하는 대신 세 줄로 된 평행 배열이 만들어진다. 3개의 벡터 메모리의 배치는 다음과 같다.

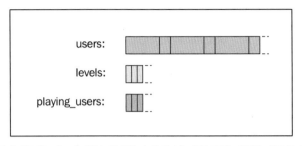

특정 항목을 빠르게 반복 연산하기 위해 세 개의 평행 배열을 사용한다.

이제 **num_users_at_level()** 함수는 해당 레벨의 배열만을 사용해서 특정 레벨 사용자의 수를 계산할 수 있다. **std::count()**의 단순한 래퍼^wrapper^로 구현된다.

```
auto num_users_at_level(int level, const std::vector<int>& users) {
    ScopedTimer t{"num_users_at_level using int vector"};
    return std::count(users.begin(), users.end(), level);
}
```

비슷한 방법으로 **num_playing_users()** 함수도 활동 중인 사용자의 수를 결정하는 논리 값의 벡터를 반복 연산만 하면 된다. 여기서 다시 **std::count()**를 사용한다.

```
auto num_playing_users(const std::vector<bool>& users) {
    ScopedTimer t{"num_playing_users using vector<bool>"};
    return std::count(users.begin(), users.end(), true);
}
```

평행 배열에서 사용자 배열을 사용할 필요는 전혀 없다. 추출된 배열이 점유한 메모리의 크기는 사용자 배열보다 상당히 작으므로 100만 명의 사용자에 대해 다시 함수를 실행할 때 성능의 향상이 있었는지 살펴보자.

```
auto users = std::vector<User>{1000000};
auto levels = std::vector<int>{1000000};
auto playing_users = std::vector<bool>{1000000};

// 데이터 초기화
...

auto num_users_at_level_5 = num_users_at_level(levels, 5);
auto num_playing_users = num_playing_users(playing_users);
```

특정 레벨의 사용자 수를 세는 작업이 정수의 배열을 사용할 때 약 0.7ms 걸린다. 정리해보면 128바이트 크기의 User 클래스를 사용한 처음 버전은 약 11ms가 걸렸다. 좀 더 작은 User 클래스는 4ms 걸려 실행했고, 이제 user_level 배열만을 사용함으로써 0.7ms까지 줄이는 큰 변화를 만들어냈다.

두 번째 함수인 num_playing_users()는 더 크게 성능을 향상시킨다(현재 활동 중인 사용자의 수를 세는 데 약 0.03ms만 걸린다). 이렇게 빠른 이유는 비트 배열이라는 데이터 구조 덕분이다. std::vector<bool>은 C++ bool 객체의 표준 벡터가 전혀 아니다. 오히려 내부적으로 비트의 배열인 경우다. 카운트와 검색 등의 작업은 (64비트 컴퓨터에서) 64비트를 동시에 처리할 수 있기 때문에 매우 효율적으로 최적화될 수 있다. std::vector<bool>은 앞으로 어떻게 될지 모르는데, 고정된 크기의 std::bitset과 동적으로 크기가 결정되는 새로운 bitset으로 인해 곧 사라질 수도 있다. 그리고 이미 boost::dynamic_bitset이라는 부스트 버전이 있다.

여기까지가 뛰어난 장점의 전부이고 단점도 주의해야 한다. 무엇보다도 실제로 자신이 속한 클래스에서 항목을 추출하는 것은 코드의 구조에 큰 영향을 미친다. 일부의 경우 큰 클래스를 더 작게 나누는 것은 맞지만 여러 상황에서 캡슐화된 것을 망가뜨리는 것이기도 하고, 더 높은 계층으로 추상화된 인터페이스 뒤에 숨은 데이터를 노출시키는 것이다.

모든 배열의 동일한 인덱스에 저장된 한 개의 객체로 구성되는 여러 필드를 항상 잘 관리하는 것처럼 배열이 일치하도록 보장하는 것도 부담스럽다. 이와 같은 암시적 관계는 유지하기 어렵고 오류가 생기기 쉽다.

마지막 단점은 실제로 성능과도 관련이 있다. 앞의 예제에서 동시에 하나의 항목을 반복 연산하는 알고리즘을 살펴봤고, 큰 성능의 향상이 있었다. 하지만 여러 배열에서 추출된 다수의 항목에 접근하는 알고리즘이 있다면 커다란 객체를 가진 한 개의 배열을 반복 연산하는 것보다 상당히 느릴 것이다.

성능과 관련된 작업이 항상 그렇듯이 비용 없이 얻는 것은 없으며, 데이터를 노출시키거나 하나의 단순한 배열을 여러 배열로 구분하는 비용은 매우 클 수도 있을 것이다. 이는 만날 수 있는 시나리오와 성능의 측정을 통해 어떤 종류의 장점을 얻었는지에 따라 다르다. 성능의 측정을 통해 성능 문제를 실제로 확인하기 전까지는 평행 배열을 고려하지 않도록 한다. 항상 정상적인 설계 원칙을 먼저 선택하고, 객체의 관계에서 암시적인 것보다는 명시적으로 관계를 표현하는 방법을 써야 한다.

▍요약

4장에서는 STL의 컨테이너 타입을 소개했다. 데이터를 구성하는 방법에 따라 객체의 컬렉션 작업을 효율적으로 수행하는 데 얼마나 큰 영향을 주는지 확인했다. STL 컨테이너의 점근적 복잡도 구성을 아는 것이 다양한 데이터 구조 중 하나를 선택할 때 매우 중요하다.

또한 오늘날의 프로세서에서 캐시 구조는 효율적인 메모리 접근을 위한 데이터 구성의 필요성과 방법에 영향을 미친다. 효율적인 캐시 레벨 활용의 중요성은 아직 충분히 강조하지 못했지만, 메모리에서 요소가 인접하게 유지하는 컨테이너, 즉 `std::vector`와 `std::string` 같은 컨테이너가 가장 많이 사용되는 이유 중 하나다.

05

반복자

5장에서는 C++의 반복자^{iterator} 개념을 알아보고, 단순한 기존 C 포인터 문법을 따르고 있긴 하지만 반복자의 다양한 기능도 알아본다. 예제를 살펴보면서 선형 범위를 반복 연산하는 사용자 정의 반복자를 만드는 방법도 알아본다.

▌ 반복자 개념

STL 알고리즘을 더 자세히 다루기 전에 STL 알고리즘을 기반으로 구성된 C++의 반복 자를 살펴보자. 반복자의 개념은 C++만의 개념이 아니라 대부분의 프로그래밍 언어 에 존재한다. 다른 프로그래밍 언어와 C++에서 반복자 구현의 개념이 구별되는 점은 원래의 메모리 포인터 문법을 따르고 있다는 점이다.

단순화된 기초적인 반복자로는 시퀀스에서의 위치를 나타내는 객체 정도가 될 수 있으므로, 다음과 같은 기능을 구성해본다.

- 시퀀스 범위 바깥에 존재하는가?(표기: is_end() -> bool)

- 현재 위치의 값을 구한다(표기: read() -> T).

- 다음 위치로 이동한다(표기: step_fwd() -> void).

> ℹ️ is_end(), read() 등으로 표시된 함수는 C++에는 없고, 가독성을 좋게 하려고 여기에서만 사용한다. 실제로는 이러한 함수가 구현돼 있는 C 포인터 체계의 경우는 나중에 다룬다.

위에서 나열한 기능은 표준 C++ 컨테이너에 모든 요소를 읽기에 충분하지만 많은 알고리즘이 이전 위치로 돌아가거나 특정 위치에 값을 기록하는 기능의 반복자를 요구한다. 사용자 입력이나 네트워크 연결, 파일 등이 예가 될 수 있다. 이런 데이터는 다음과 같은 기능이 필요하다.

- 기록하고 다음 위치로 이동한다(표기: write_step_fwd(T val) -> void).

- 읽고 다음 위치로 이동한다(표기: read_step_fwd(T val) -> void).

> ℹ️ step(int n) 함수는 step_fwd() 또는 step_bwd()의 일정수를 사용해 구현할 수 있으므로 여기서는 필요 없어 보인다. 하지만 이진 검색과 같은 알고리즘은 효과적으로 작업하고자 일정 시간으로 몇 개씩 이동하는 반복자가 필요하다. 그러므로 STL은 일정 시간으로 몇 개씩 건너뛰는 위치로 이동하는 반복자가 차별화돼 있다. 이진 검색 알고리즘은 3장에서 설명했다.

반복자 분류

알고리즘의 기초를 생각해보면 알고리즘에 따라 반복자에 요구되는 것이 다양할 수밖에 없다.

- 알고리즘이 값의 횟수를 세는 것일 경우 is_end(), read(), step_fwd()가 필요하다.
- 알고리즘이 어떤 값으로 컨테이너를 채운다면 is_end(), write(), step_fwd()가 필요하다.
- 정렬된 범위에서 이진 검색을 위한 알고리즘은 step(), read()가 필요하다.
- 요소를 재정렬하는 알고리즘은 read(), write(), step_fwd(), step_bwd()가 필요하다.

이러한 요구 사항으로 인해 STL 안에서 다음과 같은 네 가지 종류의 반복자로 분류된다.

- **forward_iterator**: 순방향으로 사용할 수 있는 반복자다.
- **bidirectional_iterator**: 순방향과 역방향으로 사용할 수 있는 반복자다.
- **random_access_iterator**: 일정한 시간에 어느 단계로도 접근 가능한 반복자다.
- **contiguous_iterator**: 데이터가 std::string, std::vector, std::array와 같이 인접해 있는 메모리에 위치한 경우에 사용되고, 드물게 std::valarray도 사용된다.

또한 반복자는 read_step_fwd()와 write_step_fwd() 같은 함수와도 호환되고, 다음과 같은 분류로도 나타낼 수 있다.

- **input_iterator**: read_step_fwd() -> T를 지원한다.
- **output_iterator**: write_step_fwd(T) ->void를 지원한다.

포인터와 유사한 문법

기본적인 반복자를 다뤘으므로 이제 C++에서 문법적으로 어떻게 구현하는지 살펴보자. 앞에서 언급했듯이 C++ 반복자의 문법은 표준 C 포인터 표기법과 유사하게 구현된다. 이는 반복자를 사용한 알고리즘이 정규 C 포인터처럼 동작한다는 것을 의미한다.

step 함수는 포인터 연산으로 구현된다. 아래의 표는 어떤 연산자가 **step** 함수의 각 단계에서 어떻게 오버로드되는지 보여주고, 표시된 반복자 객체가 어떻게 함수를 호출하는지 보여준다.

함수	오버로드된 연산자	활용 예
step_fwd() -> void;	operator++()	++it;
step_bwd() -> void;	operator--()	--it;
step(int n) -> void;	operator+=(int n)	it += 5;

read()와 **write()** 함수는 역참조^{dereferencing} 포인터처럼 **operator***를 사용해 실행된다. 아래의 표는 사용 방법을 보여준다.

함수	활용 예
read() -> T;	auto value = *it;
write(T val) -> void;	*it = T{};

is_end() -> bool 함수는 범위를 벗어나는 반복자를 가리키는 값을 비교해서 실행된다. 아래의 표는 정규 C 배열 포인터 연산의 표준 C 배열과 연결 리스트의 반복 연산 **is_end()**를 구현하는 방법을 보여준다.

C 형식의 배열	C 형식의 연결 리스트

// 배열 구성
int array[3] = {22, 44, 66};
// 반복
int* begin = &array[0];
	// 간단한 연결 리스트 구성
	struct Element { Element* next_;};
	Element a, b, c;
	a.next_ = &b;

```
int* end = &array[3];                    b.next_ = &c;
for(                                     c.next_ = nullptr;
  int* ptr = begin;                      // 반복
  ptr != end;                            Element* begin = &a;
  ++ptr                                  Element* end = nullptr;
) {                                      for(
}                                          auto ptr = begin;
                                           ptr != nullptr;
                                           ptr = ptr->next_
                                         ) {
                                         }
```

C++에서 반복자를 실행할 때에는 무엇을 반복하던지 동일한 방법론이 사용된다. is_end() 함수의 실행과 같은 결과를 얻는 방법은 시퀀스의 마지막을 가리키는 값과 비교하는 것이다.

read_step_fwd(), write_step_fwd()와 같은 입출력 반복자가 사용하는 함수는 두 개의 연속되는 표현으로만 가능하다. 앞부분은 뒷부분을 유효하게 만드는 후행 조건 post-condition을 갖는다.

함수	활용 예
read_step_fwd() -> T;	auto val = *it; ++it;
write_step_fwd(T val) -> void;	*it = val; ++it;

고급 기능의 반복자를 구현할 때에는 부스트 라이브러리의 iterator facade를 사용하면 장점이 많은데, 위의 함수와 유사하게 명명된 함수로도 기능을 구현할 수 있으며, 연산자의 변환을 처리한다. 더 자세한 정보는 http://www.boost.org/를 참조한다.

생성기로서의 반복자

반복자의 개념을 더 깊게 살펴보면 데이터를 실제로 가리키고 있을 필요가 없다는 것을 알 수 있다. 단순하게 실행 중에 값을 생성할 수 있다. 아래와 같이 실행 중에 정수 값을 생성하는 순방향 반복자의 단순한 예제를 살펴보자. 여기서는 forward_iterator와 input_iterator의 두 가지 분류에만 해당된다.

```cpp
class IntIterator {
public:
    IntIterator(int v) : v_{v} {}
    auto operator==(const IntIterator& it)const{ return v_ == it.v_; }
    auto operator!=(const IntIterator& it)const{ return !(*this==it); }
    auto& operator*() const { return v_; }
    auto& operator++() { ++v_; return *this; }
private:
    int v_{};
};
```

위의 IntIterator는 컨테이너의 값과 같이 증가하는 정수 범위에서의 반복 연산에 사용된다.

```cpp
auto first = IntIterator{12};   // 12에서 시작한다.
auto last = IntIterator{16};    // 16에서 중지한다.
for(auto it = first; it != last; ++it) {
    std::cout << (*it) << " ";
}
// 12 13 14 15를 출력한다.
```

반복자 특성

이미 언급했듯이 STL은 반복자를 어떤 종류의 요구를 만족시키는지에 따라 구별한다. 이는 반복자 클래스 내에서 다음과 같이 다섯 가지 유형으로 정의할 수 있다.

- **iterator_category:** 반복자가 충족시키는 조건에 따른 분류다.
- **defference_type:** 두 반복자의 거리를 저장하는 데 사용되는 타입이다.
- **value_type:** 역참조될 때 반복자가 반환하는 값이다.
- **reference:** value_type을 참조할 때 사용되는 타입이다.
- **pointer:** value_type을 가리키기 위한 포인터의 타입이다.

IntInterator의 경우 다음과 같은 타입이 정의된다.

```cpp
class IntIterator {
public:
    ...
    using difference_type = int;
    using value_type = int;
    using reference = int&;
    using pointer = int*;
    using iterator_category = std::forward_iterator_tag;
    ...
}
```

참조^{reference}와 포인터 둘 다 정의할 필요는 없어 보이지만, 많은 반복자에 위와 같은 타입이 적용될 수 없고(이런 경우 void로 정의한다), 아니면 포인터를 사용하는 다른 접근 방법이나 참조, **value_type** 등을 사용한다. 이러한 반복자는 5장의 후반부에서 다룬다.

이제 **IntInterators**를 std::vector로 복사해 5에서 12까지의 수에 대한 벡터를 생성해보자. 복사된 값이 실행 중에 생성되더라도 **copy** 함수를 사용하는 방법에 유념한다.

```
auto numbers = std::vector<int>{};
std::copy(IntIterator(5), IntIterator(12), std::back_inserter(numbers));
// 숫자는 {5, 6, 7, 8, 9, 10, 11}이다.
```

 위의 예제는 사용자 정의 반복자에 반복자 특성을 정의하는 C++17에서 가능한 방법을 사용한다는 점에 유의한다. C++17 이전에 반복자 특성을 정의하는 것은 std::iterator_traits 클래스를 오버로드하거나 std::iterator를 상속해야 해서 더 복잡했다(이제는 없어진 기능이다).

반복자 종류에 따른 함수 구현

 반복자의 속성을 읽으려면 STL 클래스인 std::iterator_traits를 사용하고, 원래의 반복자 타입은 사용되지 않는다.
올바른 예: using Category = std::iterator_traits<Iterator>::iterator_category
잘못된 예: using Category = Iterator::iterator_category;

두 개의 반복자 사이의 거리를 반환하는 std::distance()와 같은 iterator_distance()라는 템플릿 함수를 구현한다고 가정해보면 다음과 같다.

- 반복자 분류가 임의 접근인 경우 단순하게 a와 b 두 반복자의 거리를 구한다.
- 그 이외의 경우 반복자 a에서 b까지의 거리를 계산해야 한다.

iterator_category 태그와 **defference_type**을 사용해 다음과 같이 거리를 구하는 함수를 구현한다.

```
template <typename Iterator>
auto iterator_distance(Iterator a, Iterator b) {
    using Traits = typename std::iterator_traits<Iterator>
    using Category = typename Traits::iterator_category;
    using Difference = typename Traits::difference_type;
    constexpr auto is_random_access =
            std::is_same_v<Category, std::random_access_iterator_tag>;
    if constexpr(is_random_access) {
        return b - a;
    }
    else {
        auto steps = Difference{};
        while(a != b) { ++steps; ++a; }
        return steps;
    }
}
```

iterator_distance() 함수는 이제 정규 C 포인터는 물론이고 호환되는 반복자에 사용할 수 있고, 반복자 종류에 따라 올바른 구현 방법을 선택한다.

IntIterator를 양방향으로 확장

역방향으로 어떤 범위의 수를 반복 연산하려면 operator--() 메서드를 IntIterator에 추가하고 iterator_category를 std::bidirectional_iterator_tag로 업그레이드한다.

```
class IntIterator {
    ...
    using iterator_category = std::bidirectional_iterator_tag;
    ...
    auto& operator--() { --value_; return *this; }
    ...
};
```

역방향으로 반복하는 예는 다음과 같다.

```
for(auto it = IntIterator{12}; it != IntIterator{-1}; --it) {
    std::cout << *it << " ";
}
// 출력: 12 11 10 9 8 7 6 5 4 3 2 1 0
```

실용적인 예제: 범위 내의 부동소수점 포인트 값 반복 연산

부동소수점^{float} 값의 근본적인 문제점에 접근해보자. 이 값은 할당된 값의 정확한 표현
이 아닐 수 있고, 다만 할당된 값에 매우 가까운 것일 수 있다.

예를 들어 0.0에서 1.0까지 0.1씩 증가시키며 반복 연산을 한다면 다음과 같이 쉽게
시작해본다.

```
for(float t = 0.0f; t <= 1.0f; t += 0.1f) {
    std::cout << t << ", ";
}
// 출력 0.0, 0.1, 0.2, 0.3, 0.4, 0.5, 0.6, 0.7, 0.8, 0.9,
```

여기서의 미묘한 문제는 0.1을 부동소수점 값으로 판단할 수 없으며, 대신 0.1보다
아주 약간 큰 무언가를 나타내므로 이 반복문은 1.0f에 도달하지 않는다.

이 문제를 풀고자 시작 및 종료 값으로 부동소수점 범위 대신 증가시킬 횟수를 지정한
다. 기본적으로 아래와 같이 구성할 수 있다.

```
for(size_t i = 0; i <= 10; ++i) {
    float t = float(i) / 10.0f;
    std::cout << t << ", ";
}
// 출력 0.0, 0.1, 0.2, 0.3, 0.4, 0.5, 0.6, 0.7, 0.8, 0.9, 1.0,
```

아직 단순하지만 모호하기 때문에 범위를 지정해서 다음과 같이 단순화할 수 있다.

```
for(auto t: make_linear_range(0.0f, 1.0f, 11)) {
    std::cout << t << ", ";
}
// Prints 0.0, 0.1, 0.2, 0.3, 0.4, 0.5, 0.6, 0.7, 0.8, 0.9, 1.0,
```

 반복 연산을 할 때 반복할 횟수가 아닌 값의 개수를 사용하므로 마지막 파라미터는 11이다.

시각화한 활용 예

0.0에서 1.0까지 0.1씩 증가시키며 반복한 결과는 10단계를 거치고 11개의 값을 계산한다.

반복 연산하게 되는 0.0에서 1.0까지의 11개 값

0.0에서 1.0까지 0.33씩 증가시킨 결과는 3단계와 4개의 값이 된다.

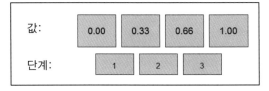

4개의 값으로 0.0에서 1.0까지 반복할 때의 값

유틸리티 함수

여기서는 두 개의 유틸리티 함수로 반복자를 작성한다. 하나는 단계의 크기를 계산하는 것이고 다른 하나는 초깃값과 최종값을 사용해서 특정 단계의 인덱스 값을 구하는 것이다.

단계의 크기를 구하려면 초깃값, 최종값, 값의 개수 파라미터가 필요하다.

```
template <typename T>
auto get_step_size(T start, T stop, size_t n) {
    assert(n >= 2);
    return (stop-start) / (n-1);
}
```

특정 인덱스에 해당하는 선형 값을 계산하려면 초깃값, 단계의 크기, 값의 인덱스 파라미터가 필요하다.

```
template <typename T>
auto get_linear_value(T start, T step_size, size_t idx) {
    return start + step_size * idx;
}
```

유틸리티 함수를 사용해서 부동소수점 수의 범위를 반복 연산할 수 있고, 범위에서는 실제 숫자보다 각각의 인덱스를 아래와 같이 참조한다.

```
auto start = 0.0f;
auto stop = 1.0f;
auto num_values = size_t{11};
auto step_size = get_step_size(start, stop, num_values);
for(size_t i = 0; i < num_values; ++i) {
    auto t = get_linear_value(start, step_size, i);
    std::cout << t << ", ";
```

```
}
// 출력 0.0, 0.1, 0.2, 0.3, 0.4, 0.5, 0.6, 0.7, 0.8, 0.9, 1.0,
```

인덱스를 사용하면 부동소수점의 정확성과 관련된 오류를 예방할 수 있다는 장점이 있다.

선형 범위 반복자 구성법

이제 이런 기능을 for 반복문과 함께 반복자와 범위를 래핑wrapping해서 쓰기 좋게 일반화해보자. 이와 같은 방법으로 STL 알고리즘과 범위 기반의 for 루프에서 C++를 고급스럽게 활용할 수 있다. 다음의 표는 이러한 속성을 나타낸다.

선형 범위와 STL 알고리즘	선형 범위와 범위 기반의 for 루프

`auto r =LinearRange<float>{0,1,4};`
`auto vec =std::vector<float>{};`
`std::copy(`
`  r.begin(),`
`  r.end(),`
`  std::back_inserter(vec)`
`);`
`// vec는 c0.0, 0.33, 0.66, 1.0`
	`auto r =LinearRange<float>{0,1,4};`
	`auto vec =std::vector<float>{};`
	`for(auto t: r) {`
	`  vec.push_back(t);`
	`}`
	`// vec는 L0.0, 0.33, 0.66, 1.0 e`

우선 초깃값, 단계의 크기, 현재 위치한 단계를 알고 있는 반복자가 필요하다. 반복자는 단순하게 선형 범위linear range에서의 위치를 알고 있는 것이므로 최종 값을 저장할 필요는 없다. LinearRangeIterator는 IntIterator와 매우 유사하다는 점을 참고한다. 핵심적인 차이점은 operator*가 호출될 경우 단순한 값 대신 계산된 값을 반환한다는 점이다.

```
template <typename T>
class LinearRangeIterator {
public:
    using difference_type = size_t;
    using value_type = T;
    using reference = T;
    using pointer = void;
    using iterator_category = std::bidirectional_iterator_tag;

    LinearRangeIterator(T start, T step_size, size_t idx)
    : start_{start}
    , step_size_{step_size}
    , idx_{idx}
    {}
    auto operator==(const LinearRangeIterator& lri) const{
        return idx_==lri.idx_;
    }
    auto operator!=(const LinearRangeIterator& lri) const{
        return !(*this==lri);
    }

    auto& operator++() { ++idx_; return *this; }
    auto& operator--() { --idx_; return *this; }
    auto operator*() const { return start_ + (idx_*step_size_); }
private:
    size_t idx_{};
    T start_{};
    T step_size_{};
};
```

단순한 IntIterator와는 대조적으로 **value_type**은 실행 중에 생성되므로 포인터와 참조가 정규 참조 형식이나 포인터로 정의될 수 없다는 점에 유의한다. 다섯 가지 모든 타입이 정의돼야 하므로 참조를 정규 **value_type**으로 정의하고, 포인터는 단순히 **void**로 설정한다.

176

반복자 사용 예

이제 앞의 선형 범위 반복자는 정해진 범위 없이도 사용할 수 있다. 다음의 코드는
범위를 나타내는 두 개의 개별적인 반복자를 생성한다.

```
auto start = 0.0f;
auto stop = 1.0f;
auto num_values = size_t{6};
auto step_size = get_step_size(start, stop, num_values);
auto first = LinearRangeIterator<float>{start, step_size, 0};
auto last = LinearRangeIterator<float>{start, step_size, num_values};
```

두 개의 반복자는 **for** 반복문이지만 아래 표에서 알 수 있듯이 STL 알고리즘에서 활용
할 수 있다.

std::set으로 for 루프를 사용한 복사	std::set으로 std::copy를 사용한 복사

`auto s = std::set<float>{};`
`for(auto it=first; it!=last; ++it){`
`  s.insert(*it);`
`}`
	`auto s = std::set<float>{};`
	`auto dst = std::inserter(s, s.end());`
	`std::copy(first, last, dst);`

위의 예를 보면 선형 범위 반복자가 숫자를 포함한 컨테이너를 반복하는 흔한 경우로
보이고, 실제로도 그렇게 동작한다.

반복자 대응 범위 일반화

앞의 예제는 잘 동작하지만 시작과 단계 길이 값을 중복시켜야 하는 것은 불필요하다.
좀 더 일반화된 솔루션은 범위가 컨테이너처럼 동작하게 해서 **being()**과 **end()**가
시작과 종료 반복자에 대응하게 하는 것이다.

```
template <typename T>
class LinearRange {
    using iterator = LinearRangeIterator<T>;
public:
    LinearRange(T start, T stop, size_t num_values)
    : start_{start}
    , step_size_{get_step_size(start, stop, num_values)}
    , num_values_{num_values}
    {}
    auto begin()const{ return iterator{start_, step_size_, 0}; }
    auto end()const{ return iterator{start_, step_size_, num_values_}; }
private:
    T start_{};
    T step_size_{};
    size_t num_values_{};
};
```

make_linear_range 편의성 함수

LinearRange 템플릿을 사용할 때 부동소수점 타입을 명시적으로 지정하는 것을 피하고자 make_pair()를 사용해 STL이 수행하게 한다. 인수에서 얻은 타입을 가진 LinearRange 객체를 반환하는 make_linear_range()라는 편의 함수를 생성한다.

다음은 make_linear_range 함수를 구현하는 방법이다.

```
template <typename T>
auto make_linear_range(T start, T stop, size_t n) {
    return LinearRange<T>{ start, stop, n };
}
```

make_linear_range() 함수가 없다면 범위를 생성하려고 포함된 값의 타입을 명시적으로 지정할 필요가 있다.

```
auto r = LinearRange<double>{0.0, 1.0, 4};
// r은 {0.0, 0.33, 0.66, 1.0}로 판단한다.
```

make_range_function을 사용해 double 타입이 자동으로 추론된다.

```
auto r = make_linear_range(0.0, 1.0, 4);
// r은 {0.0, 0.33, 0.66, 1.0}로 판단한다.
```

여기서 볼 수 있듯이 double은 타입이 지정될 필요 없이 자동으로 템플릿 함수에서 추론된다.

 C++17이 생성자 파라미터에서 템플릿 클래스 타입을 추론할 수 있더라도 make_linear_range 함수를 쓰는 것은 지나치다. 달리 말하면 다음의 코드도 C++17에서는 유효하다.

```
auto r = LinearRange{0.0f, 1.0f, 4};
```

선형 범위 사용 예제

이제 반복자와 반복자에 대응하는 type_traits, range 클래스, make_linear_range 편의 함수 등의 기본 함수는 갖고 있으므로, 다음과 같이 간단한 숫자의 범위를 반복 연산에 사용할 수 있다.

```
for(auto t: make_linear_range(0.0, 1.0, 4)) { std::cout << t << ", "; }
// 출력: 0, 0.33, 0.66, 1.0,
```

위의 동작은 make_linear_range 함수가 LinearRange 클래스를 반환하는 것이다. 범위 기반의 for 반복문이 호출되면 컴파일러가 다음과 유사한 코드를 내부적으로 생성한다.

```
auto r = make_linear_range(0.0, 1.0, 4);    // r은 LinearRange<double>이다.
auto first = r.begin();          // first는 LinearRangeIterator<double>이다.
auto last = r.end();             // last는 LinearRangeIterator<double>이다.
for(auto it = first; it != last; ++it) {
   std::cout << (*it) << ", ";
}
```

그러므로 LinearRange 값은 다음과 같이 컨테이너가 명시적으로 보유한 값처럼 반복 연산된다.

```
for(auto t: {0.0, 0.33, 0.66, 1.0}) { std::cout << t << ", "; }
```

선형 범위는 역순으로 숫자를 연산하는 데 사용된다.

```
for(auto t: make_linear_range(1.0, 0.0, 4)) { std::cout << t << ", "; }
// 출력: 1.0, 0.66, 0.33, 0.0,
```

▌ 요약

5장에서는 사용자 정의 반복자를 생성하는 방법과 STL 라이브러리에 자신의 사용자 정의 반복자를 어떻게 사용하는지 설명하고자 interator_traints의 사용법을 배웠다.

6장에서는 STL의 알고리즘 라이브러리를 살펴보고, 표현력이 향상된 C++ 문법의 새로운 라이브러리를 사용하는 방법도 다룬다.

180

06

STL 알고리즘

6장에서는 C++로 효율적인 알고리즘을 작성하는 방법을 살펴본다. 성능과 가독성이라는 두 가지 측면에서 자신의 애플리케이션을 작성하면서 STL 알고리즘을 사용하는 장점을 배운다. 마지막으로 STL 알고리즘의 제약 사항을 알아보고, 좀 더 알기 쉬운 코드 베이스를 위한 알고리즘을 구성할 수 있는 범위^{ranges} 라이브러리를 살펴본다.

▋ 블록 구성을 위한 STL 알고리즘

STL$^{Standard\ Template\ Library}$는 일종의 데이터 타입을 모은 세트이며, 컨테이너이자 표준 C++에 포함된 알고리즘이다. 그렇지만 컨테이너는 주로 사용하더라도 STL 알고리즘은 오히려 덜 사용하는 경향이 있다.

STL 알고리즘들을 조합해서 구현할 수 있는 복잡한 알고리즘은 잊기 쉬우므로 알고리즘을 직접 작성하기 전에 STL을 먼저 고려하자.

STL 알고리즘의 개념

STL 알고리즘을 더 잘 이해하려면 STL 알고리즘이 사용하는 개념과 공통적인 패턴을 약간 알아두는 것이 좋다.

반복자에 대한 알고리즘의 동작

STL 라이브러리의 알고리즘은 컨테이너(std::vector, std::map 등)가 아니라 반복자에 대해 동작한다. 기본적으로 반복자는 정규 C 포인터와 같은 속성을 가진 객체로 간주되고, 다음 요소로 진행하거나 역참조^{dereferenced}될 수 있다. 반복자가 내부적으로는 std::map과 같은 무거운 객체를 순회^{traversing}할 수 있더라도 알고리즘은 포인터가 허용하는 몇 가지의 동작만을 사용할 수 있다.

어떤 컨테이너와도 사용 가능한 제너릭 알고리즘 구현

제너릭 알고리즘을 사용하면 프로그래머가 자신의 알고리즘을 어떠한 컨테이너와도 호환되게 할 수 있다. 아래 예제에서 contains() 함수는 어떤 컨테이너에도 사용될 수 있다.

```
template <typename Iterator, typename T>
auto contains(Iterator begin, Iterator end, const T& v) {
   for (auto it = begin; it != end; ++it) {
      if (*it == v) {
         return true;
      }
   }
```

```
    return false;
  }
```

반대의 경우도 마찬가지로 새로운 컨테이너는 반복자를 노출시키면 모든 알고리즘에서 사용할 수 있다. 간단한 예로 이차원의 그리드grid 구조를 아래와 같이 구현하는데 행row이 반복자 쌍pair으로 노출된다고 가정해보자.

그리드 구조의 구현	도식화된 그리드
```struct Grid { Grid(size_t w, size_t h) : w_{w}, h_{h} { data_.resize(w*h); } auto get_row(size_t y) { auto l=data_.begin() + w_*y; auto r=l + w_; return std::make_pair(l, r); } std::vector<int> data_{}; size_t w_{}; size_t h_{}; };```	 1차원 벡터로 구성된 이차원 그리드

행을 나타내는 반복자 쌍은 어떠한 STL 알고리즘에서도 활용될 수 있다.

```
auto grid = Grid{10, 10};
auto y = 3;
auto r = grid.get_row(y);
std::generate(r.first, r.second, std::rand);
auto num_fives = std::count(r.first, r.second, 5);
```

처음과 마지막 요소를 가리키는 범위에 대한 반복자

모든 알고리즘은 하나의 반복자 쌍이 필요하며, 이는 범위에서 첫 번째 요소를 가리키는 지점과 마지막 요소의 끝 부분을 가리키는 두 번째 지점을 말한다. 아래와 같은 코드의 일부를 살펴보자.

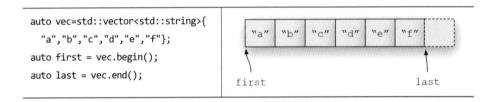

그림에서 보듯이 `last` 반복자는 "f" 요소의 뒷부분을 가리키고 있다.

알고리즘은 컨테이너 크기를 바꾸지 않는다

STL 알고리즘은 특정 범위의 요소를 수정할 수만 있다. 해당 요소는 컨테이너에 추가되거나 삭제되지 않는다.

예를 들어 std::remove()나 std::unique()의 경우 실제로는 컨테이너에서 요소를 삭제하지 않고, 제거하려는 요소가 뒷부분에 배치되도록 재정렬한다. 그다음으로 제거된 요소의 첫 번째 요소에 대한 반복자를 반환한다.

코드 예	결과 벡터
```// std::remove의 예 auto vec = std::vector<int>{1,1,2,2,3,3}; auto new_end = std::remove(vec.begin(), vec.end(), 2); vec.erase(new_end, vec.end());```	

코드 예	결과 벡터
``// std::unique의 예
auto vec = std::vector<int>{1,1,2,2,3,3};
auto new_end = std::unique(
vec.begin(), vec.end());
vec.erase(new_end, vec.end();```	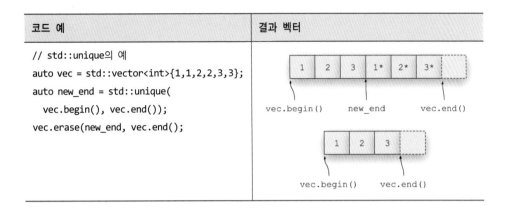

할당된 데이터로 출력하는 알고리즘

std::copy()나 std::transform()과 같은 출력 반복자에 데이터를 기록하는 알고리즘은 출력하려면 이미 할당된 데이터가 필요하다. 알고리즘이 오직 인수[argument]로만 반복자를 사용하기 때문에 알고리즘이 직접 데이터를 할당할 수 없다. 알고리즘이 동작하는 대상 컨테이너를 확장하려면 반복 연산을 하는 컨테이너를 확장하는 기능을 가진 반복자가 필요하다.

빈 컨테이너의 반복자가 출력을 위한 알고리즘으로 전달되면 프로그램은 크래시[crash] 된다. 아래의 squared가 비어 있는 예제로 문제를 살펴보자.

```
auto vals=std::vector<int>{
  1, 2, 3, 4};
auto squared=std::vector<int>{};
std::transform(
  vals.begin(),
  vals.end(),
  squared.begin(),
  [](int v) { return v * v; }
);
```

이런 문제를 막으려면 다음 중 하나를 선택적으로 수행해야 한다.

- 결과 컨테이너에 필요한 크기만큼 사전 할당^{preallocate}한다.
- 반복 연산 과정에 요소를 컨테이너에 추가하는 insert 반복자를 사용한다.

다음 코드는 사전에 할당된 공간을 활용하는 예다.

```cpp
auto square_func = [](int v) { return v * v; };
auto vals = std::vector<int>{1,2,3};
auto squared = std::vector<int>{};
squared.resize(vals.size());
auto dst = squared.begin();
std::transform(vals.begin(), vals.end(), dst, square_func);
```

다음 코드는 std::back_inserter와 std::inserter를 아직 사전 할당되지 않은 컨테이너에 값을 추가하고자 사용하는 방법을 보여준다.

```cpp
auto square_func = [](int v) { return v * v; };
auto c = std::vector<int>{1,2,3};
// std::back_inserter를 사용해서 벡터의 뒤에 추가한다.
auto squared_vec = std::vector<int>{};
auto dst_vec = std::back_inserter(squared_vec);
std::transform(c.begin(), c.end(), dst_vec, square_func);
// std::inserter를 사용해서 std::set에 추가한다.
auto squared_set = std::set<int>{};
auto dst_set = std::inserter(squared_set, squared_set.end());
std::transform(c.begin(), c.end(), dst_set, square_func);
```

 std::vector를 사용하고 출력 컨테이너의 예상 크기를 알고 있는 경우라면 알고리즘을 실행하기 전에 불필요한 할당을 피하려고 reserve()를 사용할 수 있다. 그렇지 않으면 벡터는 알고리즘이 실행되는 동안에 여러 번 새로운 메모리 공간을 재할당한다.

186

operator==와 operator<를 기본으로 사용하는 알고리즘

비교 연산을 위해 알고리즘은 정수에 대해 ==와 < 연산자를 활용한다. 알고리즘을 포함하는 자신만의 클래스를 사용하려면 operator==와 operator<가 클래스나 알고리즘의 인수로 제공돼야 한다.

다음 예제는 위와 같은 연산자가 간단한 Flower 클래스에 구현되는 것을 보여주며, std::find는 operator==를 사용하고, std::max_element는 operator<를 사용한다.

```
struct Flower {
    // 검색할 때 사용하는 동일 여부의 판단 동작
    auto operator==(const Flower& f) const {
        return height_ == f.height_; }
    // 정렬할 때 사용하는 작은 값을 찾는 동작
    auto operator<(const Flower& f) const {
        return height_ < f.height_; }
    int height_{};
};
auto garden = std::vector<Flower>{Flower{12}, Flower{13}, Flower{4}};
// std::max_element가 operator<를 사용
auto tallest_flower = std::max_element(garden.begin(), garden.end());
// std::find가 operator==를 사용
auto magic_flower = *std::find(garden.begin(), garden.end(), Flower{13});
```

사용자 정의 비교 함수

예를 들어 정렬이나 문자열을 길이로 찾는 또 다른 비교comparison 함수를 활용하고 싶다면 추가 인수를 써서 사용자 정의 함수를 만들 수 있다. std::find()와 같이 원래의 알고리즘이 값을 사용하는 반면에 특정 연산자를 가진 경우에는 끝부분에 _if를 붙인 것과 동일한 이름(std::find_if(...), std::count_if(...) 등)을 갖는다.

```
auto names = std::vector<std::string> {
    "Ralph", "Lisa", "Homer", "Maggie", "Apu", "Bart"
};
std::sort(names.begin(), names.end(),
    [](const std::string& a,const std::string& b){
        return a.size() < b.size();
});
// names는 현재 "Apu", "Lisa", "Bart", "Ralph", "Homer", "Maggie"이다.

auto target_sz = size_t{3};
auto x = std::find_if(names.begin(), names.end(),
    [target_sz](const auto& v){ return v.size() == target_sz;}
);
// x는 "Apu"를 가리킨다.
```

범용 조건자

코드 베이스를 제작할 때 코드를 더 읽기 좋게 만드는 범용의 조건자predicate(또는 이와 유사한)를 사용하는 네임스페이스를 권한다. 예를 들어 앞의 예제에서 조건자는 다음과 같이 일반화될 수 있다.

```
auto less_by_size = [](const auto& a, const auto& b){
    return a.size() < b.size();
};
auto equal_by_size = [](auto size){
    return [size](const auto& v){ return size == v.size(); };
};
```

위와 같은 조건자를 사용해 사용자 코드는 더 가독성이 좋아진다.

```
std::sort(names.begin(), names.end(), preds::less_by_size);
auto x = std::find_if(names.begin(), names.end(), equal_by_size(3));
```

// x는 "Apu"를 가리킨다.

네임스페이스의 후보는 std::string을 대소문자 구분 없이 비교하려는 equal_case_insensitive일 수 있다.

```
auto equal_case_insensitive=[](const std::string& needle){
    // 람다가 반환되는 점을 유의한다.
    return [&needle](const std::string& s){
        if(needle.size() != s.size())
            return false;
        auto eq_lower = [](char a, char b){
            return std::tolower(a)==std::to_lower(b);
        };
        return std::equal(s.begin(), s.end(), needle.begin(), eq_lower);
    };
};
```

이제 대소문자를 구별하지 않는 조건으로 대상 문자열을 찾을 수 있다.

```
auto num_maggies = std::count_if(names.begin(), names.end(),
    equal_case_insensitive(std::string{"maggie"}));
assert(num_maggies == 1);
```

예외를 발생시키지 않는 이동 연산자가 필요한 알고리즘

모든 알고리즘은 요소를 이동시킬 때 std::swap과 std::move를 사용하지만 이동 생성자move-constructor와 이동 할당move-assignment이 noexcept로 명시돼 있는 경우에만 해당된다. 그러므로 알고리즘을 사용할 때 무거운 객체에는 이런 방식으로 실행하는 것이 중요하다. 이런 방식으로 쓸 수 없거나 예외(오류)가 발생할 수 있는 경우라면 요소는 이동 대신 복사된다.

이동 생성자와 이동 할당을 클래스에서 실행하면 std::swap이 실행되며, std::swap을 오버로드할 필요가 없다.

알고리즘의 복잡도 보장

개별 STL 알고리즘의 복잡도는 빅 O 표기법^{big O notation}을 사용해 정한다. STL 알고리즘은 성능을 고려해서 만들어졌다. 그러므로 메모리를 할당하지도 않고 시간 복잡도는 $O(n \log n)$을 초과하지 않는다. 이와 같은 조건을 만족시키지 못하는 알고리즘은 충분히 일반적인 동작을 할 수 있더라도 제외된다.

std::stable_sort(), std::inplace_merge(), std::stable_partition() 등의 예외가 있다. STL의 실행은 대부분 일시적으로 동작하는 중에 메모리를 할당하는 경향이 있다.

예를 들어 중복을 포함하는 정렬되지 않은 범위를 테스트하는 알고리즘이 있다고 해보자. 한 가지 방법은 해당 범위에 반복 연산을 수행하고 중복된 부분에 나머지 범위를 검색하는 것이다. 이는 결과적으로 $O(n^2)$ 복잡도를 만든다.

```
template <typename Iterator>
auto contains_duplicates(Iterator first, Iterator last) {
    for(auto it = first; it != last; ++it)
        if(std::find(std::next(it), last, *it) != last)
            return true;
    return false;
}
```

다른 방법은 전체 범위의 사본을 만들고 정렬한 후 인접한 같은 요소를 찾는 것이다. 이는 평균적인 std::sort() 복잡도인 $O(n \log n)$의 시간 복잡도가 되며, 성능적인 요구 조건을 만족시킨다. 하지만 전체 범위에 대한 복사를 생성하므로 블록 알고리즘의 구성 조건을 만족시키지 못한다. 할당하는 부분이 있다는 것은 예외를 발생시키지 않으리라는 확신을 가질 수 없음을 의미한다.

```cpp
template <typename Iterator>
auto contains_duplicates(Iterator first, Iterator last) {
    // (*first)가 참조를 반환하므로
    // std::decay_t를 사용해 베이스 타입을 얻어야 한다.
    using ValueType = std::decay_t<decltype(*first)>;
    auto c = std::vector<ValueType>(first, last);
    std::sort(c.begin(), c.end());
    return std::adjacent_find(c.begin(),c.end()) != c.end();
}
```

C 라이브러리 함수처럼 동작하는 알고리즘

표준 C 라이브러리는 memcpy(), memmove(), memcmp(), memset()과 같은 하위 수준의 알고리즘을 갖고 있다. 경험적으로 가끔 이런 함수를 STL 알고리즘 라이브러리 대신 사용하기도 한다. 이는 사람들이 C 라이브러리 함수가 더 빠르다고 믿는 경향이 있기 때문이며, 결과적으로 타입 안전성을 포기하게 되는 결과를 인정해야 한다.

오늘날 STL의 내용을 살펴보면 위는 사실이 아니다. std::copy(), std::equal(), std::fill()과 같이 위에 대응하는 STL 알고리즘은 이러한 하위 수준의 C 함수에 타당하게 의존하므로 성능과 타입 안전성 두 가지를 모두 제공한다.

흔한 경우는 아니지만 C++ 컴파일러가 하위 수준의 C 함수에 대한 안전성을 확인할 수 없는 경우에는 예외가 발생할 수 있다. 이런 경우는 드물어야 한다.

STL 알고리즘과 직접 만든 for 반복문의 비교

여러 이유로 직접 for 반복문을 만들기보다는 알고리즘을 사용할 것을 권한다. 우선 알고리즘을 쓸 경우 가독성이 좋고 오류가 발생할 가능성도 줄며, 코드를 다시 찾아 수정하고 최적화하기 쉽다. 이와 같은 사실을 몇 가지 예제를 통해 살펴보겠다.

다음과 같이 직접 만든 for 반복문과 비교해 STL 알고리즘의 장점을 살펴보자.

- STL 알고리즘은 성능이 우수하다. 일부 STL 알고리즘은 사소하게 보이고 처음 접했을 때에는 이해하기 어려울 수 있지만 최적화된 설계를 갖고 있다.
- STL 알고리즘은 안전성을 제공한다. 더욱 간단해진다는 것은 간과하기 쉬운 장점이다.
- STL 알고리즘은 이후로도 사용성이 보장된다. 누군가가 SIMD 확장성이나 병렬 처리 또는 심지어 GPU(11장에서 병렬 알고리즘의 기초를 다룬다)의 활용법이 필요하면 알고리즘의 경우보다 적합한 알고리즘으로 대체될 수 있다.
- STL 알고리즘은 문서화가 잘 돼 있다.

가독성과 미래 지향성

for 반복문 대신 알고리즘을 사용하는 목적은 알고리즘의 이름에서 명시적인 용도가 보이게 하고, 또 다른 중요한 점은 알고리즘이 문서화가 잘 돼 있다는 것이다. 함수를 보는 사람이 정확하게 무슨 동작인지 확인하려고 모든 for 반복문을 검사할 필요가 없다. 알고리즘 하나만 보는 것만으로는 분명하지 않을 수 있지만, 다음 예제와 같이 몇 개의 알고리즘이 구성돼 있다면 장점과 의도가 분명해진다. for 반복문을 볼 때는 모든 세부 사항을 검사해야 하지만, STL 알고리즘은 데이터가 어떻게 활용되는지 바로 보여준다는 점을 알아야 한다.

또한 최적화 관점에서 예제에 있는 알고리즘은 병행 처리 가능한 동일 기능의 함수에 의해 쉽게 대체될 수 있다(이 부분은 11장에서 설명한다).

일단 for 반복문 대신에 알고리즘을 생각하는 습관을 가지면 대부분의 for 반복문이 std::transform(), std::remove_if(), std::copy_if(), std::find()와 같이 자주 사용되는 몇 가지 단순한 알고리즘의 변형이라는 것을 알게 된다.

고성능 C++에서 for 반복문 대신에 STL 알고리즘을 활용하는 것이 중요하기 때문에 몇 개의 예제를 더 살펴보자. 그동안 코딩한 습관 때문에 직접 작성한 for 반복문이 편리할 수 있지만 예제로 보여줄 알고리즘의 활용에는 많은 장점이 있다.

람다 함수가 소개되면서 C++11에서 문법적 다변성^{verbosity}이 해결됐다. 2장에서 설명한 것과 같이 C++11에서 람다 함수가 소개되기 이전에는 프로그래머가 알고리즘을 사용할 때 복잡한 함수 객체^{functor object}를 사용해야 했었다.

실제 코드베이스 예제

변수 이름은 바꿨지만 이 예제는 실제로 사용되는 코드 베이스다. 일부분만 보여주는 것이므로 전체 로직을 이해할 필요는 없다. 이 예제를 통해 중첩된 for 반복문과 비교해서 알고리즘을 사용할 때 얼마나 복잡도가 줄어드는지 일이본다.

또한 알고리즘은 코드를 깔끔하게 만든다. 어떤 경우에는 중첩을 피해 함수를 작성할 수 있다. for 반복문을 사용하는 버전은 충돌^{conflicting} 텍스처가 true가 되는 시점을 잡아내기 힘든 반면에 알고리즘을 사용하는 버전은 info로 조건자를 채우는 시점을 직관적으로 알 수 있다.

 kvp는 키와 값 쌍(key-value-pair)의 약자다.

for 반복문 버전	STL 알고리즘 버전
```auto varies() -> bool {...}```	```auto varies() -> bool {...}```

```
auto varies() -> bool {...}
auto conflicting = false;
for (auto&& kvp : infos) {
  auto usage = kvp.second;
  auto par = usage.params();
  if (par==output.params()){
    if(varies(usage.flags())){
      conflicting = true;
      break;
    }
  }
  else {
    conflicting = true;
    break;
  }
}
```

```
auto varies() -> bool {...}
auto conflicting=std::any_of(
  infos.begin(),
  infos.end(),
  [&](const auto& kvp) {
    auto usage = kvp.second;
    auto par = usage.params();
    return
    par!=output.params() ||
        varies(usage.flags());
  }
);
```

다소 핵심을 과장한 면이 있지만 버그를 찾거나 병렬 처리를 할 때는 훨씬 더 이해하기 쉬운 방법이어야 한다.

STL 알고리즘과 사용자 for 반복문 비교 예제

for 반복문을 대신해 알고리즘을 사용하는 것이 중요하다는 점을 강조하려면 STL 알고리즘을 사용하지 않고 직접 작성한 for 반복문을 사용하면서 만나는 모호성 문제를 가진 예를 살펴본다.

예제 1: 안타까운 예외 오류와 성능 문제

다음과 같이 처음 n개의 요소를 컨테이너 앞부분에서 뒤로 이동하는 함수가 필요하다고 가정해보자.

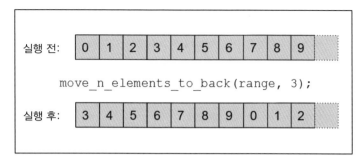

앞에서 3개의 요소를 뒤로 옮기기

접근법 1: 기존 방식의 for 반복문 사용

매우 원시적인 접근 방법은 반복해서 앞의 n개 요소를 뒤로 복사한 후 앞에서 n개를 지우는 것이다.

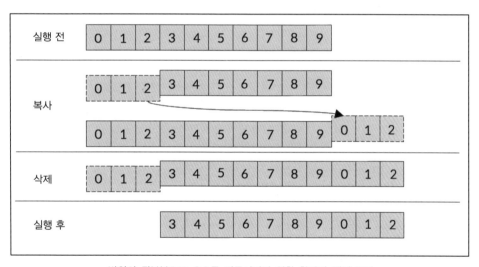

범위의 뒷부분으로 요소를 이동시키기 위한 할당과 해제 동작

다음은 위에 맞게 구현한 코드다.

```
template <typename Container>
auto move_n_elements_to_back(Container& c, size_t n) {
```

```
// 컨테이너 끝으로 앞에서부터 n개의 요소를 복사한다.
for(auto it = c.begin(); it != std::next(c.begin(), n); ++it) {
    c.emplace_back(std::move(*it));
}
// 컨테이너 앞부분의 복사한 요소를 삭제한다.
c.erase(c.begin(), std::next(c.begin(), n));
}
```

얼핏 보면 그럴 듯해 보이지만 자세히 보면 심각한 문제를 갖고 있다. 컨테이너가 push_back() 때문에 반복 연산 중에 재할당하면 반복자 it은 더 이상 유효하지 않다. 알고리즘이 유효하지 않은 반복자에 접근하면서 예외를 발생시킨다.

접근법 2: 성능과 안정성을 고려한 for 반복문

예외가 발생할 것이 확실하므로 위의 알고리즘을 고쳐야만 한다. 아직 직접 만든 for 반복문을 사용하지만 이번에는 반복자 대신 인덱스를 활용한다.

```
template <typename Container>
auto move_n_elements_to_back(Container& c, size_t n) {
    for(size_t i = 0; i < n; ++i) {
        auto value = *std::next(c.begin(), i);
        c.emplace_back(std::move(value));
    }
    c.erase(c.begin(), std::next(c.begin(), n));
}
```

위 방법은 정상적으로 동작한다. 더 이상 예외 오류가 발생하지 않는다. 그렇지만 미세한 성능 문제가 있다. 위 알고리즘은 std::vector에 비해 std::list에서 상당히 느리다. 이는 std::list::iterator와 함께 사용되는 std::next(it, n)이 $O(n)$이며, std::vector::iterator에 대해서는 $O(1)$이기 때문이다. std::next(it, n)은 for 반복문에서 매번 호출되기 때문에 std::list와 같은 컨테이너에서는 시간 복잡도는

$O(n^2)$이 된다. 이러한 성능의 제약과는 별개로 앞의 코드는 다음과 같은 제약 사항을 갖는다.

- std::array와 같은 정적인 크기의 컨테이너에서는 emplace_back() 때문에 동작하지 않는다.
- emplace_back()이 메모리를 할당하면서 실패(가끔씩 성공하지만)할 수 있기 때문에 예외가 발생하기도 한다.

접근법 3: 적당한 STL 알고리즘을 찾아 사용한다

지금 단계에 이르면 STL을 찾아보면서 빌딩 블록으로 사용할 적당한 알고리즘을 갖고 있는지 알아봐야 한다. 편리하게도 STL은 std::rotate()라는 알고리즘을 제공하는데, 앞에서 언급한 모든 단점을 피할 수 있는 바로 우리가 찾고 있는 알고리즘이다. 이제 std::rotate()를 사용해보자.

```cpp
template <typename Container>
auto move_n_elements_to_back(Container& c, size_t n) {
    auto new_begin = std::next(c.begin(), n);
    std::rotate(c.begin(), new_begin, c.end());
}
```

이제 std::rotate()를 사용하는 장점을 알아보자.

- 이 알고리즘은 메모리를 할당하지 않으므로 예외가 발생하지 않는다(포함된 객체에서는 예외가 발생할 가능성이 있다).
- std::array와 같은 크기를 변경할 수 없는 컨테이너로도 잘 동작한다.
- 작업하는 컨테이너와 무관하게 $O(n)$의 성능을 가진다.
- 몇 가지 생각해볼 수 있는 하드웨어에 최적화된 상태로 구현돼 있다.

for 반복문과 STL 알고리즘의 비교가 여러 다른 해결 방법도 있을 수 있기 때문에 결과가 불공평하다고 생각할 수 있고, STL을 사용하지 않아도 효율적이고 고상한 방법일 수 있다. 여전히 실제 상황에서는 독자가 가진 문제를 해결해주려고 기다리고 있는 STL 알고리즘이 있는 한 여기서 살펴본 사례가 그다지 특별한 경우는 아니다.

예제 2: 단순한 알고리즘도 섬세하게 최적화된 STL

아무리 작은 알고리즘이더라도 생각하지 못한 최적화가 포함돼 있을 수 있다. 이러한 예로 std::find()를 살펴보자. 얼핏 보면 더 이상 최적화될 부분이 없어 보인다. 다음은 std::find() 알고리즘의 가능한 구현 방법이다.

```
template <typename It, typename Value>
auto find_slow(It first, It last, const Value& value) {
   for(auto it = first; it != last; ++it)
     if(*it == value)
         return it;
   return last;
}
```

하지만 libstdc++를 살펴보면 RandomAccessIterator(즉 std::vector, std::string, std::deque, std::array)와 함께 사용될 때 libc++ 구현은 4개의 부분으로 for 반복문을 풀어서 펼쳐주고, 결과적으로 비교(it != last)의 실행 횟수는 4분의 1이 된다.

다음은 libstdc++ 라이브러리에서 가져온 std::find()의 최적화된 버전이다.

```
template <typename It, typename Value>
auto find_fast(It first, It last, const Value& value) {
   // 4개씩 풀어준 핵심 반복문이다.
   auto num_trips = (last - first) / 4;
   for (auto trip_count = num_trips; trip_count > 0; --trip_count) {
     if (*first == value) {return first;} ++first;
```

```
      if (*first == value) {return first;} ++first;
      if (*first == value) {return first;} ++first;
      if (*first == value) {return first;} ++first;
   }
   // 나머지 요소를 처리한다.
   switch (last - first) {
      case 3: if (*first == value) {return first;} ++first;
      case 2: if (*first == value) {return first;} ++first;
      case 1: if (*first == value) {return first;} ++first;
      case 0:
      default: return last;
   }
}
```

재구성된 반복문을 활용하는 것은 std::find()가 아니라 실제로는 std::find_if() 라는 점을 유의한다. 하지만 std::find()는 std::find_if()를 사용해 동작한다. std::find()는 물론이고 libstdc++의 여러 알고리즘이 std::find_if()를 통해 동작하는데, std::any_of(), std::all_of(), std::none_of(), std::find_if_not(), std:: search(), std::is_partitioned(), std::remove_if(), std::is_permutation() 등이 예가 될 수 있고, 이것들 모두 사용자 for 반복문보다 약간 빠르다.

그리고 다음 표와 같이 성능이 정말로 아주 약간 좋아진다.

10,000,000개의 요소에서 std::vector 내의 정수 찾기		
알고리즘	백만분의 1초(microsecond)	속도 향상
find_slow	3420	1.000 x
find_fast	3402	1.005 x

하지만 향상된 속도가 무시할 수 있는 수준이더라도 STL 알고리즘의 사용으로 얻는 효과는 공짜나 다름없다.

'영(0)으로 비교' 최적화

반복문을 풀어주는 방식에 더해 또 하나의 세부적인 최적화는 trip_count가 역방향으로 반복 연산될 때 어떤 값보다 0과 비교하는 것이다. 일부 CPU에서는 0과 비교하는 것이 다른 값보다 약간 더 빠른데, 이는 어셈블리 명령어를 다른 명령어(x86 플랫폼에서 cmp 대신에 test를 사용)로 사용하기 때문이다. 하지만 매우 중요한 부분이 아니라면 이 방법을 사용하고자 자신의 반복문을 재조정할 필요는 없다. 이렇게 하면 자신의 코드에 대한 가독성이 매우 떨어지게 된다. 대신 알고리즘이 이러한 최적화 과정을 처리하게 하자.

다음 표는 C++와 어셈블리 코드의 차이점을 보여준다.

동작	C++	x86 어셈블리

0과 비교	`auto is_above_zero(size_t v) {`
	`  return v > 0;`
	`}`
		`test edi, edi`
		`setne al`
		`ret`

다른 값과 비교	`auto is_above_123(size_t v) {`
	`  return v > 123;`
	`}`
		`cmp edi, 123`
		`seta al`
		`ret`

필요한 데이터만 정렬

STL은 std::sort(), std::partial_sort(), std::nth_element()의 세 가지 기본 정렬 알고리즘을 갖고 있다. 또한 이런 알고리즘의 몇 가지 축약형도 있지만 여기서는 이 세 가지에 집중하며, 경험상 nth_element()나 partial_sort()로 전체 정렬을 피할 수 있다는 점을 잊기 쉽다.

std::sort()가 전체 범위를 정렬하는 반면에 std::partial_sort()와 std::nth_element()는 정렬되는 범위의 일부를 검사하는 알고리즘으로 생각할 수 있다. 많은 경우 정렬된 범위의 일부에만 관심이 있기도 하다.

예를 들면 다음과 같다.

- 어떤 범위에서 중앙값을 계산하고자 할 경우 정렬된 범위에서 중앙에 위치한 값이 필요할 것이다.
- 신체 스캐너를 만든다고 가정해보면 인구의 80%에 대한 키의 평균값을 활용할 수 있고, 정렬된 범위에서는 2개의 값이 필요하다. 이 두 개의 값은 가장 키가 큰 상위 10%에 위치하는 값과 반대로 가장 작은 10%에 위치하는 값을 말한다.

아래의 그림은 std::nth_element와 std::partial_sort가 범위를 어떻게 처리하는 지 전체 정렬과 비교해서 보여준다.

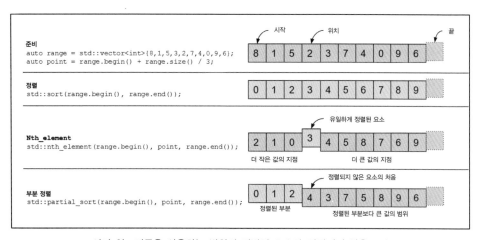

여러 알고리즘을 사용하는 범위의 정렬된 요소와 정렬되지 않은 요소

다음의 표는 각 알고리즘의 복잡도를 보여준다. m은 하위의 정렬되는 범위를 말한다.

알고리즘	복잡도	n = 10000, m=3333인 경우의 예
std::sort()	O(n log n)	40000
std::partial_sort()	O(n log n)	35229
std::nth_element()	O(n)	10000

활용 사례

이제는 std::nth_element(), std::partial_sort()를 잘 이해하고 있으니 전체 범위로 정렬돼 있을 때 일부 범위를 검사하고자 이들을 조합하는 방법을 살펴보자.

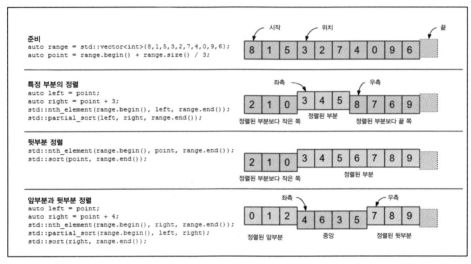

알고리즘의 조합과 부분 정렬된 결과의 접근법

성능 평가

std::sort()와 비교해서 std::nth_element()와 std::partial_sort()의 성능을 살펴보자. 여기서는 10,000,000개의 요소와 1,000,000개를 포함하는 부분적 범위를 사용했다.

동작	코드, r은 작업하는 범위	배속
정렬	sort(r.begin(), r.end());	1.00x
중앙값	auto middle = r.begin() + r.size() / 2; nth_element(r.begin(), middle, r.end());	12.41x

(이어짐)

동작	코드, r은 작업하는 범위	배속

전체 정렬된 것처럼 값을 찾기 left_idx부터 right_idx 범위 정렬되지 않은 목록	```auto left_it = r.begin() + left_idx;```
	```auto right_it = r.begin() + right_idx;```
	```nth_element(r.begin(), left_it,r.end());```
	```nth_element(left_it, right_it, r.end());```
		8.70x

전체 정렬된 것처럼 값을 찾기 left_idx부터 right_idx 범위 정렬된 목록	```auto left_it = r.begin() + left_idx;```
	```auto right_it = r.begin() + right_idx;```
	```nth_element(r.begin(), left_it, r.end());```
	```partial_sort(left_it, right_it, r.end());```
		4.58x

▌ STL과 범위 라이브러리의 미래

이번 절에서는 이후 버전의 C++ 표준으로 제시될 C++20을 다룬다. 현재까지는 https://github.com/ericniebler/range-v3에서 확인할 수 있는 상태다. 이 예제를 컴파일하려면 업데이트된 컴파일러가 필요하다.

STL 반복자의 제약 사항

STL 반복자와 알고리즘의 개념은 훌륭한 장점이 있지만 결합성이 부족하다. 예를 들어 능력과 능력치 레벨을 가진 **Warrior** 클래스를 다음과 같이 구현한다고 가정해보자.

```
enum class EAbility { Fencing, Archery };
class Warrior {
public:
    EAbility ability_{};
    int level_{};
    std::string name_{};
};
```

이제 warriors 목록에서 최상위 레벨의 궁사(Archery)인 전사(Warrior)를 찾기 원한다고 가정해본다.

STL을 활용할 경우에 알고리즘은 std::max_element()이며 level_에 대해 동작하지만, warriors만을 사용해 궁사 능력만을 보기 때문에 다소 상황이 까다롭다. 기본적으로 std::copy_if()와 std::max_element()를 조합해 새로운 알고리즘을 작성하려고 하지만 이렇게 알고리즘을 결합시키는 것은 STL로 불가능하다.

대신에 궁사인 모든 warriors를 새로운 컨테이너에 복사하고 이 컨테이너에서 최대 레벨까지 반복 연산해보면 장황하면서도 복사로 인해 비효율적인 코드가 남는다.

앞의 코드는 다음과 같은 형태가 될 것이다. 여기서 볼 수 있듯이 간단한 작업이지만 복잡해 보인다.

```cpp
auto is_archer = [](Warrior w){return w.ability_==EAbility::Archery;};
auto compare_level = [](Warrior a,Warrior b){return a.level_<b.level_;};

auto get_max_archor_level(const std::vector<Warrior>& warriors) {
    auto archery = std::vector<Warrior>{};
    // archery만을 필터하려면
    // warrior 목록이 복사돼야 한다.

    std::copy_if(
        warriors.begin(),
        warriors.end(),
        std::back_inserter(archery),
        is_archer
    );

    auto max_level_it = std::max_element(
        archery.begin(),
        archery.end(),
        compare_level
    );
```

```
    return *max_level_it;
}
```

다음은 활용 예제다.

```
auto warriors = std::vector<Warrior> {
    Warrior{EAbility::Fencing, 12, "Zorro"},
    Warrior{EAbility::Archery, 10, "Legolas"},
    Warrior{EAbility::Archery, 7, "Link"}
};

auto max_archor_level = get_max_archor_level(warriors);
// max_archor_level equals 10
```

copy_if()의 사용 때문에 불필요한 할당이 발생하지 않도록 간단한 for 반복문으로
만들어진 get_mas_archor_level()을 생각해볼 수 있다.

```
auto get_max_archor_level(const std::vector<Warrior>& warriors){
    auto max_level = int{0};
    for(const auto& w: warriors) {
        if(w.ability_ == EAbility::Archer) {
            max_level = std::max(max_level, w.level_);
        }
    }
    return max_level;
}
```

물론 쉽게 완료될 수 있었지만 알고리즘의 가독성을 놓치고 있다. 앞에서 언급했듯이
for 반복문으로 가득한 코드 베이스는 모든 알고리즘이 다소 비슷해 보여 읽기가
어렵다.

여기서 시도해 보고자 하는 것은 알고리즘을 사용하는 것만큼 읽기 좋은 구문을 만들

어 보는 것이지만, 알고리즘 안의 각 단계에 대한 새로운 컨테이너를 구성하는 것은 피하고자 한다. 이것이 미래의 범위 라이브러리^{ranges library}가 출발하려는 지점이다. 범위 라이브러리 규모가 크더라도 STL 라이브러리와의 기본적인 차이점은 기본적으로 다른 종류의 반복자를 필요할 때 연산^{lazily evaluated}(값이 실제로 필요할 때까지 계산하지 않는 방법)하는 범위와 결합시키는 것이다.

다음은 범위 라이브러리를 사용한 경우에 앞의 예제가 갖추고자 했던 모습이다.

```cpp
namespace rv = ranges::view;
auto get_max_archor_level(const std::vector<Warrior>&warriors){
    auto archer_levels = warriors
          | rv::filter(is_archer)
          | rv::transform([](const auto& w) { return w.level_; });
    auto max_level_it = ranges::max_element(archer_levels);
    return *max_level_it;
}
```

여기의 작업은 ranges::max_element()로 반복 연산될 때 단순히 모든 궁사의 레벨을 보여주는 범위 뷰^{view}를 구성한 것이다. archer_levels라는 범위는 단순히 is_archer로 필터링되고 레벨을 보여주도록 변환된 모든 warriors다.

아직은 표준의 일부라고 보기 어렵지만 https://github.com/ericniebler/range-v3의 범위 라이브러리에서 확인할 수 있다. 범위 라이브러리는 이 책에서 넘어갈 수 없는 중요한 내용이므로 간단하게 소개한다.

범위 라이브러리 소개

STL 알고리즘 라이브러리는 앞에서 설명한 바와 같이 한 쌍의 반복자 파라미터가 필요한 모든 알고리즘과 같은 복잡한 구문을 갖고 있다. 범위 라이브러리는 이러한 함수를 오버로드했지만 한 쌍의 반복자 대신 범위를 파라미터로 사용한다.

반복자로 동작하는 STL 알고리즘	컨테이너로 동작하는 범위 라이브러리
std::sort(a.begin(), a.end());	ranges::sort(a);
std::count(a.begin(), a.end(), 12);	ranges::count(a,12);

이는 알고리즘 구문을 더 깔끔하게 만들지만, 범위 라이브러리의 핵심 부분은 뷰에 대한 소개라고 할 수 있다.

범위 라이브러리의 뷰는 범위에 걸쳐 필요한 시점에 연산하는 구조다. 기술적으로 내장된 로직의 반복자만을 의미하지만, 구문상으로 볼 때 많은 일반적인 동작에 깔끔한 구문을 제공한다. 아래의 예제는 원본 숫자의 제곱을 포함하는 벡터의 반복 연산에 뷰를 어떻게 사용하는지 보여준다.

```
namespace rv = ranges::view;
auto numbers = std::vector<int>{1,2,3,4,5,6,7};
auto squared_view = rv::transform(numbers, [](auto v){
    return v * v;
});
for(auto s: squared_view) {
    std::cout << s << " ";
}
// 출력: 1 4 9 16 25 36 49
```

squared_view 변수는 제곱한 값을 갖는 numbers 벡터의 복사본이 아니며, 요소에 접근할 때마다 transform 함수가 호출되는 것과 같은 작은 차이가 있는 numbers에 대한 프록시 객체다.

보통의 컨테이너처럼 squared_view에 대해 외부에서 반복 연산을 할 수 있다. 그러므로 find나 count와 같은 일반적인 알고리즘을 수행할 수 있지만 내부적으로는 또 다른 컨테이너를 생성하지 않는다.

해당 범위를 저장하고자 한다면 뷰는 원하는 형태로 컨테이너에 단순하게 할당될 수 있다. 일단 컨테이너로 다시 복사되면 원본과 변환된 컨테이너 간에는 의존성이 없다.

```
std::vector<int> v = squared_view;
std::list<int> l = squared_view;
```

또한 범위를 갖고 범위의 일부만 보이는 필터링된 뷰를 생성할 수 있다. 이런 경우 특정 조건을 만족시키는 요소만 뷰를 반복 연산할 때 보여준다.

홀수 값 뷰	5에 대한 뷰
```namespace rv = ranges::view;auto vals = std::vector<int>{ 4,5,6,7,6,5,4};auto odd_view = rv::filter(vals, [](auto v){return(v%2)==1;});for(auto v: odd_view) { std::cout << v << " ";}// 출력: 5 7 5```	```namespace rv =ranges::view;auto vals=std::vector<int>{ 4,5,6,7,6,5,4};auto five_view=rv::filter(vals, [](auto v){return v==5;});for(auto v: five_view) { std::cout << v << " ";}// 출력: 5 5```

범위 라이브러리의 다양한 능력을 보여주는 또 다른 예는 마치 하나의 목록인 것처럼 여러 개의 컨테이너를 반복 연산할 수 있는 뷰를 생성하는 기능을 제공하는 것이다.

```
auto list_of_lists = std::vector<std::vector<int>> {
    {1, 2},
    {3, 4, 5},
    {5},
    {4, 3, 2, 1}
};
```

```
auto flattened_view = rv::join(list_of_lists);
for(auto v: flattened_view)
    std::cout << v << ", ";
// 출력: 1, 2, 3, 4, 5, 5, 4, 3, 2, 1,

auto max_value = *ranges::max_element(flattened_view);
// max_value는 5
```

결합성과 흐름

뷰의 강력함은 뷰를 결합시키는 것에서 나타난다. 실제로는 데이터를 복사하지 않기 때문에 내부적으로는 한 번만 반복 연산하는 반면에 실제로는 데이터셋에 여러 작업을 시도할 수 있다.

```
namespace rv = ranges::view;
auto numbers = std::vector<int>{1,2,3,4,5,6,7};

// 제곱을 하는 뷰의 생성
auto squared_view = rv::transform(numbers, [](auto v){
    return v * v;
});
// squared_view가 다음과 같이 계산된다. "1, 4, 9, 16, 25, 36, 49"

// 위 뷰에 필터를 추가한다.
auto odd_squared_view = rv::filter(squared_view, [](auto v){
    return (v % 2) == 1;
});
// odd_squared_view는 이렇게 산출된다. "1, 9, 25, 49"
```

좌에서 우로 기술된 내용을 읽는 기능은 괄호를 사용하는 일반적인 문법을 사용하는 안에서 바깥 방향으로 읽는 것에 비해 훨씬 쉽다.

액션, 뷰, 알고리즘

범위 라이브러리는 세 가지 유형의 동작인 알고리즘^{algorithms}, 액션^{action}, 뷰^{view}로 구성돼 있다. 뷰와 액션의 차이를 이해하는 것이 중요하며, 아래의 코드는 뷰를 사용하는 것과 대비해서 액션을 사용하는 시점의 간단한 과정을 보여준다. 뷰는 단순하게 반복 연산을 하는 반면 액션은 벡터를 변형시키는 점을 유의하자.

```cpp
// 준비 사항
auto is_odd = [](int v){ return (v % 2) == 1; }
auto square = [](int v){ return v*v; }
auto get() { return std::vector<int>{1,2,3,4}; }
using ra = ranges::action;
using rv = ranges::view;

// 액션을 사용해서 홀수인 제곱을 출력한다.
for(auto v: get() | ra::remove_if(is_odd) | ra::transform(square)) {
    std::cout << v << " ";
}

// ... c가 변경되는 아래의 코드에 대응하는 부분이다.
auto c = get();
auto new_end = std::remove_if(c.begin(), c.end(), is_odd);
c.erase(new_end, c.end());
std::transform(c.begin(), c.end(), c.begin(), square);
for(auto v: c) { std::cout << v << " "; }

// 뷰를 사용해서 홀수인 제곱 값을 출력한다...
for(auto v: get() | rv::remove_if(is_odd) | rv::transform(square)) {
    std::cout << v << " ";
}

// ... get()만 반복 연산되는 아래의 코드와 관련된 부분이다.
for(auto v: get()) {
    if(is_odd(v)) {
        auto s = square(v)
```

```
        std::cout << s << " ";
    }
}
```

액션

액션은 표준 STL 알고리즘처럼 동작하지만 입출력을 위해 반복자를 사용하는 대신에 컨테이너를 사용하고 새롭게 수정된 컨테이너를 반환한다.

STL 알고리즘과는 달리 범위에 대한 액션은 컨테이너의 크기를 변경하는데, 이는 `ranges::action::remove_if()`가 컨테이너에서 요소를 제거한 컨테이너를 반환한다는 것을 의미한다. 반면에 `std::remove_if(...)`는 단순하게 마지막 고유 요소에 대한 반복자를 반환하고 프로그래머가 실제로 요소를 지우도록 남겨둔다. 같은 방식으로 `std::unique`도 고유한 값을 포함하는 새로운 범위를 반환한다.

STL 알고리즘을 통한 중복 제거	범위 라이브러리를 사용한 중복 제거
```auto a = std::vector<int>{` ` 1, 2, 1, 3, 2, 4` `};` `std::sort(a.begin(),a.end());` `// 정수 값은 "1, 1, 2, 2, 3, 4"다.` `auto it = std::unique(` ` a.begin(),` ` a.end()` `);` `// a는 "1, 2, 3, 4, 3, 4"` `// 5번째 요소를 가리킨다.` `a.erase(it, a.end());` `// a는 "1, 2, 3, 4"```	```namespace ra = ranges::action;` `auto a =` ` std::vector<int>{1,2,1,3,2,4}` `	ra::sort` `	ra::unique;` `// a는 1, 2, 3, 4```

액션은 데이터를 변경하므로 뷰에서 동작하지 않는다. 그러므로 다음 예제는 컴파일이 안 된다.

```
auto numbers = std::vector<int>{ 1, 2, 1, 3, 2, 4 };
numbers = std::move(numbers)
   | ranges::view::unique
   | ranges::action::sort; // 컴파일되지 않고 뷰를 정렬할 수 없다.
```

액션을 사용해서 컨테이너를 변경하려면 다음 중에 하나를 선택해야 한다.

- 컨테이너를 r-value로 제공한다. 즉, 함수나 std::move()를 통해 범위가 반환된다.
- 액션을 컨테이너를 변경하는 | 대신 |=를 사용해 초기화한다.

다음 표는 구문적으로 접근하는 방법을 보여준다.

코드 초기화	namespace ra = ranges::action; auto get(){return std::vector<int>{1,3,5,7};} auto above_5 = [](auto v){ return v >= 5; };
직접적인 get() 사용	auto vals = **get()** | ra::remove_if(above_5); // vals는 "1, 3"

std::move()를 사용해 생성한 r-value	auto vals = get();
	vals = **std::move(vals)** | ra::remove_if(above_5);
	// vals는 "1, 3"

|= 연산자를 사용한 변경 컨테이너	auto vals = get();
	vals |= ra::remove_if(above_5);
	// vals는 "1, 3"

212

뷰

뷰[view]는 액션[action]과 비슷하게 보일 수 있지만 내부적으로 완전히 다르다. 액션은 입력 컨테이너로 작업하고 변경된 버전을 반환하는 반면에 뷰는 반복 연산 시점에 변경된 컨테이너처럼 보이는 프록시 뷰를 반환할 뿐이다.

하지만 컨테이너는 전혀 변경되지 않으며, 모든 처리 과정은 반복자 내에서 수행된다.

`ranges::view::transform()`과 `ranges::action::transform()`을 비교해보면 차이점을 알 수 있다. 액션은 컨테이너를 변환하므로 타입을 변환할 수 없지만 뷰는 어떤 타입의 뷰로도 변환할 수 있다.

다음과 같이 `int`를 `std::string`으로 만드는 변환은 오직 `ranges::view`를 사용해서만 수행된다. `str_view`는 단순한 프록시이고, 실제로 반환되는 문자열은 뷰에 접근할 때까지 형성되지 않는다.

```
namespace ra = ranges::action;
namespace rv = ranges::view;
auto get_numbers() { return std::vector<int>{1,3,5,7}; }
// 액션은 타입을 변환할 수 없다.
auto strings = get_numbers() | ra::transform([](auto v){
    return std::to_string(v); // 컴파일되지 않는다.
});
// 뷰는 타입을 변환할 수 있다.
auto ints = get_numbers();
auto str_view = ints | rv::transform([](auto v){
    return std::to_string(v);
});
```

데이터를 다른 값의 타입을 갖고 컨테이너로 변환할 수 있는 `std::transform()`의 동작을 따라 해보려면 뷰는 컨테이너로 변환될 수 있다. `ranges::to_vector`, `ranges::to_list` 등과 같은 함수를 사용하거나 원하는 뷰에 단순히 할당해서 작업할 수 있다.

명시적 컨테이너 타입을 사용하는 할당	auto와 to_list를 사용한 할당
```namespace rv = ranges::view;```	```namespace rv = ranges::view;```

```
namespace rv = ranges::view;
auto a = std::list<int>{2,4};
std::list<std::string> b = a
  | rv::transform([](auto v){
    return std::to_string(v);
  });
```

```
namespace rv = ranges::view;
auto a = std::list<int>{2,4};
auto b = a
  | rv::transform([](auto v){
    return std::to_string(v);
  })
  | ranges::to_list;
```

알고리즘

뷰나 변경된 컨테이너를 반환하지 않는 범위 라이브러리의 알고리즘은 단순히 알고리즘으로서만 참조된다. 이러한 알고리즘의 예로는 ranges::count, ranges::any_of 등이 있다. 이 알고리즘들은 한 쌍의 반복자 대신에 입력으로서의 범위를 사용하는 경우를 제외하고는 STL에서 변형이 없는 알고리즘으로서 정확하게 동작한다.

액션, 뷰와는 달리 알고리즘은 | 연산자를 사용해 연결될 수 없다.

```
auto cars = std::vector<std::string>{"volvo","saab","trabant"};
// STL 라이브러리 사용
auto num_volvos_a = std::count(cars.begin(), cars.end(), "volvo");
// 범위 라이브러리 사용
auto num_volvos_b = ranges::count(cars, "volvo");
```

▌요약

6장에서는 STL 알고리즘 라이브러리의 기본 개념을 알아보고 직접 작성한 for 반복문 대신에 블록으로 구성한 STL 알고리즘 라이브러리를 사용하는 장점, 그리고 코드를 나중에 최적화하는 단계에서 얻는 장점을 알아봤다. 또한 STL 알고리즘이 보장해주는 부분과 장단점을 알아봤으므로 이제 자신감을 갖고 활용해볼 수 있다.

마지막으로 범위를 훨씬 더 단순하게 관리할 수 있는 미래의 범위 라이브러리를 간단히 살펴봤다. 직접 만든 **for** 반복문 대신 알고리즘의 장점을 활용한 코드 베이스는 병렬 처리 기술을 더 잘 대비할 수 있으며, 이에 대해서는 이후 장에서 더 알아본다.

07

메모리 관리

6장을 읽었다면 메모리를 관리하는 방법에 따라 성능에 중대한 영향을 미칠 수 있음을 당연하게 여길 것이다. CPU는 메인 메모리와 CPU 레지스터 사이에서 데이터(메인 메모리로 또는 메인 메모리에서 읽고 저장하는)를 전송하면서 프로세서 시간을 많이 소모한다. 4장에서 봤듯이 CPU는 메모리 접근 속도를 향상시키고자 캐시를 사용하고, 프로그램은 실행 속도를 높이고자 캐시를 사용하기 좋은 구조를 가져야 한다. 7장에서는 메모리 사용을 최적화하는 데 고려해야 할 사항을 이해하고자 컴퓨터가 메모리와 어떻게 상호작용하는지 살펴본다. 자동 메모리 할당과 동적 메모리 관리를 살펴보고, C++ 객체의 수명주기life cycle도 살펴본다. 보여줄 데이터를 압축시켜야만 하는 물리적 메모리 제약이 가끔 있을 수 있고, 가용 메모리가 매우 많더라도 메모리 관리를 더욱 효율적으로 구성해서 더 빨리 프로그램이 실행되도록 만들 필요도 있다. 동적 메모리의 할당과 해제 과정은 상대적으로 비용이 큰 동작이므로 프로그램의 실행을 빠르게 하려면 불필요한 할당을 피해야 한다.

7장에서는 C++ 메모리 관리를 더 깊이 살펴보기 전에 이해할 필요가 있는 몇 가지 개념을 먼저 설명한다. 관련 주제로는 가상 메모리, 가상 메모리 공간^{virtual memory space}, 스택^{stack} 메모리와 힙^{heap} 메모리, 페이징^{paging}, 스왑 공간^{swap space} 등이 있다.

▌ 컴퓨터 메모리

컴퓨터의 물리적 메모리는 시스템에서 실행되는 모든 프로세스가 공유한다. 하나의 프로세스가 매우 많은 메모리를 사용한다면 대부분의 다른 프로세스가 영향을 받는다. 하지만 프로그래머 관점에서 보면 다른 프로세스에 의해 사용되는 메모리에 관여할 필요가 없다. 이렇게 격리된 메모리는 오늘날 대부분의 운영체제에서 가상 메모리로 정의되며, 마치 프로세스가 모든 메모리를 자신을 위해 보유한 것처럼 보이게 만든다. 각각의 프로세스는 자신만의 가상 주소 공간^{virtual address space}을 가진다.

가상 주소 공간

프로그래머가 보게 되는 가상 주소 공간 내의 메모리 주소는 운영체제와 프로세서의 일부인 메모리 관리자^{MMU, Memory Management Unit}에 의해 물리적 메모리 주소와 매핑된다. 이러한 매핑^{mapping}이나 변환은 메모리에 접근할 때마다 발생한다.

이와 같은 간접적인 추가 계층에 의해 운영체제는 실행 중인 프로세스에 대한 물리적 메모리를 관리할 수 있고, 나머지 가상 메모리는 디스크에 백업할 수도 있다. 이런 관점에서 물리적 메인 메모리를 보조 저장소에 위치한 가상 메모리 공간의 캐시로 볼 수도 있다. 메모리 페이지를 백업하기 위한 보조 저장소 영역은 운영체제에 따라 보통 스왑 공간, 스왑 파일, 또는 페이지 파일이라고 부른다.

가상 메모리는 프로세스가 물리적 주소 공간보다도 큰 가상 주소 공간을 가질 수 있게 하는데, 가상 메모리가 실제로 물리적 메모리를 반드시 확보하고 있어야 하는 것은 아니기 때문이다.

메모리 페이지

오늘날 가상 메모리를 구현하는 가장 일반적인 방법은 메모리 페이지라고 부르는 고정된 크기의 블록으로 주소 공간을 나누는 것이다. 프로세스가 가상 주소로 메모리에 접근할 때 운영체제는 메모리 페이지가 물리적 메모리(페이지 공간)에 위치하는지 확인한다. 메모리 페이지가 주 메모리에 매핑돼 있지 않으면 하드웨어 예외가 발생하고, 해당 페이지는 디스크에서 메모리로 로드된다. 이런 유형의 하드웨어 예외를 페이지 폴트page fault라고 한다. 이러한 예외 오류는 디스크에서 메모리로 데이터를 읽어 올리기 위해 필요한 인터럽트interrupt다. 충분히 예상 가능하겠지만 이 과정은 메모리에 이미 위치한 데이터를 읽는 것보다는 매우 느리다.

주 메모리에 더 이상 가용한 페이지 프레임이 없을 때에는 페이지 프레임을 정리해야 한다. 정리될 페이지가 사용된 것이라면, 즉 디스크에서 로드된 이후에 수정된 경우에는 대체되기 전에 디스크에 기록해야 한다. 이런 과정을 페이징paging이라고 한다. 해당 메모리 페이지가 수정된 적이 없다면 메모리 페이지는 간단히 제거된다.

가상 메모리를 지원하는 모든 운영체제가 페이징을 지원하는 것은 아니다. 예를 들어 iOS는 가상 메모리를 갖고 있지만 사용된 페이지가 디스크에 저장되는 일은 없다. 사용하지 않은 페이지만 메모리에서 제거할 수 있다. 주 메모리가 가득 차면 iOS는 충분한 여유 메모리를 다시 확보할 때까지 프로세스들을 종료시키기 시작한다.

아래의 그림은 실행 중인 두 개의 프로세스를 보여준다. 둘 다 자신만의 가상 메모리 공간을 갖고 있다. 일부 페이지는 물리적 메모리와 매핑돼 있고 일부는 아니다. 프로세스 1이 0x1000에서 시작하는 메모리 페이지 내의 메모리를 사용하고자 한다면 페이지 폴트가 발생한다. 메모리 페이지는 이제 비어 있는 메모리 프레임과 매핑된다. 또한 가상 메모리 주소는 실제 물리적 메모리 주소와 다르다는 점을 유의하자. 프로세스 1의 첫 번째 메모리 페이지는 0x0000에서 시작하고, 물리적 메모리 0x4000에서 시작하는 메모리 프레임과 매핑돼 있다.

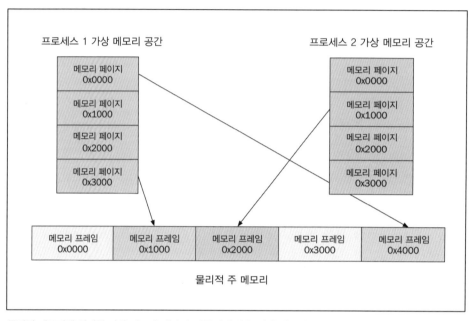

물리적 메모리에 연계된 가상 메모리 페이지. 사용되지 않은 가상 메모리 페이지는 물리적 메모리가 필요 없다.

스레싱

스레싱thrashing은 시스템의 물리적 메모리가 넉넉하지 못한 상태에서 발생하므로 지속적인 페이징을 야기한다. 어떤 프로세스에 CPU의 시간이 할당될 때마다 페이지 아웃된 메모리에 접근을 시도하게 된다. 새로운 메모리 페이지를 로딩한다는 것은 다른 페이지가 디스크에 저장돼야 함을 의미한다. 데이터를 디스크에서 메모리로 다시 가져오거나 기록하는 작업은 일반적으로 매우 느리고 일부이긴 하지만 컴퓨터를 정지시키기도 하는데, 이는 시스템이 페이징에 시간을 많이 소비하기 때문이다. 시스템의

페이지 폴트 주기를 보는 것은 프로그램이 스레싱 상태인지 판단하는 좋은 방법이다.

▌ 프로세스 메모리

스택stack과 힙heap은 C++ 프로그램의 메모리 세그먼트에 가장 중요한 두 가지 요소다. 물론 정적인 저장소와 스레드 지역 저장소가 있긴 하지만 이들은 나중에 다룬다. 정확하게 표현해본다면 C++는 스택이나 힙에 관여하기보다는 저장소 클래스와 객체의 저장 기간을 대상으로 다룬다고 볼 수 있다. 하지만 스택과 힙의 개념이 C++ 커뮤니티에서 더 광범위하게 사용되며, 우리가 알고 있는 함수를 호출해서 실행하거나 지역 변수의 자동 저장소 관리 등 C++의 모든 구현 과정에서 스택과 힙이 무엇인지 이해하는 것은 여전히 중요하다. 이 책에서는 객체가 저장되는 시간에 관한 용어보다는 스택과 힙이라는 용어를 사용한다.

스택과 힙 모두 프로세스 가상 메모리 공간에 위치한다. 스택은 지역 변수가 위치하는 곳이며, 함수의 인수도 포함된다. 스택은 함수가 호출될 때마다 크기가 증가하고 함수가 반환하면 감소한다. 각각의 스레드는 자신만의 스택을 갖고 있으므로 스택 메모리는 스레드 안전thread safe을 지원한다. 반면에 힙은 전역 메모리 영역이고 프로세스 내의 모든 스레드가 공유한다. 힙은 new(또는 C 라이브러리 함수에서 malloc())를 사용해 메모리를 할당할 때마다 커지고 delete(또는 free())로 메모리를 해제할 때 감소한다. 보통 힙의 경우 작은 수의 주소에서 시작해서 위로 증가하며, 반대로 스택은 큰 수의 주소에서 시작해서 낮은 방향으로 증가한다. 다음 그림은 스택과 힙이 가상 주소 공간에서 서로 반대 방향으로 어떻게 증가하는지 보여준다.

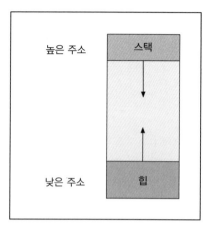

프로세스의 주소 공간. 스택과 힙은 반대 방향으로 증가한다.

스택 메모리

스택은 여러 가지 이유로 힙과 비교된다. 스택의 특징을 나열해보면 다음과 같다.

- 스택은 연속적인 메모리 블록이다.
- 스택은 고정된 최대 크기를 가진다. 프로그램이 최대 스택 크기를 초과하면 프로그램은 비정상 종료된다.
- 스택 메모리는 절대로 조각fragmented나지 않는다.
- 스택에 메모리를 할당하는 것은 항상 빠르다.
- 프로그램의 개별 스레드는 자신만의 스택을 가진다.

이번 절에서 다루는 예제에서는 이런 특징을 확인해본다. 먼저 스택이 프로그램에서 어떻게 활용되는지 감을 잡을 수 있도록 할당과 해제부터 시작해보자.

스택에 할당된 데이터의 주소를 살펴보면서 스택의 크기가 증가하는 방향을 쉽게 알아낼 수 있다. 다음 코드는 함수에 진입하고 빠져나오면서 스택이 증가하고 감소하는 과정을 보여준다.

```
auto func2() {
    auto i = 0;
    std::cout << "func2(): " << std::addressof(i) << '\n';
}

auto func1() {
    auto i = 0;
    std::cout << "func1(): " << std::addressof(i) << '\n';
    func2();
}

auto main() -> int {
    auto i = 0;
    std::cout << "main(): " << std::addressof(i) << '\n';
    fun1();
    fun2();
}
```

이 프로그램을 실행하면 나타나는 대략적인 출력 형태는 다음과 같다.

```
main(): 0x7ea075ac
func1(): 0x7ea07594
func2(): 0x7ea0757c
func2(): 0x7ea07594
```

스택에 할당된 정수의 주소를 출력해보면 자신의 플랫폼에서 어느 방향으로 얼마나 스택이 증가했는지 알 수 있다. 스택은 24바이트씩 func1()이나 func2()에 진입할 때마다 증가한다. 스택에 할당되는 정수 i는 4바이트 크기를 갖는다. 나머지 20바이트는 함수가 반환되는 주소와 같은 함수가 끝날 때에 필요한 데이터를 포함하고 있다. 아래의 그림은 프로그램의 실행 과정에서 스택이 어떻게 증가하거나 감소하는지 보여준다. 첫 번째 상자는 프로그램이 main() 함수에 진입한 시점의 메모리를 보여준다. 두 번째 상자는 func1()을 실행할 때 스택이 증가한 모습을 보여준다.

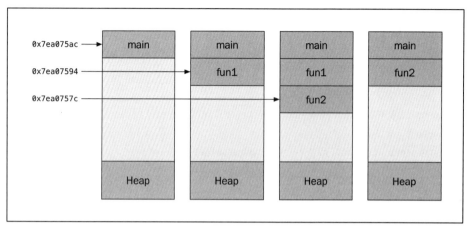

함수에 진입하거나 반환할 때 스택이 증가하거나 감소하는 변화

스택에 할당된 전체 메모리는 스레드가 시작되면서 생성된 일정한 크기의 연속적인 메모리 블록이다. 그렇다면 스택의 크기는 얼마나 되며, 스택의 최대 크기에 도달하면 어떻게 될까? 앞에서 언급했듯이 프로그램은 함수에 진입할 때마다 증가하고 함수에서 반환되면 감소한다. 스택 오버플로stack overflow가 발생하는 가장 흔한 이유는 지나친 재귀 호출recursive call이나 스택에 할당되는 자동 변수를 많이 사용하는 경우다. 스택의 최대 크기는 플랫폼에 따라 다르고, 개별 프로세스에 대한 설정도 가능하다.

자신의 시스템에 기본적인 스택의 크기를 보여주는 프로그램을 작성할 수 있는지 알아보자. 여기서는 무한 재귀 호출을 하는 **func()**을 작성하는 것으로 시작한다. 각 함수의 시작에서는 1킬로바이트의 변수를 할당하는데, 이 역시 **func()**를 실행할 때마다 스택에 위치한다. **func()**가 실행될 때마다 스택의 현재 크기를 출력한다.

```cpp
auto func(char* stack_bottom_addr) -> void {
    char data[1024];
    std::cout << stack_bottom_addr - data << '\n';
    func(stack_bottom_addr);
}
```

```
auto main() -> int {
    char c;
    func(&c);
}
```

스택의 크기는 대략적인 추정치다. func()에 정의된 첫 번째 지역 변수와 main() 함수의 첫 번째 지역 변수의 주소 차이를 구해 계산한다.

Clang으로 위 코드를 컴파일하면 func()가 반환되지 않는다는 경고를 보게 된다. 일반적으로 이 경고를 무시하면 안 되지만, 원하는 결과를 얻고자 이 경고를 무시하고 프로그램을 실행한다. 프로그램은 스택의 크기 제한에 도달하면 크래시된다. 프로그램이 종료되기 전에 스택의 현재 크기를 몇 천 줄 정도 출력한다. 마지막 출력 부분은 다음과 같다.

```
...
8378667
8379755
8380843
```

char 포인터만큼 차감하므로 크기는 바이트 단위이고, 여기서는 최대 스택 크기가 8MB 정도 되는 것으로 확인된다. 유닉스와 같은 시스템은 ulimit 명령어를 -s 옵션과 함께 사용해서 프로세스에 대한 스택의 크기를 설정하거나 가져올 수 있다.

```
$ ulimit -s
$ 8192
```

Ulimit(user limit의 약자)은 킬로바이트 단위로 현재의 최대 스택 크기 설정을 보여준다. ulimit으로 확인하면 앞에서 실험한 결과를 검증할 수 있다. 필자의 맥에서 따로 설정하지 않은 스택 크기는 약 8MB다.

이 예제의 결론은 프로그램이 비정상 종료되게 만드는 스택 메모리 초과 문제를 만나지 않게 해야 한다는 것이다. 7장의 후반부에서는 고정된 크기의 할당을 관리하는 기본적인 메모리 할당자를 구현하는 방법을 살펴본다. 그리고 스택은 또 하나의 메모리 할당자일 뿐이라는 점을 이해하면서 스택의 사용은 순차적이기 때문에 메모리 할당자를 매우 효율적으로 구현할 수 있다. 언제나 메모리의 요청과 해제는 스택의 최상단(연속된 메모리의 끝단)에서 수행된다. 이는 스택 메모리가 결코 파편화되지 않으며 스택 포인터를 이동시키는 것만으로 메모리를 할당하거나 해제할 수 있다는 점을 의미한다.

힙 메모리

힙은 C++의 관점에서 동적 저장소가 실제 의미에 더 가깝고, 데이터가 동적으로 위치하는 공간을 말한다. 앞에서 언급했듯이 힙은 여러 스레드에 의해 공유되는데, 힙을 사용하는 메모리 관리는 동시 처리성을 지원할 책임이 있다.

이런 이유로 스레드마다 메모리가 할당돼서 지역적으로 쓰이는 스택보다는 힙에 메모리를 할당하는 방법이 복잡하다.

스택에서의 메모리 할당과 해제의 형태는 순차적이면서 할당되는 과정의 역순으로 항상 해제된다. 반면 동적 메모리에서는 할당과 해제가 임의로 발생한다. 동적 객체의 수명과 가변적 크기로 할당되는 과정은 메모리가 파편화될 위험이 있다.

메모리 파편화 문제를 이해하는 쉬운 방법은 메모리 파편화가 일어나는 과정을 예제로 살펴보는 것이다. 예를 들어 작고 연속적인 16KB의 메모리 블록을 메모리에 할당한다고 가정해보자. 여기서는 두 가지 유형의 객체를 할당하며, 각각 A 타입은 1KB B 타입은 2KB 크기를 갖는다. 우선 A 타입 객체를 할당하고 B 타입 객체가 이어서 할당된다. 이런 과정을 다음 그림과 같은 형태로 메모리가 구성될 때까지 반복한다.

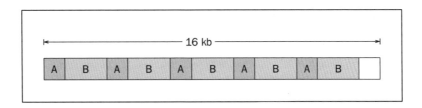

다음으로 모든 A 타입 객체가 필요 없다고 보고 해제한다. 이제 메모리는 다음 그림과 같이 될 것이다.

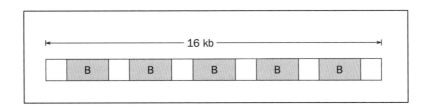

이제 10KB의 메모리를 사용 중이고 6KB는 가용한 상태다. 다음으로 2KB 크기인 B 타입 객체를 할당한다고 가정하자. 위와 같이 6KB의 메모리가 가용한 상태지만 메모리가 파편화됐기 때문에 2KB 크기의 메모리 블록을 찾을 수가 없다.

▎ 메모리의 객체

C++ 프로그램에서 사용하는 모든 객체는 메모리에 존재한다. 지금부터는 객체가 메모리에서 어떻게 생성되고 해제되는지, 메모리에는 어떻게 배치되는지 알아본다.

객체의 생성과 해제

이번 절에서는 new와 delete의 사용을 깊이 있게 살펴본다. 가용한 저장소에 객체를 생성하고자 new를 사용하고, delete를 사용해 해제하는 일반적인 방법에는 이미 익숙할 것이다.

```
auto user = new User{"John"};    // 할당과 생성
user->print_name();              // 객체의 사용
delete user;                     // 소멸과 해제
```

위의 주석에서 나타낸 것처럼 new는 실제로 두 가지 일을 한다.

1. 새로운 사용자 정의 객체를 보유할 메모리를 할당한다.
2. 사용자 클래스의 생성자를 호출해서 위에 할당된 메모리 공간에 새로운 사용자 객체를 생성한다.

마찬가지로 delete는 다음과 같다.

1. 소멸자를 호출해서 사용자 객체를 소멸시킨다.
2. 사용자 객체가 위치한 메모리를 해제한다.

위치 지정 new 연산자

C++는 객체의 생성과 메모리의 할당이 구분된다. 예를 들어 malloc()을 사용해 바이트 배열을 할당하고 여기에 User 객체를 생성할 수 있다. 아래의 코드를 보자.

```
auto memory = std::malloc(sizeof(User));
auto user = new (memory) User("john");
```

여기서 다소 생소한 new (memory) 구문이 보이는데, 이것을 '위치 지정 new[placement new]'라고 한다. 이는 new 연산자로 메모리를 할당하는 형태가 아니라 객체를 생성하기만 한다. 위의 예제에서는 위치 지정 new가 User 객체를 생성하고 특정 메모리 위치에 배치한다. 여기서는 std::malloc() 으로 하나의 객체에 메모리를 할당하므로 정확한 배치를 보장한다. 위치 지정 new를 사용할 때 메모리 배치 역할을 어디서 수행하는지는 나중에 살펴본다.

위치 지정 delete는 존재하지 않으므로 객체를 소멸시키고 메모리를 해제하려면 명시적으로 소멸자를 호출하고 메모리를 해제해야 한다.

```
user->~User();
std::free(memory);
```

 주의: 위와 같은 상황이 소멸자를 명시적으로 호출해야 하는 유일한 경우다. 위치 지정 new를 사용해 객체를 생성한 경우가 아니라면 절대로 소멸자를 위와 같이 호출하지 않게 한다.

메모리를 할당하거나 해제하지 않고 객체를 생성하고 소멸시키는 <memory>에서 유틸리티 함수 세트는 C++17에서 소개됐다. 따라서 객체를 초기화되지 않은 메모리 영역으로 생성, 복사, 이동하는 작업을 위해 위치 지정 new를 사용하는 대신에 std::uninitialized_로 시작하는 <memory> 관련 함수의 사용이 가능하다. 그리고 소멸자를 명시적으로 호출하는 대신에 std::destroy_at() 함수를 메모리 해제 없이 특정 메모리 위치의 객체를 소멸시키고자 사용할 수 있다.

이제 위와 같은 새로운 함수를 사용해서 앞의 예제를 아래와 같이 다시 작성할 수 있다.

```
auto memory = std::malloc(sizeof(User));
auto user_ptr = reinterpret_cast<User*>(memory);
std::uninitialized_fill_n(user_ptr, 1, User{"john"});
std::destroy_at(user_ptr);
std::free(memory);
```

new와 delete 연산자

새로운 구문이 실행될 때 operator new 함수는 메모리를 할당하는 역할을 한다. new 연산자는 전역적으로 정의된 함수나 클래스의 정적 멤버 함수가 될 수 있다. new와

delete 전역global 연산자는 오버로드를 할 수 있다. 7장의 후반부에서 메모리 상태를 분석할 때 이런 사실이 유용하게 활용될 수 있다는 점을 알 수 있을 것이다. 사용법은 다음과 같다.

```
auto operator new(size_t size) -> void* {
    void* p = std::malloc(size);
    std::cout << "allocated " << size << " byte(s)" << '\n';
    return p;
}

auto operator delete(void* p) noexcept -> void {
    std::cout << "deleted memory \n";
    return std::free(p);
}
```

오버로드된 연산자는 실제로 char 객체를 생성하고 해제할 때 사용된다.

```
auto* p = new char{'a'};      // 출력 "allocated 1 byte(s)"
delete p;                     // 출력 "deleted memory"
```

new[]와 delete[] 구문을 사용해 객체 배열을 생성하거나 해제할 때는 operator new[]와 operator delete[]라는 또 다른 한 쌍의 연산자를 사용한다. 이와 같은 연산자도 같은 방법으로 오버로드할 수 있다.

```
auto operator new[](size_t size) -> void* {
    void* p = std::malloc(size);
    std::cout << "allocated " << size << " byte(s) with new[]" << '\n';
    return p;
}

auto operator delete[](void* p) noexcept -> void {
    std::cout << "deleted memory with delete[]\n";
```

```
    return std::free(p);
}
```

operator new를 오버로드를 하는 경우에는 operator delete도 오버로드해야 한다는 점을 유의한다. 메모리를 할당하고 해제하는 함수들은 한 쌍으로 움직인다. 메모리는 메모리를 할당한 할당자^{allocator}에 맞게 해제되도록 한다. 예를 들어 메모리를 std::malloc()으로 할당한 경우 std::free()를 사용해 해제해야 한다. 마찬가지로 operator new[]로 할당한 메모리는 operator delete[]로 해제해야 한다.

클래스에 지정된 operator new와 operator delete를 오버라이드할 수도 있다. 이와 같은 동작은 전역 연산자를 오버로딩하는 것보다 유용한데, 동적인 사용자 메모리 할당자가 특정 클래스에 주로 필요하기 때문이다. 다음은 Document 클래스에 대해 operator new와 operator delete를 오버로딩한다.

```
class Document {
    // ...
public:
    auto operator new(size_t size) -> void* {
        return ::operator new(size);
    }
    auto operator delete(void* p) -> void {
        ::operator delete(p);
    }
};
```

특정 클래스 버전의 new는 새롭게 동적으로 할당된 Document 객체를 생성할 때 사용된다.

```
auto* p = new Document{}; // Uses class-specific operator new
delete p;
```

전역 new와 delete를 대신 사용하고자 한다면 전역 범위(::)를 활용함으로써 가능하다.

```
auto* p = ::new Document{}; // Uses global operator new
::delete p;
```

메모리 할당자는 7장의 후반부에서 알아본 후 오버로드된 new와 delete 연산자가 실제로 사용되는 것도 확인할 것이다. 여기까지 살펴본 내용을 요약하면 new 구문은 할당과 생성 두 가지를 수반한다. operator new는 메모리를 할당하고, 동적인 메모리 관리를 직접 수행하도록 전역이나 클래스에 대해 오버로드할 수 있다. 위치 지정 new 는 메모리 영역이 이미 할당된 객체를 생성하고자 사용된다.

메모리 배치

CPU는 레지스터를 통해 한 번에 1워드^{word} 단위로 메모리를 읽는다. 1워드의 크기는 64비트 아키텍처에서는 64비트이고, 32비트 아키텍처에서는 32비트다. CPU가 다양한 데이터 타입과 효율적으로 동작하려면 여러 타입의 객체가 위치한 주소에 대한 규율이 있어야 한다. C++에서의 모든 타입은 메모리에 배치^{alignment}되고자 특정 객체 타입의 주소를 정의하는 배치 규정이 있다. 어떤 타입의 배치 단위가 1이라면 그 타입에 대한 해당 객체는 어느 바이트 주소에나 위치할 수 있다. 어떤 타입의 배치 단위가 2라면 해당 타입의 객체는 2의 배수가 되는 주소에 위치할 수 있다는 것을 의미한다. 타입에 대한 배치 정보를 확인하고자 alignof를 사용할 수 있다.

```
// 가능한 출력은 4
std::cout << alignof(int) << '\n';
```

이 코드를 실행하면 4가 출력됐는데, 필자의 플랫폼에서 int 타입의 배치에는 4바이트가 필요하다는 것을 의미한다. 즉 int 타입의 객체는 4의 배수가 되는 주소에 위치할 필요가 있다.

아래의 그림은 64비트 워드 단위 시스템에서의 메모리에 대한 두 예제를 보여준다. 그림의 상단에는 3개의 4바이트 정수가 포함돼 있는데, 4바이트 단위의 주소로 배치돼 있다. CPU는 이 정수들을 레지스터를 통해 효율적으로 읽어오기 때문에 결코 int 멤버에 접근할 때 다수의 워드를 읽을 필요가 없다. 대조적으로 그림의 하단에는 두 개의 정수 멤버를 포함하고 있는데, 잘못 배치된 경우다. 두 번째 정수는 심지어 두 개의 워드 경계에 걸쳐있다. 그나마 효율성만 떨어지는 정도면 다행이지만, 잘못하면 프로그램에서 충돌이 발생할 수 있다.

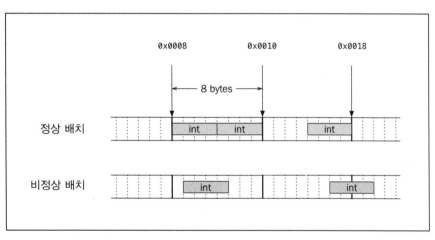

정수가 올바른 메모리 주소에 배치된 것과 반대의 경우에 대한 두 예

메모리를 new나 std::malloc()을 사용해 할당할 때에는 지정한 타입에 맞게 올바로 배치된 결과가 반환돼야 한다. 다음 코드는 4바이트에 맞게 배치된 int에 대한 메모리를 보여준다.

```
auto p = new int();
```

```
auto address = reinterpret_cast<std::uintptr_t>(p);
std::cout << (address % 4ul) << '\n';       // 0이 출력된다.
```

실제로 new와 malloc()은 어떠한 스칼라 타입에 대해서든 (별도의 메모리 관리가 관여하지 않는다면) 항상 적합하게 배치된 메모리를 반환한다. <cstddef> 헤더는 std::max_align_t라는 타입을 제공하는데, 배치에 대한 규정이 최소한 모든 스칼라 타입만큼이나 엄격하다. 나중에 사용자 메모리 할당자를 사용할 때 이것이 얼마나 유용한지 알아볼 것이다. 여유 공간에서 char를 위한 메모리를 요청하더라도 std::max_align_t에 적합하게 배치될 것이다. 아래의 코드는 new에서 반환된 메모리가 std::max_align_t와 스칼라 타입에 적합하게 배치된 것을 보여준다.

```
auto* p = new char{};
auto address = reinterpret_cast<std::uintptr_t>(p);
auto max_alignment = alignof(std::max_align_t);
std::cout << (address % max_alignment) << '\n'; // Outputs 0
```

이제 new를 사용해서 char를 2회 할당하자.

```
auto* p1 = new char{'a'};
auto* p2 = new char{'b'};
```

다음으로 메모리는 아래와 유사한 형태를 갖게 된다.

p1과 p2 사이의 공간은 **std::max_align_t**의 배치 요구 사항에 따라 결정된다. 필자의 시스템에서는 16바이트로 나타나며, **char**는 겨우 1바이트지만 15바이트가 char 인스턴스 사이에 위치한다.

패딩

컴파일러는 가끔씩 사용자 정의 타입에 대해 패딩[padding]이란 여분의 바이트를 추가할 필요가 있다. 클래스나 구조체에 데이터 멤버를 정의할 때 컴파일러는 멤버가 정의된 순서대로 배치해야 한다. 또한 동시에 컴파일러는 클래스 내의 멤버들이 올바로 배치되도록 보장해야 한다. 그러므로 필요할 경우 데이터 멤버 사이에 패딩을 추가할 필요가 생긴다. 예를 들어 다음과 같이 정의된 클래스를 살펴보자.

```
class Document {
    bool is_cached_{};
    double rank_{};
    int id_{};
};
std::cout << sizeof(Document) << '\n';      // 24가 출력될 수 있다.
```

24가 출력될 수도 있는 이유는 컴파일러가 **boo**과 **int** 사이에 패딩을 추가해서 개별 데이터 멤버와 클래스에 대한 배치 조건을 만족시키기 때문이다. 컴파일러는 **Document** 클래스를 다음과 같이 변환한다.

```
class Document {
    bool is_cached_{};
    char padding1[7];      // 컴파일러가 추가한 보이지 않는 패딩
    double rank_{};
    int id_{};
    char padding2[4];      // 컴파일러가 추가한 보이지 않는 패딩
};
```

bool과 double 사이에 첫 패딩으로 7바이트가 위치하는데, double 타입의 rank_ 데이터 멤버가 8바이트로 배치되기 때문이다. 두 번째 패딩은 int 뒤에 4바이트가 추가된다. 이는 Document 클래스 자신에 대한 배치 조건을 만족시키고자 필요하다. 가장 큰 크기를 차지하는 멤버는 전체 데이터 구조에 따른 배치 조건을 결정한다. 이는 앞의 예제에서 Document의 전체 크기는 8바이트로 배치되는 double 타입을 포함하기 때문에 반드시 8의 배수라는 것을 의미한다.

이제 Document 클래스의 데이터 멤버를 재정렬해서 컴파일러가 추가하는 패딩을 최소화할 수 있는 방법이 있음을 알게 됐다. 가장 큰 배치 조건을 가진 타입부터 시작해볼 수 있다. 다음과 같이 새 버전의 Document 클래스를 생성해보자.

```cpp
// 두 번째 버전의 Document 클래스
class Document {
    double rank_{};
    int id_{};
    bool is_cached_{};
};
```

멤버의 재정렬로 인해 컴파일러는 이제 is_cached_ 데이터 멤버 뒤에만 패딩을 추가해서 Document의 배치를 정렬한다. 다음은 패딩을 어떻게 관리하는지 보여준다.

```cpp
// 패딩 이후 두 번째 버전의 Document 클래스
class Document {
    double rank_{};
    int id_{};
    bool is_cached_{};
    char padding[3];   // 컴파일러가 추가한 보이지 않는 패딩
};
```

새로운 Document 클래스의 크기는 이제 16바이트이며, 첫 버전은 24바이트였다. 업데이트된 Document 버전의 크기는 sizeof 연산자를 사용해 확인할 수 있다.

```
std::cout << sizeof(Document) << '\n';  // 16이 출력될 수 있다.
```

일반적으로 시작 부분에 가장 큰 데이터 멤버를 배치하고 가장 작은 멤버는 끝 부분에 배치할 수 있다. 이러한 방법으로 패딩으로 인해 발생하는 메모리의 부담을 최소화할 수 있다. 생성할 객체의 배치를 알기 전에 할당된 메모리 영역에 객체를 위치시키는 배치 방법도 나중에 알아본다.

성능의 관점에서 객체가 과도하게 캐시 라인을 사용하지 않도록 객체를 캐시 라인에 배치하는 경우도 있다. 캐시에 친화적인 방법을 주제로 다루면서 자주 사용되는 여러 데이터 멤버를 인접하게 배치해서 얻는 장점도 알아봤다.

▌ 메모리 소유권

시스템 자원의 소유권은 프로그래밍을 할 때 기본적인 부분에 속한다. 자원을 소유한 주체는 더 이상 필요 없을 때 자원을 해제할 책임이 있다. 여기서 자원은 주로 메모리 블록을 말하지만 데이터베이스 연결, 파일 핸들 등도 될 수 있다. 소유권은 사용하는 프로그래밍 언어와 무관하게 중요하다. 하지만 C와 C++ 언어에서는 동적인 메모리가 가비지 컬렉터에 의해 관리되는 동작이 기본이 아니므로 더욱 중요하다. C++에서 동적인 메모리를 할당할 때마다 해당 메모리의 소유권을 고려해야 한다. 다행히도 이번 절에서 다룰 스마트 포인터와 같은 다양한 소유권 타입을 표현할 수 있는 방법이 자체적으로 지원된다.

표준 라이브러리의 스마트 포인터는 동적인 변수의 소유권을 지정하도록 지원한다. 다른 타입은 이미 정의된 소유권을 갖고 있다. 예를 들어 지역 변수는 현재 범위scope에서 소유하고 있다. 이 범위를 벗어나면 해당 범위 내의 객체는 자동으로 소멸된다.

```
{
    auto user = User{};
} //범위에서 벗어나면서 User는 자동으로 소멸된다.
```

정적^{static}인 전역 변수는 프로그램이 소유하고 있으며, 프로그램이 종료되면 소멸된다.

```
static auto user = User{};
```

데이터 멤버는 해당 클래스의 인스턴스가 소유한다.

```
class Game {
    User user;   // Game 객체가 User 객체를 소유한다.
    // ...
};
```

동적 변수만이 기본 소유자가 없고, 동적으로 할당된 변수가 수명주기를 제어하는 소유자를 갖도록 관리하는 것은 프로그래머의 책임이다.

```
auto user = new User{};   // 현재 소유자는 누구인가?
```

오늘날의 C++에서는 new, delete와 같은 명시적으로 호출하게 했던 나름 좋았던 방법을 쓰지 않고도 대부분의 코드를 작성할 수 있다. 수동으로 방대한 코드 베이스에 걸쳐 있는 new와 delete 호출을 계속 살펴보면 문제가 발생하기 쉽다. 원시^{raw} 포인터는 소유권을 명시적으로 기술하지 않아서 동적 메모리를 참조하는 원시 포인터를 사용하는 경우 추적하기 어렵다.

여기서는 최대한 소유권을 명시적이고 분명하게 사용할 것을 권하지만, 명시적인 메모리 관리는 최소화해야 한다. 메모리 소유권을 관리하기 위한 몇 가지 분명하고 간단한 규칙을 따른다면 자원이 세어 나가는 일 없이 깔끔하고 정확한 코드를 확보할 수 있다. 다음 절에서 이런 목표를 위해 필요한 몇 가지 좋은 사례를 보여준다.

암시적 자원 관리

먼저 자신의 객체에 동적 메모리 할당과 해제를 암시적으로 관리하게 만들어보자.

```
auto func() {
    auto v = std::vector<int>{1, 2, 3, 4, 5};
}
```

이전 예제에서는 스택과 동적 메모리를 사용했지만, **new**와 **delete**를 명시적으로 호출할 필요는 없었다. 앞서 생성한 **std::vector** 객체(**std::vector** 클래스에서)는 스택에 위치하는 자동 객체다. 이는 유효한 범위로 소유가 관리되기 때문에 해당 함수가 반환되면 자동으로 소멸된다. **std::vector** 객체 자신은 정수 요소를 저장하고자 동적 메모리를 사용한다. **std::vector** 객체가 범위에서 벗어나면 소멸자가 안전하게 동적 메모리를 해제한다. 소멸자가 동적 메모리를 해제하는 방식은 메모리 누수의 방지를 쉽게 만든다.

자원의 해제라는 주제에 관해서라면 RAII를 언급하는 것이 당연하다. RAII는 잘 알려진 C++ 기술이며, 초기화를 통한 자원 획득을 의미하는 'Resource Acquisition Is Initialization'의 약자이고, 객체의 수명주기를 통해 자원의 수명주기를 관리하는 것을 말한다. 이는 간단하면서도 메모리를 포함한 자원의 관리에 매우 유용하다. 하지만 어떠한 요청을 전송하는 일종의 연결이 우리에게 필요한 자원이라고 가정해보자. 그 연결의 사용이 완료될 때마다 소유자는 연결을 닫아야 한다는 것을 반드시 기억해야 한다. 다음은 요청을 전송하기 위한 연결을 명시적으로 열고 닫는 방식이 어떻게 구성되는지 보여주는 예다.

```
auto send_request(const std::string& request) {
    auto connection = open_connection("http://www.example.com/");
    send_request(connection, request);
    close(connection);
}
```

코드에서 보듯이 연결을 사용하고 나서 반드시 닫아야 한다는 것을 유념해야 하고,
그렇지 않으면 연결은 열린 상태(자원의 누수)로 남게 된다. 이 예제로 보면 닫는 것을
잊기는 어렵지만 오류 처리 구문을 추가하거나 함수의 여러 반환 경로 등으로 코드가
점점 더 복잡해진다면 연결의 종료가 항상 포함됐다는 것을 보장하기 어렵다. RAII는
이러한 문제를 예측 가능한 방법으로 자동 변수의 수명을 관리함으로써 해결한다.
여기서 필요한 것은 open_connection() 호출과 같은 수명을 갖는 객체다. 이를 위해
RAIIConnection이라는 객체를 호출한다.

```
class RAIIConnection {
public:
    RAIIConnection(const std::string& url)
    : connection_{open_connection(url)} {}
    ~RAIIConnection() {
        try {
            close(connection_);
        }
        catch (const std::exception&) {
            // 오류 처리, 하지만 절대로 소멸자에서 예외를 발생시키면 안 된다.
        }
    }
    auto& get() { return connection_; }

private:
    Connection connection_;
};
```

240

Connection 객체는 연결 자원의 수명을 관리하는 클래스로 래핑^{wrapping}돼 있다. 연결을 명시적으로 종료하는 대신 **RAIIConnection**이 알아서 관리하게 구성할 수 있다.

```
auto send_request(const std::string& request) {
    auto connection = RAIIConnection("http://www.example.com/");
    send_request(connection.get(), request);
    // 연결을 종료할 필요 없이
    // RAIIConnection 소멸자에 의해 암시적으로 처리된다.
}
```

컨테이너

객체 컬렉션을 관리하려면 표준 컨테이너를 사용한다. 직접 사용할 컨테이너는 추가하려는 객체를 저장하기 위한 동적 메모리를 소유한다. 이는 코드에서 명시적인 **new**와 **delete** 구문의 사용을 최소화하는 매우 효과적인 방법이다. 4장에서 컨테이너를 이미 다뤘으므로 여기서는 자세히 설명하지 않는다.

스마트 포인터

표준 라이브러리의 스마트 포인터는 원시 포인터를 래핑하고 명시적으로 지정하는 객체의 소유권을 생성한다. 올바르게 사용한다면 동적 객체를 삭제할 책임이 분명해진다. 스마트 포인터에는 std::unique_ptr, std::shard_ptr, std::wek_ptr의 세 가지 형태가 있다. 각각의 이름에서 알 수 있듯이 객체의 소유권 형태를 다음과 같은 세 가지로 나타낸다.

- **고유 소유권**^{unique ownership}: 오직 나만이 소유권을 갖고, 내가 사용하고 나면 내가 지운다.

- **공유**shared **소유권**: 객체를 함께 소유하며 아무도 객체를 필요로 하지 않을 때 삭제한다.
- **약한**weak **소유권**: 객체가 존재하면 내가 사용하지만 그것 때문에 객체를 계속 살려둘 필요는 없다.

고유 포인터

가장 안전하고 단순한 소유권은 고유 소유권이고 스마트 포인터 사용을 고려할 때 가정 먼저 떠올려야 한다. 고유unique 포인터는 고유한 소유권, 즉 정확하게 하나의 엔티티가 자원을 소유한다. 고유한 소유권을 이전할 수는 있지만 고유성을 깰 수 있는 형태로 복제될 수 없다. 또한 고유 포인터는 다른 평범한 원시 포인터와는 반대로 성능에 부담을 주지 않는다. 다음은 `std::unique_ptr`의 사용법이다.

```
auto owner = std::make_unique<User>("John");
auto new_owner = std::move(owner);    // 소유권 이전
```

공유 포인터

공유 소유권은 객체의 소유자가 여럿이라는 의미다. 마지막 소유자가 더 이상 존재하지 않으면 객체는 제거된다. 매우 유용한 포인터 타입이지만 고유 포인터보다는 내용이 복잡하다.

`std::shared_ptr` 객체는 어떤 객체의 소유자 수를 계속 추적하면서 참조 수를 세고 있다. 이 카운터가 0이 되면 객체는 제거된다. 이 카운터는 어딘가에 저장될 필요가 있으므로 고유 포인터보다는 메모리가 좀 더 필요하다. 또한 `std::shared_ptr`은 스레드 안전thread-safe하며, 카운터는 경합되는 상황을 피하고자 별도로 업데이트된다.

공유 포인터가 소유하는 객체를 생성하기 위한 좋은 방법은 `std::make_shared()`를 사용하는 것이다. 이는 예외 오류에 대한 측면에서 더욱 안전하고 **new**를 사용해 생성

해서 std::shared_ptr 생성자에 전달하는 것보다 더욱 효율적이다. operator new와 operator delete를 오버로딩해서 할당을 추적해보면 std::make_shared()를 사용하는 것이 왜 더 효율적인지 알 수 있다.

```cpp
auto operator new(size_t size) -> void* {
    void* p = std::malloc(size);
    std::cout << "allocated " << size << " byte(s)" << '\n';
    return p;
}

auto operator delete(void* p) noexcept -> void {
    std::cout << "deleted memory\n";
    return std::free(p);
}
```

이제 권장하는 방법인 std::make_shared()를 사용해보자.

```cpp
auto main() -> int {
    auto i = std::make_shared<double>(42.0);
    return 0;
}
```

이 프로그램을 실행하면 출력은 다음과 같다.

```
allocated 32 bytes
deleted memory
```

이제 new를 사용해 명시적으로 int를 할당하고 std::shared_ptr 생성자로 전달해보자.

```cpp
auto main() -> int {
```

```
    auto i = std::shared_ptr<double>(new double{42.0});
    return 0;
}
```

이 프로그램은 다음과 같이 출력한다.

```
allocated 4 bytes
allocated 32 bytes
deleted memory
deleted memory
```

결론적으로 두 번째 버전은 2회의 할당이 필요한데, 하나는 double이고 다른 하나는 std::shared_ptr이다. 반면 첫 번째 버전은 오직 한 번의 할당만 필요했다. 이는 std::make_shared()를 사용해 코드가 공간적 지역성 때문에 더욱 캐시에 친화적임을 의미한다.

약한 포인터

약한 소유권은 객체를 계속 남겨두지 않는다. 무엇이라도 해당 객체를 소유하고 있을 때에만 해당 객체를 사용하게 허용한다. 이렇게 약한 소유권처럼 헷갈리기 쉬운 것이 왜 필요할까? 약한 포인터를 사용하는 일반적인 이유 중 하나는 순환 참조^{reference cycle}를 깨는 것이다. 순환 참조는 두 개 이상의 객체가 서로 공유 포인터를 사용해 참조하면서 발생한다. 모든 외부 std::shared_ptr 생성자가 사라지더라도 객체는 여전히 자기들끼리 서로 참조하면서 살아남을 수 있다.

원시 포인터를 사용하지 않는 이유는 뭘까? 약한 포인터는 이미 원시 포인터 같은 것이 아닐까? 전혀 그렇지 않다. 약한 포인터는 원시 포인터와는 달리 실제로 객체가 존재하지 않으면 참조할 수 없으므로 사용하기에 안전하다. 다음의 예제를 통해 분명하게 이해해보자.

```
auto i = std::make_shared<int>(10);
auto weak_i = std::weak_ptr<int>{i};
// i.reset()이 실행돼서 int가 삭제될 수 있다.
if (auto shared_i = weak_i.lock()) {
    // 약한 포인터가 공유 포인터로 변환되도록 관리한다.
    std::cout << *shared_i << '\n';
}
else {
    std::cout << "weak_i has expired, shared_ptr was nullptr\n";
}
```

약한 포인터를 사용하고자 할 때 lock()이라는 멤버 함수를 사용해서 공유 포인터로
우선 변환할 필요가 있다. 객체가 아직 유효하다면 공유 포인터는 해당 객체에 유효
한 포인터다. 그렇지 않다면 비어 있는 std::shared_ptr을 받는다. 이런 방법으로
원시 포인터 대신 std::weak_ptr를 사용할 때 갈 곳을 잃은 포인터를 예방할 수
있다.

▌작은 크기를 사용한 최적화

std::vector와 같은 컨테이너의 장점은 필요할 때 동적인 메모리를 자동으로 할당한
다는 것이다. 가끔은 고작 두 세 개의 요소만 가진 컨테이너 객체에 동적인 메모리를
사용하는 것이 성능을 좋게 만들지는 못하더라도 컨테이너에 요소를 보관하는 것이
더욱 효과적일 수 있는데, 힙 메모리 영역에 할당하는 대신 스택을 사용하기 때문이
다. 오늘날 대부분의 std::string 사용은 많은 문자열을 사용하는 일반적인 프로그램
에서 작게, 그리고 작은 문자열로 힙 메모리를 사용하지 않으면서 더 효과적으로 관리
할 때의 장점을 활용하는 것이다.

문자열 길이가 짧은 경우에 문자열 클래스 자신에서 작은 별개의 버퍼를 유지하게

하는 것도 하나의 대안이다. 물론 작은 버퍼의 크기라도 사용되지 않으면 문자열 클래스의 길이만 증가한다. 따라서 메모리 효율성에 적합한 해결책은 종합적으로 접근하는 것을 말하며, 이는 문자열이 짧은 경우에는 작은 버퍼를 사용하고 그렇지 않은 경우 데이터 멤버를 동적으로 할당된 버퍼가 관리하게 하는 것을 말한다. 작은 크기의 데이터를 처리하기 위한 컨테이너의 최적화는 보통 문자열에 대한 작은 문자열 최적화를 가리키거나 다른 타입에 대한 작은 버퍼 최적화를 말한다. 선호하는 방법에 따라 여러 가지로 부를 수 있다.

다음은 64비트 시스템에서 LLVM^{Low Level Virtual Machine}으로 동작하는 libc++에서 `std::string`의 간단한 코드 예제다.

```cpp
auto allocated = size_t{0};
// 할당을 추적하는 operator new와 delete를 오버로드
auto operator new(size_t size) -> void* {
    void* p = std::malloc(size);
    allocated += size;
    return p;
}

auto operator delete(void* p) noexcept -> void {
    return std::free(p);
}

auto main() -> int {
    allocated = 0;
    auto s = std::string{""};    // 다양한 문자열 크기를 설명한다.
    std::cout << "stack space = " << sizeof(s)
        << ", heap space = " << allocated
        << ", capacity = " << s.capacity() << '\n';
}
```

이 코드는 동적 메모리 할당을 추적하기 위한 전역 `operator new`와 `operator delete`를 오버로딩하는 것으로 시작한다. 이제 `std::string`이 어떻게 동작하는지 보고자

여러 크기의 문자열 s를 테스트할 수 있다. 앞의 예제를 릴리스 모드로 필자의 시스템에서 빌드하고 실행하면 다음과 같이 출력된다.

```
stack space = 24, heap space = 0, capacity = 22
```

이 출력은 std::string이 24바이트를 스택에서 차지하고 있음을 보여주며, 힙 메모리를 사용하지 않고 22문자의 용량을 갖고 있다는 의미다. 실제로 이것이 맞는지는 22문자의 문자열로 비어 있는 문자열을 대체해서 확인해보자.

```
auto s = std::string{"1234567890123456789012"};
```

프로그램은 여전히 출력이 동일하고 동적 메모리의 할당이 없다는 것을 확인한다. 하지만 23문자를 대신 사용해보면 어떻게 될까?

```
auto s = std::string{"12345678901234567890123"};
```

프로그램을 실행하면 이제 출력은 다음과 같다.

```
stack space = 24, heap space = 32, capacity = 31
```

문자열을 저장하려면 std::string 클래스는 힙을 사용해야만 했다. 32바이트를 할당하고 저장 용량은 31로 나타난다. 이는 libc++가 항상 내부적으로 null로 종료되는 문자열을 저장하기 때문이므로 null 문자를 위한 여분의 바이트가 하나 필요하다. 이런 결과는 문자열 클래스가 겨우 24바이트라는 것과 메모리의 할당 없이 22문자의 문자열을 보유할 수 있다는 점에서 여전히 관심을 가질 만하다. 이것이 가능한 이유는 앞에서 언급했듯이 일반적으로 두 배치 방법의 조합으로 메모리에 저장하는 방법을 사용하기 때문이다. 두 가지 방법이란 짧은 경우와 긴 경우를 구분한 것이다. 24바이트를 최대한 활용하기 위한 libc++의 실제 구현은 많은 지혜가 담겨 있다. 여기서 제시한 코드는 개념을 설명하고자 단순화된 것이다. 길이가 긴 경우의 배치는 다음과 같다.

```
struct Long {
    size_t capacity_{};
    size_t size_{};
    char* data_{};
};
```

위의 Long에 대한 구성에서 각 멤버는 8바이트고 전체 크기는 24바이트다. char 포인 터인 data_는 긴 문자열을 보유하고자 동적으로 할당된 메모리를 가리킨다. Short 모드에 대한 구성은 다음과 같다.

```
struct Short {
    unsigned char size_{};
    char data_[23]{};
};
```

위 Short 모드는 상수로 컴파일되기 때문에 어떤 용량을 가진 변수를 사용할 필요가 없다. 이러한 구성에서는 짧은 문자열에 대해 길이가 0에서 22라는 사실을 미리 알고 있으므로 size_에 대해 더 작은 타입도 사용할 수 있다.

union을 사용해서 두 가지 구성을 결합한다.

```
union u_ {
    Short short_layout_;
    Long long_layout_;
};
```

지금 한 가지 놓치고 있는 것이 있는데, 문자열 클래스가 짧은지 아니면 긴 문자열인지 어떻게 알 수 있는지에 관한 것이다. 이러한 부분을 표시하는 하나의 플래그가 필요하지만 그건 어디에 저장할 것인지가 문제다. 따라서 libc++는 긴 문자열의 경우 최소한의 의미 있는 비트의 형태로 **capacity_** 데이터 멤버를 사용하고, 짧은 경우 **size_** 데이터 멤버를 사용한다. 문자열은 메모리 크기를 항상 2의 배수로 할당하기 때문에 긴 문자열의 경우 이 비트 데이터는 중복되는 정보다. 짧은 문자열은 크기를 저장할 때 7비트만 사용하므로 1비트가 플래그로 사용될 수 있다. 빅 엔디안^{big endian} 바이트 순서로 처리하기 위한 코드를 작성하는 것은 더욱 복잡해지는데, 이는 공용체^{union}의 구조가 길던 짧던 상관없이 동일한 위치의 메모리에 해당 비트가 위치해야만 하기 때문이다. https://github.com/llvm-mirror/libcxx에서 더 자세한 libc++ 구현에 대한 정보를 찾아볼 수 있다.

이렇게 똑똑한 방법이 표준 라이브러리에 구현돼 테스트됐기 때문에 본인이 직접 작성하려고 하기 전에 표준 라이브러리를 사용하려고 노력해야 한다. 어찌됐건 본인이 직접 코드를 작성하지 않더라도 위와 같은 최적화 방법과 그 동작을 이해하는 것은 중요하고 나중에 도움이 된다.

아래의 그림은 단순화된(심하게 복잡하지 않은) 작은 문자열 최적화에 맞게 효율적으로 구현된 공용체의 메모리 배치다.

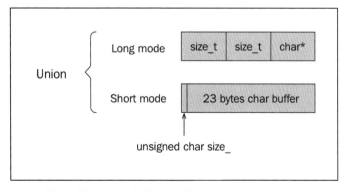

짧은 문자열과 긴 문자열을 처리하는 두 종류를 결합한 공용체

▌사용자 정의 메모리 관리

7장에서는 가상 메모리의 기본 사항, 힙과 스택, **new**와 **delete**, 메모리 소유권, 메모리 배치와 패딩을 다뤘다. 하지만 7장을 마무리하기 전에 C++에서 사용자 정의^{custom} 메모리 관리를 어떻게 할 수 있는지 알아본다. 7장에서 다뤘던 내용이 사용자 정의 메모리 할당자를 작성할 때 직접 작성될 수 있는지 살펴본다.

우선 사용자 정의 메모리 관리자란 무엇이면 왜 필요한지 알아보자.

메모리를 할당하려고 **new**나 **malloc()**을 사용할 때 C++에서는 내장된 메모리 관리 시스템을 사용한다. 대부분의 **operator new**는 일반적인 용도의 메모리 할당자인 **malloc()**을 실행한다. 범용적인 메모리 관리자를 설계하고 제작하는 것은 실로 복잡한 작업이고, 이미 많은 사람이 이 주제에 대해 적지 않은 시간을 연구했다. 하지만 여전히 몇 가지의 이유로 직접 작성한 사용자 정의 메모리 관리자가 필요할 수 있으며, 그 예는 아래와 같다.

- **디버깅과 진단**: 7장에서 디버깅 정보를 출력하려고 operator new, operator delete를 오버로딩해서 이미 몇 번 사용했다.
- **샌드박스**^{Sandboxing}: 사용자 정의 메모리 관리자는 무제한 메모리 할당을 허용하지 않게 하는 코드를 위해 샌드박스를 제공한다. 샌드박스는 샌드박스로 구성된 코드가 실행되는 과정의 메모리 할당과 해제를 추적할 수 있다.
- **성능**: 동적인 메모리의 할당을 피할 수 없다면 자신의 특수한 용도에 맞게 더 잘 수행할 수 있는 사용자 정의 메모리 관리자를 작성해야 할 수 있다. 나중에 **malloc()**을 능가하는 기능을 활용할 수 있는 몇 가지 경우도 다룬다.

경험이 많은 C++ 프로그래머는 시스템과 함께 제공되는 표준 메모리 관리자의 사용자 정의를 요구하는 문제와 마주치지 않는다. 이는 특정 요구 사항의 지식이 없어도 만족시켜야만 하는 요구 사항이 있더라도 범용 메모리 관리자를 잘 활용할 수 있다는 것을 의미한다. 애플리케이션에서 메모리가 사용되는 유형을 더 잘 이해할수록 실제로

malloc()보다 효율적인 코드를 작성할 가능성은 높아진다. 스택을 상기해보면 스택에서 메모리를 할당하거나 해제하는 것은 힙과 비교해서 매우 빠르며, 다중 스레드를 관리할 필요도 없고, 할당과 해제는 서로 순방향과 역방향으로 발생하는 것이 보장된다.

사용자 정의 메모리 관리자를 제작하는 것은 주로 메모리 사용 유형을 분석하는 것으로 시작되며, 그다음 단계가 실제로 구현하는 것이다.

아레나 만들기

메모리 할당자로 작업할 때 아레나^{arena}와 메모리 풀$^{memory\ pool}$이라는 두 가지 용어를 자주 사용한다. 이 책에서는 이 두 가지 용어를 구별하지 않는다. 아레나는 인접한 메모리 블록이며, 메모리를 사용하면서 나중에 재사용하는 것까지의 계획을 포함한다. 기술적으로 일종의 할당자라고 볼 수 있지만, 표준 라이브러리를 사용해 할당자를 참조하는 형태로 본다. 나중에 작성할 사용자 정의 할당자는 여기서 만들 아레나를 사용해 구현한다.

malloc()과 free() 이상으로 잘 동작하는 할당과 해제 기능을 하는 아레나를 설계할 때 사용되는 일반적인 전략은 다음과 같다.

- **단일 스레드:** 한 개의 스레드만 아레나를 사용한다는 것을 알고 있는 경우에는 잠금^{lock}이나 아토믹스^{atomics} 등의 동기화 객체를 사용해 데이터를 보호할 필요가 없다. 실시간 처리에서 중요한 여러 스레드에 의해 잠긴 아레나를 사용하는 클라이언트가 발생할 위험이 없다.
- **고정된 크기 할당:** 아레나가 고정된 크기의 메모리 블록을 나눠주는 경우에는 메모리 파편화가 발생하지 않으면서 해제 목록을 사용해 효율적으로 메모리를 재사용하기가 상대적으로 쉽다.
- **제한된 수명:** 아레나에 할당된 객체의 정해진 수명이나 사용할 기간을 이미

알고 있는 경우에는 아레나가 메모리의 모든 재사용이나 해제를 한 번에 모아서 처리할 수 있다. 예를 들어 서버 애플리케이션에서 요청을 처리하는 동안에 객체가 생성되는 경우 해당 요청이 종료되면 그동안 사용된 메모리를 한 번에 해제할 수 있다. 물론 아레나는 해당 요청이 처리되는 동안에 발생하는 모든 할당을 계속 처리할 수 있을 만큼 커야 하며, 그렇지 않으면 동작할 수 없다.

이러한 전략을 더 자세히 다루지는 않겠지만 자신의 프로그램에 메모리 관리를 향상시킬 수 있는 방법을 찾을 때 이런 고려 사항도 있다는 점을 알아두면 좋다. 소프트웨어 최적화의 경우와 마찬가지로 핵심은 프로그램 실행 환경을 이해하고 범용 메모리 관리자와 비교해 사용자 정의 메모리 관리자를 개선하는 방법을 찾아내고자 특정 메모리 사용 패턴을 분석하는 것이다.

다음으로 동적인 저장 기간이 필요한 작은 또는 한두 개의 객체에 대해 충분히 작기 때문에 스택을 쓸 수 있게 하는 간단한 아레나 템플릿을 살펴보자. 이 코드는 alloc.html에 게시된 하워드 히넌트^{Howard Hinnant}의 short_alloc에 기반을 둔 것이다. 사용자 정의 메모리 관리를 더 깊이 있게 살펴보길 원한다면 여기서부터 시작한다. 배치를 적당하게 관리해야 하는 여러 크기의 객체를 처리할 수 있으므로 여기서 다룰 주제에 대해 좋은 예가 될 수 있다. 하지만 실제로 사용 가능한 코드를 제시하기보다는 개념을 설명하고자 단순화된 코드라는 점을 유의한다.

```
template <size_t N>
class Arena {
    static constexpr size_t alignment = alignof(std::max_align_t);
public:
    Arena() noexcept : ptr_(buffer_) {}
    Arena(const Arena&) = delete;
    Arena& operator=(const Arena&) = delete;
```

```
    auto reset() noexcept { ptr_ = buffer_; }
    static constexpr auto size() noexcept { return N; }
    auto used() const noexcept {
        return static_cast<size_t>(ptr_ - buffer_);
    }

    auto allocate(size_t n) -> char*;
    auto deallocate(char* p, size_t n) noexcept -> void;
private:
    static auto align_up(size_t n) noexcept -> size_t {
        return (n + (alignment-1)) & ~(alignment-1);
    }
    auto pointer_in_buffer(const char* p) const noexcept -> bool {
        return buffer_ <= p && p <= buffer_ + N;
    }
    alignas(alignment) char buffer_[N];
    char* ptr_{};
};
```

아레나는 컴파일 시에 크기가 정해진 char 버퍼를 갖고 있다. 이는 스택이나 정적 저장소 또는 로컬 스레드 저장소에 변수로 아레나 객체를 생성하는 것을 가능하게 한다. 이 버전의 메모리 배치는 어떠한 타입에도 적합한 malloc()을 사용한 것과 동일하게 구성된다. 일부 배치 조건에 대해 작은 타입으로 구성된 아레나의 경우 조금은 낭비적인 요소가 있지만 여기서는 무시한다. char 배열인 버퍼는 스택에 할당될 수도 있다. 배열에 alignas 지정자를 적용하지 않는다면 char 이외의 타입으로 배치될 일은 없다. 헬퍼^{helper} align_up() 함수는 비트 연산에 사용하지 않으면 복잡하게 보일수 있다. 하지만 여기서는 배치 조건을 반올림하는 기능으로만 사용한다.

메모리를 회수할 때에는 요청 받은 포인터가 실제로 아레나에 속한 것인지 알아야 한다. 이는 pointer_in_buffer() 함수가 아레나의 주소 범위로 포인터 주소를 비교해서 확인한다.

다음으로 할당과 해제를 구현한다.

```
template<size_t N>
auto Arena<N>::allocate(size_t n) -> char* {
    const auto aligned_n = align_up(n);
    const auto available_bytes =
        static_cast<decltype(aligned_n)>(buffer_ + N - ptr_);
    if (available_bytes >= aligned_n) {
        char* r = ptr_;
        ptr_ += aligned_n;
        return r;
    }
    return static_cast<char*>(::operator new(n));
}
```

allocate는 n으로 지정된 크기를 가진 정확히 배치된 메모리에 포인터를 반환한다. 요청된 크기의 가용한 공간이 버퍼에 없다면 operator new가 대신 동작한다.

다음의 deallocate() 함수는 해제될 메모리에 대한 포인터가 해당 버퍼인지 확인하거나 operator new로 할당된 것인지 확인한다. 버퍼에서 지정된 것이 아니면 단순히 operator delete를 써서 삭제하고, 아니면 버퍼에서 마지막으로 전달된 메모리가 해제되는 것인지 확인한 다음 현재의 ptr_ 포인터를 마치 스택이 하는 것처럼 이동시켜서 회수한다. 메모리를 회수하는 과정에서 다른 동작은 단순히 무시한다.

```
template<size_t N>
auto Arena<N>::deallocate(char* p, size_t n) noexcept -> void {
    if (pointer_in_buffer(p)) {
        n = align_up(n);
        if (p + n == ptr_) {
            ptr_ = p;
        }
    }
```

```
    else {
        ::operator delete(p);
    }
}
```

이제 아레나를 사용할 준비가 됐다. User 객체를 할당할 때 활용해보자.

```
auto user_arena = Arena<1024>{};

class User {
public:
    auto operator new(size_t size) -> void* {
        return user_arena.allocate(size);
    }
    auto operator delete(void* p) -> void {
        user_arena.deallocate(static_cast<char*>(p), sizeof(User));
    }
    auto operator new[](size_t size) -> void* {
        return user_arena.allocate(size);
    }
    auto operator delete[](void* p, size_t size) -> void {
        user_arena.deallocate(static_cast<char*>(p), size);
    }
private:
    int id_{};
};

auto main() -> int {
    // user를 생성할 때 동적 메모리 할당이 없다.
    auto user1 = new User{};
    delete user1;

    auto users = new User[10];
    delete [] users;
```

```
    auto user2 = std::make_unique<User>();
    return 0;
}
```

사용자 정의 메모리 할당자

아직 문제가 하나 있긴 하지만, 앞서 특정 타입의 사용자 정의 메모리 관리자를 사용해서 동작시켜봤다. 특정 클래스의 operator new는 처음에 예측했던 대로 모두 호출되지는 않았다. 다음 코드를 검토해보자.

```
auto user = std::make_shared<User>("John");
```

10명의 사용자에 std::vector가 필요하다면 어떤 일이 생길까?

```
auto users = std::vector<User>{};
users.reserve(10);
```

두 가지 모두 여기서 사용할 사용자 정의 메모리 관리자가 아니다. 그 이유를 찾으려면 공유 포인터로 시작하는, 즉 std::make_shared()가 참조를 카운트하는 데이터와 그를 가리키는 객체용 메모리를 실제로 할당하는 것을 볼 수 있었던 예제로 돌아가봐야 한다. 사용자 객체와 카운터를 하나 할당해서 생성하는 new User()와 같은 구문은 std::make_shared()로 활용할 수 있는 방법이 없다. 대신 메모리를 할당하고 사용자 객체를 위치 지정placement new를 사용해서 구성한다.

std::vector 객체도 이와 비슷하게 reserve()를 호출할 때 배열에 10개의 객체를 생성하지 않는다. 벡터로 사용할 모든 클래스에 대한 기본 생성자가 필요하다. 대신 10개의 객체가 추가될 때 보유하고자 사용할 메모리를 할당한다. 다시 말해 위치 지정 new를 사용하는 방법으로 가능하다.

다행히도 사용자 메모리 할당자는 std::vector와 std::shared_ptr이 사용자 정의 메모리 관리자의 사용을 지원한다. 이는 표준 라이브러리의 다른 컨테이너의 경우에도 마찬가지다. 사용자 정의 할당자를 지원하지 않으면 컨테이너는 기본 std::allocator<T> 클래스를 사용한다. 따라서 아레나를 사용하기 위해 필요한 것은 컨테이너가 사용할 할당자를 작성하는 것이다.

사용자 정의 할당자는 C++ 커뮤니티에서 오랜 기간 뜨거운 논쟁이 있었던 주제다. 여러 좋은 의도로 사용자 정의 할당자와 표준 컨테이너를 함께 사용하는 대신 많은 사용자 컨테이너가 메모리 관리를 제어하게 구현돼 왔다. 하지만 사용자 정의 할당자를 위한 지원과 요구 사항은 C++11에서 완성도가 높아졌고, 이전보다 크게 향상됐다. 여기서는 C++11 이상의 할당자에 집중한다.

C++11에서 최소한의 할당자 모습은 다음과 같다.

```cpp
template<typename T>
struct Alloc {
    using value_type = T;
    Alloc();
    template<typename U> Alloc(const Alloc<U>&);
    T* allocate(size_t n);
    auto deallocate(T*, size_t) const noexcept -> void;
};
template<typename T>
auto operator==(const Alloc<T>&, const Alloc<T>&) -> bool;
template<typename T>
auto operator!=(const Alloc<T>&, const Alloc<T>&) -> bool;
```

크게 향상된 C++11 덕택에 코드가 그다지 길지 않다. 할당자를 사용하는 컨테이너는 할당자가 기본값을 생략할 경우에 적당한 기본값을 제공하는 std::allocator_traits를 활용한다. 어떤 특성과 기본값이 구성되는지 보려면 std::allocator_traits를 살펴보기를 권한다.

malloc()과 free()를 사용해서 쉽게 최소 기능의 사용자 정의 할당자를 구현할 수 있었다. 여기서는 스테판 라와웨이드$^{Stephan\ T.\ Lavavej}$가 블로그에 게시한 예전에 유명했던 Mallocator를 살펴보면서 malloc()과 free()를 사용하는 최소한의 사용자 정의 할당자를 어떻게 작성하는지 설명한다. 코드는 다음과 같다.

```cpp
template <class T>
struct Mallocator {

    using value_type = T;
    Mallocator() noexcept {} // 기본 ctor이 필요하지 않다.

    template <class U>
    Mallocator(const Mallocator<U>&) noexcept {}

    template <class U>
    auto operator==(const Mallocator<U>&) const noexcept {
        return true;
    }

    template <class U>
    auto operator!=(const Mallocator<U>&) const noexcept {
        return false;
    }
    auto allocate(const size_t n) const -> T* {
        if (n == 0) {
            return nullptr;
        }
        if (n > std::numeric_limits<size_t>::max() / sizeof(T)) {
            throw std::bad_array_new_length{};
        }
        void* const pv = malloc(n * sizeof(T));
        if (pv == nullptr) {
            throw std::bad_alloc{};
        }
        return static_cast<T*>(pv);
```

```
    }
    auto deallocate(T* const p, size_t) const noexcept -> void {
        free(p);
    }
};
```

Mallocator는 상태 정보를 유지하지 않는^{stateless} 할당자고, 할당자 인스턴스 자체에서 가변적인 상태 정보를 갖고 있지 않겠다는 의미다. 대신 할당과 해제 과정에서 malloc()과 free()로 명명된 전역 함수를 사용한다. 상태를 유지하지 않는 할당자는 같은 타입의 할당자와 동일한지 비교해야 한다. 이는 Mallocator 인스턴스와 무관하게 Mallocator로 할당된 메모리가 반드시 Mallocator로 해제돼야 한다는 것을 의미다. 상태를 유지하지 않는 할당자는 복잡함이 최소화된 할당자지만 전역 상태^{state}에 의존하기 때문에 제약이 있다.

아레나를 스택에 할당되는 객체로 사용하려면 아레나 인스턴스를 참조할 수 있는 상태 유지^{stateful} 할당자가 필요하다. 구현한 아레나 클래스는 이제야 정말 알맞은 동작을 시작하게 됐다. 예를 들어 무언가를 처리하고자 어떤 함수 안에서 표준 컨테이너 중의 하나를 사용한다고 해보자. 대부분의 시간 동안에 매우 적은 양의 데이터만이 스택에 적합할 것이라는 점을 우리는 이미 알고 있다. 하지만 표준 라이브러리로부터의 컨테이너를 사용하기만 하면 그건 힙 메모리에 할당될 것이고, 성능에 나쁜 영향을 미친다.

불필요하게 힙에 할당되는 것을 피하면서 데이터 관리를 위해 스택을 사용하는 방법은 없을까? 다양하면서도 작은 크기로 최적화면서 봤던 std::string과 같이 사용자정의 컨테이너를 작성하는 것도 방법이다. 또한 LLVM의 작은 벡터인 boost::container::small_vector와 같이 부스터에서 컨테이너를 사용하는 것도 가능하다. 이 내용을 처음 접한다면 다음 링크를 살펴볼 것을 권한다. http://www.boost.org/doc/libs/1_64_0/doc/html/container/non_standard_containers.html

다른 대안으로는 계속 언급된 사용자 정의 할당자를 쓰는 것이다. 이제 아레나 템플릿 클래스가 준비돼 있으므로 간단하게 아레나의 인스턴스만 스택에 생성하고 할당할 때 사용자 정의 할당자가 사용하게 할 수 있다. 그다음에는 스택에 할당된 객체의 참조를 보관하는 상태 유지 할당자를 구현할 필요가 있다.

다시 말해 여기서 구현할 사용자 정의 할당자는 하워드 힌넌트[Howard Hinnant]가 만든 short_alloc의 단순화된 버전이다.

```
template <class T, size_t N>
struct ShortAlloc {

    using value_type = T;
    using arena_type = Arena<N>;

    ShortAlloc(const ShortAlloc&) = default;
    ShortAlloc& operator=(const ShortAlloc&) = delete;

    ShortAlloc(arena_type& arena) noexcept : arena_{arena} { }

    template <class U>
    ShortAlloc(const ShortAlloc<U, N>& other) noexcept
    : arena_{other.arena_} {}

    template <class U> struct rebind {
        using other = ShortAlloc<U, N>;
    };

    auto allocate(size_t n) -> T* {
        return reinterpret_cast<T*>(arena_.allocate(n*sizeof(T)));
    }

    auto deallocate(T* p, size_t n) noexcept -> void {
        arena_.deallocate(reinterpret_cast<char*>(p), n*sizeof(T));
    }

    template <class U, size_t M>
```

```
      auto operator==(const ShortAlloc<U, M>& other) const noexcept {
         return
         N == M &&
         std::addressof(arena_) == std::addressof(other.arena_);
      }
      template <class U, size_t M>
      auto operator!=(const ShortAlloc<U, M>& other) const noexcept {
         return !(*this == other);
      }
      template <class U, size_t M> friend struct ShortAlloc;

private:
   arena_type& arena_;
};
```

할당자는 아레나의 참조를 보유한다. 이는 할당자가 가진 유일한 상태 정보다. 할당과 해제는 단순하게 요청을 아레나에 전달하는 것으로 이뤄진다. 비교 연산자는 **ShortAlloc** 타입의 두 인스턴스가 동일한 아레나를 사용하도록 보장한다.

이제 준비된 할당자와 아레나는 동적인 메모리 할당을 피할 수 있도록 표준 컨테이너와 함께 사용된다. 작은 크기의 데이터를 사용할 때는 모든 할당에 스택을 대신 사용할 수 있다. 다음 코드에서 **std::set**을 사용하는 예를 살펴보자.

```
auto main() -> int {

   using SmallSet =
      std::set<int, std::less<int>, ShortAlloc<int, 512>>;

   auto stack_arena = SmallSet::allocator_type::arena_type{};
   auto unique_numbers = SmallSet{stack_arena};

   // stdin에서 여러 숫자를 읽는다.
   auto n = int{};
   while (std::cin >> n)
```

```
        unique_numbers.insert(n);
    // 고유한 수를 출력한다.
    for (const auto& number : unique_numbers)
        std::cout << number << '\n';
}
```

이 프로그램은 표준 입력에서 정수를 파일의 끝(유닉스 계열 시스템에서는 Ctrl + D, 윈도우 계열에서는 Ctrl + Z)에 도달할 때까지 읽는다. 그리고 순서대로 고유한 수를 출력한다. stdin에서 읽은 숫자의 개수에 따라 프로그램은 ShortAlloc 할당자를 통해 스택 메모리나 동적인 메모리를 사용하게 된다.

▌요약

7장에서는 기초적인 가상 메모리의 개념을 많이 다뤘고, 마지막으로 표준 라이브러리의 컨테이너가 사용할 수 있는 사용자 정의 할당자를 구현해봤다. 프로그램이 어떤 방식으로 메모리를 사용하는지 잘 이해하는 것이 중요하다. 동적 메모리를 과도하게 사용하면 성능의 병목 지점이 발생하고 그로 인한 최적화 작업을 해야 한다. 자신만의 컨테이너나 사용자 정의 메모리 할당자를 구현하기 전에 여러 사람이 유사한 메모리 문제를 이미 만나서 해결했을 수 있다는 사실을 잊지 말자. 라이브러리에 이미 적합한 방법이 있을 수 있지만, 빠르고 안전하며 강력한 사용자 정의 메모리 관리자를 구현하는 것은 여전히 어려운 일이다.

메타프로그래밍과 컴파일 시 평가

C++는 컴파일하는 동안^{compile time}에 구문을 분석해서 평가^{evaluation}하는 능력이 있다. 이는 프로그램을 실행할 때 값이 미리 계산돼 있음을 의미한다. 메타프로그래밍은 C++98부터 가능했지만, 복잡한 템플릿을 기반으로 하는 문법 때문에 어려웠다. 최근 constexpr과 `if constexpr`이 소개되면서 메타프로그래밍도 일반적인 코드를 작성하는 것처럼 쉬워졌다.

8장에서는 C++ 안에서 컴파일 시에 구문을 평가하는 과정을 간단하게 소개하고 최적화에 어떻게 활용할 수 있는지 알아보자.

┃ 템플릿 메타프로그래밍 소개

보통의 C++ 코드를 작성하면 최종적으로는 기계어^{machine code}로 변환된다. 반면 메타 프로그래밍은 일반적인 C++ 코드로 변환된 코드 자체다. 메타프로그래밍을 사용하는 중요한 이유는 좋은 라이브러리를 제작해 놓고, 사용자 코드에서는 복잡한 생성자와 최적화 작업의 부분을 감추는 것이다. 따라서 메타코드가 복잡하더라도 좋은 인터페이스 뒤에 이들을 숨겨서 사용자 코드 베이스를 읽기 좋고 사용하기 쉽게 만드는 것이 중요하다.

가장 간단하고 공통적인 형식으로 C++ 템플릿 메타프로그램은 여러 타입을 받아들일 수 있는 함수와 값, 클래스 등을 생성하는 데 사용된다.

먼저 간단한 pow() 함수와 Rectangle 클래스를 살펴보자. 템플릿 파라미터를 사용해서 사각형은 어떤 정수나 부동소수점 타입과 함께 사용될 수 있다. 템플릿을 사용하지 않으면 프로그래머는 모든 기본 타입에 대해 별도의 함수와 클래스를 생성해야 한다.

컴파일러는 메타코드를 일반 C++코드로 컴파일해서 생성하고 나서 기계어로 컴파일한다. 평범한 C++ 코드처럼 생성된 메타프로그래밍의 코드를 참조하겠다.

 메타프로그래밍 코드를 작성하는 것은 매우 복잡하다. 쉽게 만들 수 있는 방법은 보통의 C++코드라면 어떤 의도로 어떻게 동작할 것인지 상상해보는 것이다.

다음은 간단한 템플릿 함수의 예다.

```
// pow_n은 어떤 숫자 타입도 혀용한다.
template <typename T>
auto pow_n(const T& v, int n) {
    auto product = T{1};
    for(int i = 0; i < n; ++i) {
        product *= v;
```

```
    }
    return product;
}
```

이 함수를 사용하면 반환 타입이 템플릿 파라미터 타입에 따라 다른 함수를 생성한다.

```
auto x = pow_n<float>(2.0f, 3);    // x는 float
auto y = pow_n<int>(3, 3);         // y는 int
```

마찬가지로 간단한 템플릿 기반의 클래스는 아래와 같다.

```
// Rectangle은 어떤 타입도 가능하다.
template <typename T>
class Rectangle {
public:
    Rectangle(T x, T y, T w, T h) : x_{x}, y_{y}, w_{w}, h_{h} {}
    auto area() const { return w_ * h_; }
    auto width() const { return w_; }
    auto height() const { return h_; }
private:
    T x_{}, y_{}, w_{}, h_{};
};
```

템플릿 클래스를 사용하면 프로그래머는 템플릿이 코드를 생성하기 위한 타입을 지정한다.

```
// rectf는 float 사각형이다.
auto rectf = Rectangle<float>{2.0f, 2.0f, 4.0f, 4.0f};
// recti는 integer 사각형이다.
auto recti = Rectangle<int>{-2, -2, 4, 4};
```

독립형 함수는 이제 어떤 타입의 수치라도 받아들일 수 있는 템플릿을 사용할 수 있지만, 다음과 같이 Rectangle 이외의 클래스 타입은 사용할 수 없다.

```
template <typename T>
auto is_square(const Rectangle<T>& r) -> bool {
    return r.width() == r.height();
}
```

템플릿 파라미터로 정수 사용

일반적인 타입과 달리 템플릿은 일종의 통합적인 타입이 될 수 있는데, 컴파일러가 템플릿에 인수로 전달된 모든 정수에 대해 새로운 함수를 생성한다는 것을 의미한다.

```
template <int N, typename T>
auto const_pow_n(const T& v) {
    auto product = T{1};
    for(int i = 0; i < N; ++i) {
        product *= v;
    }
    return product;
}

// 컴파일러가 제곱 값을 구하는 함수를 생성한다.
auto x2 = const_pow_n<float, 2>(4.0f);
// 컴파일러가 부피 값을 구하는 함수를 생성한다.
auto x3 = const_pow_n<float, 3>(4.0f);
```

템플릿 파라미터인 N과 함수 파라미터인 v의 차이점을 주목하자. N의 모든 값에 대해 컴파일러는 새로운 함수를 생성한다. 하지만 v는 일반적인 파라미터로 전달되고 새로운 함수를 만들지 않는다.

266

컴파일러가 템플릿 함수를 처리하는 방법

컴파일러가 템플릿 함수를 처리할 때에는 확장된 템플릿 파라미터로 일반적인 함수와 클래스를 구성한다. 아래의 코드는 컴파일러가 템플릿을 활용하는 것처럼 일반적인 함수를 생성한다.

```
auto valuei = int{42};
auto valuei_cubed = pow_n(valuei, 3);
auto valuef = float{42.42f};
auto valuef_squared = pow_n(valuef, 2);
auto valuef_const_squared = const_pow_n<2, float>(valuef);
auto valuef_const_cubed = const_pow_n<3, float>(valuef);
```

그러므로 컴파일할 때는 일반 함수와는 다르게 컴파일러가 모든 템플릿 파라미터에 대해 새로운 함수를 생성한다. 이는 다음과 같이 새로운 4개의 함수를 직접 생성하는 것과 마찬가지다.

```
auto pow_n__float(float v, int n) {...}
auto pow_n__int(int v, int n) {...}
auto const_pow_n__float_2(float v) {...}
auto const_pow_n__float_3(float v) {...}
```

위와 같은 점이 메타프로그래밍의 동작을 이해하는 데 중요한 부분이다. 템플릿 코드는 템플릿화되지 않은 C++ 코드를 생성하고 일반적인 코드를 실행한다. 생성된 C++ 코드가 컴파일이 아직 안 돼 있으면 컴파일 시에 오류가 뜬다.

템플릿화된 버전의 **pow_n()**을 살펴보고, 음수(n값)로 호출되는 것을 막고자 한다고 가정해보자.

실행 버전에서 이를 막기 위해 n이 평범한 인수일 때 런타임 어써션assertion를 추가한다. 이제 함수가 음수 값을 가진 n으로 호출되면 프로그램이 중단된다.

```
template <typename T>
auto pow_n(const T& v, int n) {
    assert(n >= 0); // 오직 양수에 대해서만 작동한다.
    auto product = T{1};
    for(int i = 0; i < n; ++i) {
        product *= v;
    }
    return product;
}
```

컴파일 시에 오류를 트리거하는 static_assert 사용

같은 작업을 템플릿 버전으로 해본다면 static_assert()를 사용할 수 있다. static_assert() 선언은 일반적인 어써트assert 선언과는 달리 조건이 만족되지 않으면 컴파일이 되지 않는다. 빌드 작업을 중단하는 것이 실행 중에 멈추는 것보다는 낫다. 다음의 예제는 템플릿 파라미터 N이 음수일 경우에 static_assert()는 함수가 컴파일되는 것을 막는다.

```
template <typename T, int N>
auto const_pow_n(const T& v) {
    static_assert(N >= 0, "N must be positive");
    auto product = T{1};
    for(int i = 0; i < N; ++i) {
        product *= v;
    }
    return product;
}

auto x = const_pow_n<5>(2);      // N이 음수가 아니므로 컴파일한다.
auto y = const_pow_n<-1>(2);     // N이 음수이므로 컴파일하지 않는다.
```

▌타입 특성

템플릿 메타프로그래밍을 할 때에는 컴파일 시에 처리할 타입에 대한 정보를 필요로 하는 상황도 가끔 만날 수 있다. 메타프로그래밍의 결과로 C++ 코드가 생성되는 것이기 때문에 여기서 생성된 C++ 코드는 정확해야 한다. 이는 물론 특정 타입에 관한 것이고, 기존의 일반적인 함수는 해당되지 않는다.

타입 특성 분류

타입 특성^{trait}은 다음과 같이 두 가지로 분류할 수 있다.

- 논리나 정수 값의 타입을 반환하는 정보에 대한 타입 특성
- 새로운 타입을 반환하는 타입 특성

첫 번째 종류는 입력에 따라 **true**나 **false**를 반환하며, 끝부분이 _v(value의 약자)로 돼 있다.

 _v라는 접미어는 C++17에서 추가됐다. 자신의 STL 구현이 타입 특성에 대해 _v 접미어를 제공하지 않으면 std::is_floating_point<float>::value와 같은 기존 버전을 사용할 수 있다. 즉, _v 확장을 제거하고 ::value를 끝에 덧붙인다.

다음은 타입 특성을 사용해서 컴파일 시에 타입을 확인하는 예다.

```
auto same_type = std::is_same_v<uint8_t, unsigned char>;
auto flt = 0.3f;
auto is_float_or_double = std::is_floating_point_v<decltype(flt)>;
class Parent {};
class Child : public Parent {};
class Infant {};
```

```
static_assert(std::is_base_of_v<Child, Parent>, "");
static_assert(!std::is_base_of_v<Infant, Parent>, "");
```

두 번째 종류는 새로운 타입을 반환하며 _t(type의 약자)로 끝난다.

```
// 타입을 변환하는 타입 특성 예
using value_type = std::remove_pointer_t<int*>;   // value_type은 "int"
using ptr_type = std::add_pointer_t<float>;        // ptr_type은 "float*"
```

타입 특성 사용

템플릿 타입에 대한 정보를 가져오고자 STL은 <type_traits> 헤더에 있는 타입 특성 라이브러리를 제공한다. 모든 타입 특성은 컴파일 시에 분석된다. 예를 들어 값이 0 이상일 경우에 1을 반환하고 다른 경우에 −1을 반환하는 아래의 함수는 부호가 없는 정수에 대해 즉각 1을 반환할 수 있다.

```
template <typename T>
auto sign_func(const T& v) -> int {
    if (std::is_unsigned_v<T>) {
        return 1;
    }
    return v < 0 ? -1 : 1;
}
```

이들은 컴파일 시에 분석 평가되기 때문에 부호가 없거나 있는 정수로 호출되는 경우에 따라 컴파일러는 아래의 표와 같이 코드를 생성한다.

270

부호가 없는 정수 사용	생성된 함수

`auto unsigned_v = uint32_t{32};`
`auto sign=sign_func(unsigned_v);`
	`int sign_func(const uint32_t& v){`
	  `if (true) {`
	    `return 1;`
	  `}`
	  `return v < 0 ? -1 : 1;`
	`}`

부호를 가진 정수 사용	생성된 함수

`auto unsigned_v=int32_t{32};`
`auto sign=sign_func(unsigned_v);`
	`int sign_func(const int32_t& v){`
	  `if (false) {`
	    `return 1;`
	  `}`
	  `return v < 0 ? -1 : 1;`
	`}`

decltype을 사용한 변수 타입 가져오기

decltype 키워드는 변수의 타입을 가져오는 데 사용되고 명시적 타입명이 없는 경우에 사용한다.

가끔은 명시적 타입명이 없고 변수명만 있는 경우가 있다. 예를 들어 다형성 람다 polymorphic lambda(파라미터로 auto를 쓰는 람다) 함수는 타입명이 없다(타입명이 자신만의 파라미터를 갖는 템플릿 함수와는 반대의 경우다).

일반적인 템플릿 함수	람다 함수

여기서 v의 타입이 T로 보인다.
`template <typename T>`
`auto square_func(const T& v){`
  `return v * v;`
`}`
	여기서는 v의 타입이 보이지 않으며 auto로만 기재된다.
	`auto square_func_lbd=[](auto v){`
	  `return v * v;`
	`};`

앞서 다룬 **sign** 함수를 보자. 이를 람다 함수로 바꾼다면 **decltype**을 사용해서 변수의 타입을 추출해내야 한다.

여기에는 주의가 필요한 사소한 문제가 있다. 변수 v는 실제로 참조이므로 참조하고 있는 타입을 가져와야만 한다. 이는 아래와 같이 **std::remove_reference_t**라는 참조 속성이 제거된 타입을 반환하는 타입 특성을 사용해서 수행할 수 있다.

```
auto sign_func = [](const auto& v) -> int {
    using ReferenceType = decltype(v);
    using ValueType = std::remove_reference_t<ReferenceType>;
    if (std::is_unsigned_v<ValueType>) {
        return 1;
    }
    return v < 0 ? -1 : 1;
};
```

decltype 키워드는 변수의 타입을 가져올 뿐만 아니라 구문이 반환하는 타입을 가져오고자 사용할 수도 있다.

다음 예제는 범위나 컨테이너를 가져와 벡터로 변환한다. 벡터 내의 변수 타입을 결정하고자 컨테이너의 **begin()** 함수가 반환하는 타입을 사용한다.

```
template <typename Range>
auto to_vector(const Range& r) {
    using IteratorType = decltype(r.begin());
    using ReferenceType = decltype(*IteratorType());
    using ValueType = std::decay_t<ReferenceType>;
    return std::vector<ValueType>(r.begin(), r.end());
}
```

std::enable_if_t를 사용해 타입에 따른 조건적 함수 활성화

std::enable_if_t 타입 특성은 템플릿 함수를 다룰 때 함수를 오버로딩하고자 사용한다. 일반적인 함수의 오버로딩은 사용하고자 하는 모든 타입에 대한 함수를 오버로드해야 하지만, std::enable_if_t는 오버로딩을 위해 컴파일 시 조건자를 사용한다.

0에서 1까지 거듭제곱^{power} 파라미터로 가중치가 부여된 두 값을 혼합하는 보간^{interpolate} 함수를 만든다고 가정해보자.

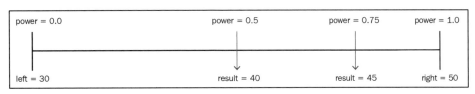

그림으로 나타낸 보간 함수

거듭제곱은 반드시 소수점을 가져야 하므로, 함수는 부동소수점과 더블 타입으로만 동작한다. 일반 함수의 오버로딩을 쓰려면 두 개의 함수를 만들어야 한다. 하나는 float, 그리고 다른 하나는 double을 위한 것이다.

```
auto interpolate(float left, float right, float power) {
    return left * (1 - power) + right * power;
}
auto interpolate(double left, double right, double power) {
    return left * (1 - power) + right * power;
}
```

이 함수를 템플릿화하면 정수에는 소수점을 사용할 수 없기 때문에 integer를 허용해선 안 된다. 사용자가 실수로 정수 타입을 써서 이 함수를 호출하는 것을 막으려면 std::enable_if_t를 사용해 특정 조건을 만족할 때에만 함수가 보이게 만든다. 이 경우는 부동소수점 타입으로 사용되는 조건이다.

std::enable_if_t 구문은 조금 특이해 보이지만, 문법은 다음과 같다.

- 반환 타입으로서 사용한다.

- 템플릿화된 첫 번째 파라미터는 조건이다.

- 두 번째 파라미터는 조건을 만족하는 경우에 반환되는 타입이다.

다음 코드에서 볼 수 있듯이 std::enable_if_t는 활성화하려는 함수의 반환 타입으로 사용된다.

```
template <typename T>
auto interpolate(T left, T right, T power)
-> std::enable_if_t<std::is_floating_point_v<T>, T> {
    return left * (1 - power) + right * power;
}
```

이 함수가 부동소수점 이외의 타입으로 호출되면 부동소수점에 대해서만 함수가 존재하므로 코드는 컴파일되지 않는다.

> 앞에서 다룬 interpolation 코드는 단 한 번의 곱셈으로 구현되므로 아래와 같이 약간의 성능을 향상시킬 수 있다.
>
> ```
> auto interpolated = left +(right-left) * power;
> ```
>
> 이는 단지 더 읽기 좋게 만든 것이다.

std::is_detected로 클래스 멤버 들여다보기

> 이 책을 쓰는 시점에는 std::is_detected가 표준 라이브러리 확장(extensions)에 포함돼 있었고, 무시하고 건너뛰기에는 매우 중요한 내용이다. GCC나 Clang을 사용한다면 현재는 <experimental/type_traits>에 위치하며, std::experimental 네임스페이스에 있을 것이다.

is_detected 타입 특성은 클래스가 특이한 멤버를 갖고 있는지 찾아내고자 사용한다. 어떤 클래스가 특이한 멤버 함수를 갖고 있는지 이름으로 검사하는 방법을 알아보자. 멤버 함수가 존재한다면 반환된 타입의 값은 true이고, 아니면 false다.

다음은 두 개의 전혀 다른 클래스다.

```cpp
struct Octopus {
    auto mess_with_arms() {}
};
struct Whale {
    auto blow_a_fountain() {}
};
```

std::is_detected를 사용해 클래스에서 가능한 동작이 어떤 것이 있는지 컴파일러에게 아래와 같이 물어볼 수 있다.

```cpp
#include <experimental/type_traits>
template <typename T>
using can_mess_with_arms = decltype(&T::mess_with_arms);
template <typename T>
using can_blow_a_fountain = decltype(&T::blow_a_fountain);

auto fish_tester() {
    namespace exp = std::experimental;

    // 문어
    static_assert(exp::is_detected<can_mess_with_arms, Octopus>::value, "");
    static_assert(!exp::is_detected<can_blow_a_fountain, Octopus>::value,"");

    // 고래
    static_assert(!exp::is_detected<can_mess_with_arms, Whale>::value, "");
    static_assert(exp::is_detected<can_blow_a_fountain, Whale>::value, "");
}
```

이 예제에서 알 수 있듯이 typedef을 찾고자 하는 멤버 함수에 선언해야 한다. 이는 기술적으로 is_detected가 컴파일 시 오류를 찾기 때문이다. 하지만 찾는 함수가 없을 때는 오류로 끝나는 것이 아니라 단순히 false를 반환한다. 이는 is_detected가 멤버 함수를 확인하는 것만이 아니라 멤버 typedef나 멤버 변수를 확인할 수도 있다는 것이다. 아래는 이러한 검사를 어떻게 수행하는지 보여준다.

```cpp
struct Shark { using fin_type = float; };
struct Eel { int electricity_{}; };

template <typename T> using has_fin_type = typename T::fin_type;
template <typename T> using has_electricity = decltype(T::electricity_);

auto shark_and_shrimp_tester() {
    namespace exp = std::experimental;
    // shark는 fin 타입이지만 electricity는 없다.
    static_assert(exp::is_detected<has_fin_type, Shark>::value, "");
    static_assert(!exp::is_detected<has_electricity , Shark>::value, "");
    // eel은 electricity가 있지만 fins가 아니다.
    static_assert(exp::is_detected<has_electricity , Eel>::value, "");
    static_assert(!exp::is_detected<has_fin_type, Eel>::value, "");
}
```

is_detected와 enable_if_tcombind를 결합한 활용 예

is_detected::value는 컴파일 시 불리언^{Boolean}이므로 is_detected는 enable_if_t와 결합해서 특수한 멤버 함수를 가진 클래스의 어떤 함수를 활성화할 수 있다.

예를 들어 to_string() 메서드와 name_ 멤버 변수 두 가지를 출력할 수 있는 일반적인 출력 함수를 구현할 수 있는데, 이는 출력된 클래스가 어떻게 구성돼 있는지에 달려 있다.

```
namespace exp = std::experimental;
template<typename T> using has_to_string = decltype(&T::to_string);
template<typename T> using has_name_member = decltype(T::name_);

// 클래스에 존재한다면 to_string() 함수를 출력한다.
template <
    typename T,
    bool HasToString = exp::is_detected<has_to_string,T>::value,
    bool HasNameMember = exp::is_detected<has_name_member,T>::value
>
auto print(const T& v)
-> std::enable_if_t<HasToString && !HasNameMember> {
    std::cout << v.to_string() << '\n';
}

// 클래스에 존재한다면 name_ 멤버 변수를 출력한다.
template <
    typename T,
    bool HasToString = exp::is_detected<has_to_string, T>::value,
    bool HasNameMember = exp::is_detected<has_name_member, T>::value
>
auto print(const T& v)
-> std::enable_if_t<HasNameMember && !HasToString> {
    std::cout << v.name_ << '\n';
}
```

두 개의 클래스로 메서드를 테스트한다. 클래스 중 하나는 **to_string()** 메서드를 갖고 있으며, 다른 하나는 **name_** 멤버 변수를 갖고 있다.

```
struct Squid {
    auto to_string() const { return std::string{"Steve the Squid"}; }
};
struct Salmon {
    Salmon() : name_{"Jeff the Salmon"} {}
```

```
    std::string name_{};
};

auto fish_printer() {
    print(Squid{});   // "Steve the Squid"를 출력한다.
    print(Salmon{});  // "Jeff the Salmon"를 출력한다.
}
```

constexpr 키워드

constexpr 키워드는 어떤 함수가 모든 컴파일 시 평가^{compile-time evaluation} 조건에 부합한다면 컴파일 시에 평가되도록 컴파일러에게 알려주는 역할을 한다. 그렇지 않으면 일반 함수처럼 프로그램 실행 중에 수행한다.

constexpr 함수는 몇 가지 제약이 있어, 다음과 같은 사항은 허용되지 않는다.

- 힙에 메모리 할당
- 예외 발생
- 지역 정적 변수 처리
- thread_local 변수 처리
- 자신의 함수 안에서 constexpr이 아닌 함수의 호출

C++11에서 constexpr 함수는 더 많은 기능의 constexpr 함수를 만들고자 프로그래머가 반복적인 호출에 의존하는 한 개의 반환 구문(return statement)만이 가능했다. 하지만 C++14부터는 이 제약이 없어져 constexpr 함수가 변경이 가능한 여러 변수의 선언과 구문이 허용된다.

constexpr 키워드로 컴파일 시에 평가되는 함수를 작성하는 것은 템플릿 파라미터 대신 일반 파라미터를 쓰기 때문에 일반 함수를 작성하는 것만큼이나 쉽다.

다음과 같은 constexpr 함수를 생각해보자.

```
constexpr auto sum(int x, int y, int z) { return x + y + z; }
```

위 함수를 다음과 같이 호출해보자.

```
const auto value = sum(3, 4, 5);
```

이 경우 컴파일러는 다음과 같이 일반적인 C++ 코드를 생성한다.

```
const auto value = 12;
```

이제 기계어로 컴파일된다. 달리 말하면 컴파일러가 constexpr 함수를 평가하고, 그 결과가 계산된 위치에 일반적인 C++ 코드를 생성한다.

런타임 구문의 constexpr 함수

앞 예제에서는 합계(3, 4, 5)가 컴파일 시에 컴파일러에게 전달됐지만, 처리할 변수의 값을 실행 중에 알 수 없는 상황에서는 constexpr 함수가 어떻게 처리할까? 앞 절에서 언급했듯이 constexpr은 특정 조건에서 컴파일 시에 평가될 수 있다고 컴파일러에게 알려주는 지시어다. 변수들이 값을 런타임에 호출될 때까지 알 수 없다면 일반 함수처럼 평가될 것이다.

다음 코드에서 x, y, z 값은 사용자가 실행할 때 제공되므로 컴파일러가 컴파일 시에 계산하는 것은 불가능하다.

```
int x, y, z;
std::cin >> x >> y >> z;        // 사용자 입력을 받는다.
auto value = sum(x, y, z);
```

std::integral_constant를 사용한 컴파일 시 처리 과정의 검증

컴파일 시에 constexpr이 평가되는 것을 검증하고자 std::integral_constant를 활용할 수 있다. 이 정수 상수^{integral constant}는 정수 타입과 값을 템플릿 파라미터로 사용하는 일종의 템플릿 클래스다. 여기에서 숫자를 나타내는 새로운 클래스를 생성한다. 클래스의 값은 std::integral_constant의 정적^{static} 필드 값으로 접근한다.

다음은 런타임 정수 값과 비교하기 위한 컴파일 시 정수 값의 예다.

```
const auto ksum = std::integral_constant<int, sum(1,2,3)>;

auto func() -> void {
    // 컴파일 시에 평가된 합계로 컴파일된다.
    const auto sum_compile_time = std::integral_constant<int,sum(1,2,3)>;
    int x, y, z;
    std::cin >> x >> y >> z;
    // 아래 줄은 컴파일이 안 된다.
    // 컴파일러가 컴파일 시에 정수 상수가 갖는 값이 어떤 것인지 결정할 수 없다.
    const auto sum_runtime = std::integral_constant<int, sum(x, y, z)>;
}
```

if constexpr 구문

if constexpr 구문은 템플릿 함수가 컴파일 시에 동일한 함수 내에서 여러 범위를 평가할 수 있게 한다(컴파일 시 다형성이라고도 한다). 다음 코드를 살펴보면 타입에 따라 멤버 함수를 구분하려고 시도하는 speak()라는 템플릿 함수가 있다.

280

```
struct Bear { auto roar() const { std::cout << "roar"; } };
struct Duck { auto quack() const { std::cout << "quack"; } };

template <typename Animal>
auto speak(const Animal& a) {
    if (std::is_same_v<Animal, Bear>) { a.roar(); }
    else if (std::is_same_v<Animal, Duck>) { a.quack(); }
}
```

다음의 줄을 컴파일한다고 가정해보자.

```
auto bear = Bear{};
speak(bear);
```

컴파일러는 아래와 유사한 형태로 **speak()** 함수를 생성할 것이다.

```
auto speak(const Bear& a) {
    if (true) { a.roar(); }
    else if (false) { a.quack(); } // 이 줄은 컴파일되지 않는다.
}
```

코드에서 볼 수 있듯이 컴파일러는 Bear가 quack() 멤버 함수를 갖고 있지 않으므로 컴파일에 실패하는 quack() 멤버 함수를 호출한다. 이는 else if (false) 때문에 **quack()** 멤버 함수가 실행되지 않더라도 발생한다.

타입과 상관없이 **speak()** 함수가 컴파일이 되게 하려면 **if**문이 **false**인 범위를 완전히 무시하고자 한다는 사실을 알려야 한다. 이는 편리하게도 **if constexpr**이 처리할 일이다.

다음은 **speak()** 함수가 Bear와 Duck 모두 공통의 인터페이스 없이도 처리될 수 있게 코드를 작성하는 방법이다.

```
template <typename Animal>
auto speak(const Animal& a) {
    if constexpr (std::is_same_v<Animal, Bear>) { a.roar(); }
    else if constexpr (std::is_same_v<Animal, Duck>) { a.quack(); }
}
```

다음과 같이 Animal == Bear와 같은 형태로 speak()가 호출될 때는

```
auto bear = Bear{};
speak(bear);
```

컴파일러가 아래와 같은 함수를 생성한다.

```
auto speak(const Bear& animal) { animal.roar(); }
```

다음과 같이 Animal == Duck과 같은 형태로 speak()가 호출될 때는

```
auto duck = Duck{};
speak(duck);
```

컴파일러는 아래와 같은 함수를 생성한다.

```
auto speak(const Duck& animal) { animal.quack(); }
```

다음과 같이 speak()가 Animal == int와 같은 기본 타입으로 호출되면

```
speak(42);
```

컴파일러는 비어 있는 함수를 생성한다.

282

```
auto speak(const int& animal) {}
```

일반적인 **if**문과 달리 컴파일러는 두 개의 다른 함수를 호출할 때 생성할 수 있다. 하나는 **if constexpr**이 **true**인 경우이고, 다른 하나는 **false**인 경우다. 실제로는 세 번째 함수를 생성할 수도 있는데, **Animal** 타입이 **Bear**와 **Duck**이 아닌 경우 비어 있는 함수가 될 것이다.

런타임 다형성과의 비교

주로 다뤘던 주제와는 별개로 앞의 예제를 기존의 전형적인 런타임 다형성^{polymorphism}으로 똑같은 기능을 만들어내고자 상속과 가상 함수를 사용해서 구현한다면 그 결과는 아래의 코드와 같다.

```
struct AnimalBase {
    virtual ~AnimalBase() {}
    virtual auto speak() const -> void {}
};

struct Bear : public AnimalBase {
    auto roar() const { std::cout << "roar"; }
    auto speak() const override -> void { roar(); }
};

struct Duck : public AnimalBase {
    auto quack() const { std::cout << "quack"; }
    auto speak() const override -> void { quack(); }
};

auto speak(const AnimalBase* a) {
    a->speak();
}
```

포인터나 참조를 사용해서 객체에 접근하면서 런타임에 타입이 추론되는 버전은 애플리케이션을 실행할 때 이미 모든 것이 준비된 컴파일 시 버전과 비교해보면 성능 면에서 불리하다.

if constexpr을 사용한 제네릭 모듈러스 함수 예제

다음 예제는 앞의 예제와 유사하지만 여기서는 연산자와 전역 함수를 구별하는 방법을 살펴본다. C++에서 std::fmod()는 부동소수점 타입에 사용하는 반면에 % 연산자는 정수의 나머지modulus를 구하는 데 사용한다. 여기서 코드 베이스를 일반화하고 generic_mod()라는 제네릭 모듈러스 함수를 생성한다.

일반적인 if문으로 generic_mod()를 구현해보면 다음과 같다.

```
template <typename T>
auto generic_mod(const T& v, const T& n) -> T {
    assert(n != 0);
    if (std::is_floating_point_v<T>) { return std::fmod(v, n); }
    else { return v % n; }
}
```

이 코드는 T == float와 함께 호출하면 컴파일이 되지 않는 다음과 같은 코드를 생성하면서 실패할 것이다.

```
auto generic_mod(const float& v, const float& n) -> float {
    assert(n != 0);
    if(true) { return std::fmod(v, n); }
    else { return v % n; }       // 컴파일되지 않는다.
}
```

애플리케이션이 실제로 반환값까지 도달할 수는 없지만 컴파일러는 return v % n 줄을 생성하는데, float로는 적합하지 않다. 컴파일러는 애플리케이션이 실제로 어디까지 도달할 수 있는지 여부는 관심이 없고, 단지 어셈블리 코드를 생성할 수 없기 때문에 컴파일에 실패한다.

앞의 예제에서 if문을 if constexpr문으로 변경한다.

```
template <typename T>
auto generic_mod(const T& v, const T& n) -> T {
    assert(n != 0);
    if constexpr (std::is_floating_point_v<T>) return std::fmod(v, n);
    else return v % n; // T가 부동소수점인 경우 이 줄은 제거된다.
}
```

이제 부동소수점 타입을 사용해 이 함수가 호출되면 아래와 같이 v % n 연산자가 제거된 함수를 생성한다.

```
auto generic_mod(const float& v, const float& n) -> float {
    assert(n != 0);
    return std::fmod(v, n);
}
```

▎ 다원화 컨테이너

다원화heterogeneous 컨테이너는 다양한 타입을 포함하는 컨테이너다. 즉, 다원화 컨테이너에서 std::vector, std::list, std::set 등은 모든 요소가 동일한 타입이다. 다원화 컨테이너는 요소가 여러 다른 타입을 갖도록 허용하는 컨테이너다.

정적인 크기의 다원화 컨테이너

C++에는 std::pair와 std::tuple의 두 가지 다원화 컨테이너가 있다. 두 개의 요소만 있는 std::pair는 일종의 std::tuple의 하위 개념이므로 여기서는 std::tuple을 집중적으로 다룬다.

std::tuple 컨테이너

std::tuple은 어떤 크기로도 선언될 수 있는 정적인 크기의 다원화 컨테이너다. std::vector와는 대조적으로 실행 중에 자신의 크기를 변경할 수 없고, 요소를 추가하거나 삭제할 수 없다.

튜플은 다음과 같이 명시적으로 선언된 멤버 타입으로 구성된다.

```
auto tuple0 = std::tuple<int, std::string, bool>{};
```

위의 경우 컴파일러가 대략적으로 다음과 같은 클래스를 생성한다.

```
class Tuple {
public:
   int data0_{};
   std::string data1_{};
   bool data2_{};
};
```

C++에서 흔한 여러 클래스처럼 std::tuple은 std::make_tuple처럼 파라미터에서 자동으로 타입을 추론할 수 있는 함수를 갖고 있다.

```
auto tuple = std::make_tuple(42, std::string{"hi"}, true);
```

앞에서 보듯이 **std::make_tuple**을 사용해 코드를 더 읽기 편하게 만들 수 있다(앞에서 언급했듯이 C++17부터 std::make_ 같은 유형의 함수가 많다. 이는 C++17의 클래스가 생성자에서 타입을 추론할 수 있기 때문이다).

튜플의 멤버 접근

std::tuple의 개별 멤버 요소는 전역 함수인 **std::get<Index>(tuple)**을 사용해 접근할 수 있다. 아마도 **at (size_t index)** 같은 일반적인 컨테이너처럼 접근할 수 없는 이유가 궁금할 것이다. 튜플은 다양한 인덱스에 여러 타입으로 구성돼 있는 반면, **at()**과 같은 멤버 함수는 하나의 타입만 반환할 수 있기 때문이다. 대신에 **std::get**과 같은 템플릿화된 전역 함수는 템플릿 파라미터로서의 인덱스와 함께 사용된다.

```
auto number = std::get<0>(tuple);
auto str = std::get<1>(tuple);
auto boolean = std::get<2>(tuple);
```

대략적으로 **std::get()** 함수는 아래와 같이 구현된다고 생각할 수 있다.

```
template <size_t Index, typename Tuple>
auto& get(const Tuple& tpl) {
    if constexpr(Index == 0) { return tpl.data0_; }
    else if constexpr(Index == 1) { return tpl.data1_; }
}
```

튜플을 생성하고 접근하는 것은 다음과 같은 형태라는 것을 의미한다.

```
auto tuple = std::make_tuple(42, true);
auto value = std::get<0>(tuple);
```

컴파일러는 대략적으로 아래와 같이 코드를 생성한다.

```
// "make_tuple"과 Tuple 클래스를 먼저 생성한다.
class Tuple {
    int data0_{};
    bool data1_{};
};
auto make_tuple(int v0, bool v1) { return Tuple{v0, v1}; }

// get<0>(Tuple)을 아래와 같이 생성한다.
auto& get(const Tuple& tpl) { return idata_0; }
// 생성된 함수를 다음과 같이 활용한다.
auto tuple = make_tuple(42, true);
auto value = get(tuple);
```

이 코드는 컴파일러가 std::tuple을 구성할 때 코드를 생성하는 과정을 단순하게 검토해보기 위한 것이다. std::tuple의 내부는 매우 복잡하다. 하지만 std::tuple 클래스가 기본적으로 컴파일 시에 인덱스를 사용해 멤버의 접근이 가능한 간단한 구조임을 이해하는 것이 중요하다.

> std::get 함수는 파라미터로 타입명을 사용한다. 아래와 같이 사용될 수 있다.
>
> ```
> auto number = std::get<int>(tuple);
> auto str = std::get<std::string>(tuple);
> ```
>
> 이는 튜플 안에 지정된 타입이 한 번이라도 포함된 경우에 잘 동작한다.

std::tuple 반복문

프로그래머의 관점에서 보면 std::tuple은 다른 컨테이너처럼 일반적인 범위를 사용하는 for 반복문을 써서 다음과 같이 사용할 수 있는 것처럼 보인다.

```
auto tpl = std::make_tuple(1, true, std::string{"Jedi"});
for(const auto& v: tpl) { std::cout << v << " "; }
```

솔직히 필자를 포함해서 대부분의 C++ 프로그래머가 위와 같이 시도해봤을 것 같은데, 결과적으로 가능하지 않다는 알게 된다. const auto& v의 타입이 오직 한 번만 평가되고, std::tuple은 다양한 타입의 요소를 갖고 있기 때문에 위 코드는 단순하게도 컴파일이 안 될 뿐이다.

위와 같은 결과는 일반적인 알고리즘에도 적용되는데, 반복자가 그 대상이 가리키는 타입을 변형시키지 않기 때문에 std::tuple은 begin()이나 end() 멤버 함수를 제공하지 않는다.

튜플의 분해

튜플은 보통 반복 연산될 수 없기 때문에 메타프로그래밍에 활용하려면 반복문을 잘 풀어서 해체해야 한다. 앞의 예제에 이어서 컴파일러가 다음과 같은 코드를 생성하게 만들어보자.

```
auto tpl = std::make_tuple(1, true, std::string{"Jedi"});
std::cout << std::boolalpha << std::get<0>(tpl) << " ";
std::cout << std::boolalpha << std::get<1>(tpl) << " ";
std::cout << std::boolalpha << std::get<2>(tpl) << " ";
// "1 true Jedi"를 출력한다.
```

코드에서 보듯이 튜플의 모든 인덱스를 반복하므로 튜플 내에 포함된 타입과 값의 개수가 필요하다. 그리고 튜플이 여러 타입을 포함하므로 튜플 내의 모든 타입에 대한 새로운 함수를 생성하는 메타함수metafunction를 작성해야 한다.

아래와 같이 특정 인덱스 호출을 생성하는 함수부터 시작해보자.

```
template <size_t Index, typename Tuple, typename Functor>
auto tuple_at(const Tuple& tpl, const Functor& func) -> void {
    const auto& v = std::get<Index>(tpl);
    func( v );
}
```

2장에서 설명한 것처럼 아래와 같이 다형성 람다로 결합시킬 수 있다.

```
auto tpl = std::make_tuple(1, true, std:.string{"Jedi"});
auto func = [](const auto& v){std::cout << std::boolalpha << v << " ";};
tuple_at<0>(tpl, func);
tuple_at<1>(tpl, func);
tuple_at<2>(tpl, func);
// "1 true Jedi"를 출력한다.
```

tuple_at() 함수를 갖고 실제 반복문으로 진행해볼 수 있다. 첫 번째로 필요한 것은 컴파일 시의 상수로서 튜플 내에 있는 값의 개수다. 다행히도 이 값은 타입 특성인 std::tuple_size_v<Tuple>을 사용해 얻을 수 있다. 다음으로 if constexpr을 사용해 비슷한 함수를 만들어 반복 연산을 전개할 수 있지만, 인덱스에 따라 다른 동작을 수행할 수도 있다.

1. 인덱스가 튜플의 크기와 같은 경우 비어 있는 함수를 생성한다.
2. 아니면 전달된 인덱스에서 람다를 실행하고 인덱스에서 1이 추가된 새로운 함수를 생성한다.

위에 대한 코드는 다음과 같다.

```
template <typename Tuple, typename Functor, size_t Index = 0>
auto tuple_for_each(const Tuple& tpl, const Functor& f) -> void {
    constexpr auto tuple_size = std::tuple_size_v<Tuple>;
```

```
    if constexpr(Index < tuple_size) {
        tuple_at<Index>(tpl, f);
        tuple_for_each<Tuple, Functor, Index+1>(tpl, f);
    }
}
```

코드에서 보듯이 기본 인덱스를 0으로 설정해서 반복 연산 시에 인덱스를 지정할 필요가 없다. 다음으로 tuple_for_each() 함수는 올바른 위치에서 람다를 통해 직접 아래와 같이 호출된다.

```
auto tpl = std::make_tuple(1, true, std:.string{"Jedi"});
tuple_for_each(tpl, [](const auto& v){ std::cout << v << " "; });
// "1 true Jedi" 출력
```

이제 그럴 듯해졌다. 구문적으로 std::for_each() 알고리즘과 유사하게 깔끔하다.

튜플을 위한 기타 알고리즘의 구현

tuple_for_each()를 확장해서 유사한 방법으로 튜플을 반복하는 다양한 알고리즘을 구현할 수 있다. 다음은 튜플에 대한 any_of()를 어떻게 구현하는지 보여주는 예다.

```
template <typename Tuple, typename Functor, size_t Index = 0>
auto tuple_any_of(const Tuple& tpl, const Functor& f) -> bool {
    constexpr auto tuple_size = std::tuple_size_v<Tuple>;
    if constexpr(Index < tuple_size) {
        bool success = f(std::get<Index>(tpl));
        return success ? true: tuple_any_of<Tuple, Functor, Index+1>(tpl, f);
    } else {
        return false;
    }
}
```

이제 아래와 같이 사용할 수 있다.

```
auto tuple = std::make_tuple(42, 43.0f, 44.0);
auto has_44 = tuple_any_of(tuple, [](auto v){ return v == 44; });
```

tuple_any_of 튜플은 튜플 내의 모든 타입을 거쳐서 반복 연산하고 현재 인덱스의 요소(다음으로 44와 비교할)에 대해 람다 함수를 생성한다. 위의 경우는 마지막 요소인 **double** 값이 44이므로 **has_44**가 **true**로 판단한다. **std::string**과 같이 44와 비교할 수 없는 타입의 요소를 추가하면 컴파일 오류가 발생한다.

튜플 요소의 접근

C++17 이전에는 **std::tuple**의 요소에 접근하는 두 가지의 표준적인 방법이 있었다.

- 단일 요소의 접근은 **std::get<N>(tuple)**이라는 정적 함수를 사용했다.
- 복수의 요소에 접근하려면 **std::tie()**라는 정적 함수를 사용했다.

두 가지 모두 동작하지만 위와 같이 단순한 작업을 수행하는 구문치고는 아래의 예제 처럼 너무 장황해진다.

```
// 준비할 것
auto make_bond() { return std::make_tuple(std::string{"James"}, 7, true) }

// std::get<N> 사용
auto tpl = make_bond();
auto name = std::get<0>(tpl);
auto id = std::get<1>(tpl);
auto kill_license = std::get<2>(tpl);
std::cout << name << ", " << id << ", " << kill_license << '\n';
// 출력: James, 7, true

// std::tie 사용
```

```
auto name = std::string{};
auto id = int{};
auto kill_license = bool{};
std::tie(name, agent_id, kill_license) = make_bond();
std::cout << name << ", " << id << ", " << kill_license << '\n';
// 출력: James, 7, true
```

구조화된 바인딩

이와 같이 일반적인 작업을 좀 더 고상하게 처리하려고 C++17에서 구조화된 바인딩 structured bindings이 도입됐다. 구조화된 바인딩을 통해 auto와 괄호로 초기화 목록을 사용하는 여러 개의 변수가 한 번에 초기화될 수 있다. 일반적으로 auto 키워드를 사용하면 변수가 변경이 가능한 참조reference나 전달용 참조, 또는 const 참조나 해당 수정자modifier를 사용하는 값 등과 관계없이 제어할 수 있다. 아래의 예제는 const 참조에 대한 구조화된 바인딩으로 구성했다.

```
const auto& [name, id, kill_license] = make_bond();
std::cout << name << ", " << id << ", " << kill_license << '\n';
// 출력: James, 7, true
```

또한 구조화된 바인딩은 for 반복문에서 아래와 같이 튜플의 개별 멤버를 추출하는 데 활용할 수 있다.

```
auto agents = {
    std::make_tuple("James", 7, true),
    std::make_tuple("Nikita", 108, false)
};
for(auto&& [name, id, kill_license]: agents) {
    std::cout << name << ", " << id << ", " << kill_license << '\n';
}
```

```
// 출력
James, 7, true
Nikita, 108, false
```

여기서 간단한 단서가 보인다. 튜플의 여러 인덱스 대신 명명된 변수로 여러 개의 인수를 반환하고자 한다면 함수 안에 정의된 구조체를 반환하고 자동 반환 타입 추론을 사용하면 된다.

```
auto make_bond() {
    struct Agent{std::string name_; int id_; bool kill_license_;}
    return Agent{"James", 7, true};
}
auto b = make_bond();
std::cout
    << b.name_ << ", "
    << b.id_ << ", "
    << b.kill_license_ << '\n';
```

변수형 템플릿 파라미터 팩

변수형 템플릿 파라미터 팩variadic templete parameter pack을 사용하면 프로그래머는 인수의 개수에 구애받지 않는 템플릿 함수를 만들 수 있다.

인수 개수에 따라 동작하는 함수의 예

변수형 템플릿 파라미터 팩을 쓰지 않고 인수의 개수에 따라 문자열을 만드는 함수를 만든다면 모든 인수의 숫자에 대해 별개의 함수를 생성해야 한다.

```
// 한 개의 인수에서 문자열을 만든다.
template <typename T0>
auto make_string(const T0& v0) -> std::string {
```

```
    auto sstr = std::ostringstream{};
    sstr << v0;
    return sstr.str();
}
// 두 개의 인수에서 문자열을 만든다.
template <typename T0, typename T1>
auto make_string(const T0& v0, const T1& v1) -> std::string {
    return make_string(v0) + make_string(v1);
}
// 세 개의 인수에서 문자열을 만든다.
template <typename T0, typename T1, typename T2>
auto make_string(const T0& v0, const T1& v1, const T2& v2) -> std::string {
    return make_string(v0, v1) + make_string(v2);
}
// ... 더 많은 인수에 대해 계속 더 필요할 것이다.
```

다음은 여기서 의도한 함수의 사용법이다.

```
auto str0 = make_string(42);
auto str1 = make_string(42, "hi");
auto str2 = make_string(42, "hi", true);
```

많은 수의 인수가 필요하다면 점점 지루한 일이 되지만, 파라미터 팩을 사용하면 임의의 개수 파라미터를 처리할 수 있는 함수로 구현할 수 있다.

변수형 파라미터 팩 제작법

파라미터 팩은 세 개의 점을 타입명 앞에 찍어서 구별할 수 있고, 세 점 앞의 변수형 인수는 중간에 있는 쉼표로 팩을 확장한다.

위 문장을 다음과 같이 설명할 수 있다.

- Ts는 타입의 목록이다.

- <typename ···Ts&> 함수는 이 함수가 목록을 다룬다는 것을 나타낸다.
- values... 함수는 모든 타입 사이에 쉼표가 추가된 형태로 팩을 확장한다.

코드로 표현된 expand_pack 함수를 살펴보자.

```cpp
template <typename ...Ts>
auto expand_pack(const Ts& ...values) {
    auto tuple = std::tie(values...);
}
```

앞의 함수를 아래와 같이 호출해보자.

```cpp
expand_pack(42, std::string{"hi"});
```

이 경우 컴파일러는 다음과 유사한 형태의 함수를 생성한다.

```cpp
auto expand_pack(const int& v0, const std::string& v1) {
    auto tuple = std::tie(v0, v1);
}
```

이와 같이 개별 파라미터 팩의 구성 요소가 확장된다.

구문	확장
template <typename... Ts>	template <typename T0, typename T1>
expand_pack(const Ts& ...values)	expand_pack(const T0& v0, const T1& v1)
std::tie(values...)	std::tie(v0, v1)

이제 변수형 파라미터 팩으로 make_string 함수를 어떻게 만드는지 살펴보자.

처음에 사용한 make_string 함수를 더 발전시켜서 모든 파라미터에서 문자열을 생성하려면 팩을 반복 연산할 필요가 있다. 파라미터 팩을 직접 반복 연산할 방법은 없지만 튜플을 만들고 tuple_for_each 함수를 아래와 같이 활용해본 대안이 있다.

```
template <typename ...Ts>
auto make_string(const Ts& ...values) {
    auto sstr = std::ostringstream{};
    // 변수형 파라미터 팩의 튜플을 생성한다.
    auto tuple = std::tie(values...);
    //튜플을 반복 연산한다.
    tuple_for_each(tuple, [&sstr](const auto& v){ sstr << v; });
    return sstr.str();
}
```

std::tie()를 사용해서 파라미터 팩을 튜플로 변환하고, tuple_for_each를 써서 반복 연산했다.

동적 크기의 혼합 컨테이너

앞 절에서 언급했듯이 std::tuple은 명명된 멤버 변수 없이 고정된 크기와 고정된 요소의 위치를 갖고 일반 구조체처럼 다루는 혼합 컨테이너다.

어떻게 하면 이으로 std::vector, std::list 등과 같이 동적인 크기를 가지면서 다양한 타입을 저장하는 컨테이너를 만들 수 있을까? 컨테이너의 크기가 실행 중에 변하므로 컴파일 시 프로그래밍으로 코드를 생성하는 기능을 사용할 수 없다.

동적 크기 혼합 컨테이너의 베이스로 std::any 사용

 std::any는 C++17에서 새로 추가됐다는 점에 유의한다. 자신의 컴파일러가 std::any를 포함하지 않으면 대신 부스트 라이브러리에서 boost::any를 사용할 수 있다.

베이스 타입으로 **std::any**를 사용하는 것이 가장 간단한 해결책이다. **std::any** 객체는 어떤 타입의 값도 저장할 수 있다.

```
auto container = std::vector<std::any>{42, "hi", true};
```

단점이 있다면 값에 접근할 때마다 해당 타입이 실행 중에 테스트돼야 한다는 점이다. 달리 말하면 컴파일 시에 저장된 값의 타입 정보를 완전히 잃어버린 것이다. 오히려 이 정보를 실행 중에 확인된 타입에 의존해야 한다.

컨테이너로 반복 연산을 한다면 **std::any** 객체가 "int이면 이것을 하고, char 포인터면 저것을 한다."와 같이 명시적으로 처리해야 한다. 이는 코드가 반복적으로 필요하기 때문에 바람직하지 않고, 또한 8장에서 다루는 다른 방법보다 비효율적이다.

컴파일이 되는 아래의 예제는 타입이 명시적으로 테스트되고 형 변환된다.

```
for(const auto& a: container) {
    if(a.type() == typeid(int)) {
        const auto& value = std::any_cast<int>(a);
        std::cout << value;
    }
    else if(a.type() == typeid(const char*)) {
        const auto& value = std::any_cast<const char*>(a);
        std::cout << value;
    }
    else if(a.type() == typeid(bool)) {
        const auto& value = std::any_cast<bool>(a);
        std::cout << value;
    }
}
```

std::any가 저장된 값에 접근할 방법을 모르기 때문에 일반적인 스트림 연산자로 출력할 수 없다. 그러므로 컴파일되지 않는 아래의 예제는 컴파일러가 std::any가 뭔지 모르고 있는 것이다.

```
for(const auto& a: container) {
    std::cout << a; // Will not compile
}
```

▌ std::variant

컨테이너에 어떤 타입이든 저장할 수 있는 방식과 컨테이너를 초기화할 때 선언된 고정된 타입 세트만 쓰는 방식, 이 두 가지 방식의 장단점을 따져본다면 std::variant를 쓰는 것이 유리하다.

std::variant는 std::any보다 나은 두 가지 중요한 장점이 있다.

- std::any와는 달리 힙에 자신이 포함하고 있는 타입을 저장하지 않는다.
- 다형성 람다로 호출할 수 있는데, 이는 명시적으로 현재 포함하고 있는 타입을 몰라도 괜찮다는 의미다(이에 대한 더 자세한 내용은 8장의 다른 절에서 다룬다).

std::variant는 한 번에 한 객체만 저장한다는 점을 제외하고는 어느 정도 튜플과 비슷하게 동작한다. 갖고 있는 타입과 값은 가장 최근에 할당한 타입과 값이다. 다음 그림을 살펴보자.

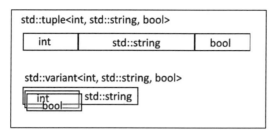

튜플의 타입과 variant 타입의 비교

다음은 std::variant를 사용하는 예다.

```
using VariantType = std::variant<int, std::string, bool>;
auto v = VariantType{};      // variant는 비어 있다.
v = 7;                       // v는 int를 보유한다.
v = std::string{"Bjarne"};   // v는 std::string을 보유하고 정수는 덮어썼다.
v = false;                   // v는 논리 값을 보유하고 std::string은 덮어썼다.
```

variant에 접근

std::variant 내의 변수에 접근할 때에는 std::vist()라는 전역 함수를 사용한다. 이름에서 알 수 있듯이 여러 형태의 타입과 다형성 람다를 다룰 때 주로 사용한다.

```
std::visit(
    [](const auto& v){ std::cout << v; },
    my_variant
);
```

다음으로 컴파일러는 variant에 포함된 모든 타입에 대해 람다의 일반적 형태로 C++를 생성한다. 그러므로 위 예제처럼 람다와 variant 타입을 사용해 std::visit()를 호출할 때 컴파일러는 다음 예제와 같이 다형성 람다가 variant 내의 모든 타입을 오버로드하는 operator()를 갖고 일반적인 클래스로 변환하는 것과 유사한 방법으로 코드를 생성한다.

```cpp
struct FunctorImpl {
    auto operator()(const int& v) { std::cout << v; }
    auto operator()(const std::string& v) { std::cout << v; }
    auto operator()(const bool& v) { std::cout << v; }
};
```

std::visit 함수는 람다 안에 있는 타입에 따라 **if...else**문으로 확장됐다.

```cpp
auto visit_impl(FunctorImpl f, const VariantType& v) {
    if(std::holds_alternative<int>(v)) {
        return f(std::get<int>(v));
    }
    else if(std::holds_alternative<std::string>(v)) {
        return f(std::get<std::string>(v));
    }
    else if(std::holds_alternative<bool>(v)) {
        return f(std::get<bool>(v));
    }
}
// 함수의 실제 호출
visit_impl(FunctorImpl(), my_variant);
```

variant의 다원화 컨테이너

이제 제공된 목록에서 어떤 타입이라도 저장할 수 있는 **variant**가 있으므로 혼합 컨테이너로 확장할 수 있다. 이는 단순하게 **variant**의 **std::vector**를 생성해서 수행한다.

```cpp
using VariantType = std::variant<int, std::string, bool>;
auto container = std::vector<VariantType>{};
```

벡터에 여러 타입으로 된 요소를 푸시할 수 있다.

```cpp
container.push_back(false);
container.push_back(std::string{"I am a string"});
container.push_back(std::string{"I am also a string"});
container.push_back(13);
```

벡터는 이제 아래 그림과 같이 배치된다. 벡터 내의 모든 요소는 해당 **variant**의 크기를 가지며, 이번 경우는 **sizeof(std::string)**이다.

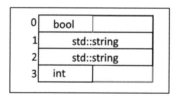

variant 벡터

물론 **pop_back()**을 쓰거나 컨테이너가 허용하는 다른 방법으로 컨테이너를 수정할 수 있다.

```cpp
container.pop_back();
std::reverse(container.begin(), container.end());
// 기타 등등...
```

variant 컨테이너의 값에 접근

이제 동적인 크기의 혼합 컨테이너에 대한 기본 코드를 갖고 있으므로 일반적인 std::vector처럼 사용할 수 있는 방법을 살펴보자.

1. variant의 혼합 컨테이너를 생성한다. 다음은 다양한 타입으로 std::vector를 생성하는 예다. 목록의 초기화 과정은 여러 타입을 포함하고 있다.

```
using VariantType = std::variant<int, std::string, bool>;
auto c = std::vector<VariantType> { 42, std::string{"needle"}, true };
```

2. 일반적인 for 반복문으로 반복 연산해서 내용을 출력한다. 일반적인 for 반복문으로 컨테이너를 반복 연산하려면 std::visit()와 다형성 람다를 사용한다. std::visit() 전역 함수는 타입의 변환을 담당한다. 아래 예제는 타입에 영향을 받지 않는 std::count로 개별 값을 출력한다.

```
for (const auto& val: c) {
    std::visit([](const auto& v){ std::cout << v << '\n';}, val);
}
```

3. 컨테이너에 어떤 타입이 있는지 검사한다. 타입을 기준으로 컨테이너의 요소를 검사한다. 이는 전역 함수인 std::holds_alternative<type>을 사용해 수행하며, 이 함수는 variant가 현재 요청된 타입을 갖고 있으면 true를 반환한다. 아래 예는 컨테이너가 갖고 있는 불리언^{Boolean} 타입의 수를 센다.

```
auto num_bools = std::count_if(c.begin(), c.end(),
    [](const auto& v){
        return std::holds_alternative<bool>(v);
    }
);
```

4. 보유한 타입과 값으로 찾는다. 다음 예는 std::holds_alternative와 std::get을 결합시켜 타입과 값에 대해 컨테이너를 검사한다.

   예에서는 컨테이너가 **"needle"**이란 값으로 해당하는 std::string이 있는지 검사한다.

```
auto contains_needle_string = std::any_of(
    c.begin(),
    c.end(),
    [](const auto& v){
        return
        std::holds_alternative<std::string>(v) &&
            std::get<std::string>(v) == "needle";
    }
);
```

std::get 전역 함수

전역 함수인 std::get은 std::tuple, std::pair, std::variant, std::array 모두에 대해 사용할 수 있다.

```
std::get<Index>
```

인덱스를 사용해 std::get을 std::get<1>(v) 형태로 사용할 때에는 std::tuple, std::pair, std::array 등에서 인덱스에 해당하는 값을 반환한다.

```
std::get<Type>
```

std::get<int>(v)와 같이 타입을 갖고 std::get을 사용하면 std::tuple, std::pair, std::variant에서 해당하는 값이 반환된다.

std::variant의 경우 variant가 해당 타입을 갖고 있지 않으면 예외가 발생한다. v가 std::tuple이고 Type이 한 번 이상 포함된 경우에는 해당 타입에 접근하고자 인덱스를 사용해야 한다.

▌메타프로그래밍 실전 예제

이 절에서는 고급 메타프로그래밍이 학문적인 영역으로 느껴져서 얼마나 유용한지 이해하고자 메타프로그래밍 구문을 설명하는 예제만이 아니라 실제로 어떻게 사용되는지 보여준다.

사례 1: 리플렉션

리플렉션^{reflection}이란 용어는 클래스 내용을 전혀 모르는 상태에서 클래스를 검사하는 기능을 말한다.

여기서는 튜플의 멤버를 반복 연산할 수 있는 것처럼 클래스가 멤버를 반복 연산하는 기능으로 리플렉션의 범위를 제한한다. 리플렉션을 사용해 자동으로 여러 클래스에 대해 동작할 수 있도록 직렬화^{serialization} 또는 로그를 기록하기 위한 제네릭 함수를 만들 수 있다. 이는 C++ 클래스에서 기존에 필요했던 많은 기초적인 코드를 크게 줄일 수 있다.

멤버를 리플렉션하는 클래스 만들기

다른 프로그래밍 언어와는 대조적으로 C++는 내장된 리플렉션 기능이 없고, 직접 리플렉션 기능을 작성해야 한다. 여기서는 단순하게 reflect()라는 멤버 함수를 통해 멤버 변수들을 보여주는데, reflect()는 std::tie를 호출해서 멤버 변수에 대한 참조의 튜플을 반환한다.

```
class Town {
public:
    Town(size_t houses, size_t settlers, const std::string& name)
    : houses_{houses}, settlers_{settlers}, name_{name} {}
    auto reflect() const {return std::tie(houses_, settlers_, name_);}
private:
    size_t houses_{};
    size_t settlers_{};
    std::string name_{};
};
```

리플렉션을 단순화한 C++ 라이브러리

C++ 라이브러리 분야에서 리플렉션의 생성을 단순화하기 위한 몇 가지 시도가 있었다. 하나의 예로 메타프로그래밍 라이브러리인 루이스 디오네^{Louis Dionne}가 만든 부스트 하나^{Boost Hana}가 있는데, 간단한 매크로를 사용해서 클래스가 리플렉션 기능을 갖게 한다. 최근에는 부스트에 앤소니 폴루킨^{Anthony Polukhin}이 만든 'Precise and Flat reflection'을 추가했는데, 모든 멤버가 간단한 타입인 경우에 자동으로 클래스의 public 부분을 리플렉션한다.

하지만 더 분명하게 이해할 수 있도록 이번 예제에서는 직접 만든 **reflect()** 멤버 함수를 사용한다.

리플렉션 사용

Town 클래스는 멤버 변수를 리플렉션할 수 있는 기능을 갖고 있기 때문에 일련의 기능을 자동으로 만들 수 있다. 아니면 모든 멤버 변수의 재입력이 필요하다. C++는 자동으로 생성자와 할당 연산자를 생성하지만 동등(operator==), 보다 작은(operator<) 등의 다른 일반 연산자는 프로그래머가 구현해야 한다.

```
class Town {
    ...
    auto operator==(const Town& t) const {return reflect()==t.reflect();}
    auto operator<(const Town& t) const {return reflect()<t.reflect();}
    ...
};
```

멤버 함수 이외에도 C++에서 다른 벌크 함수로는 내용을 스트림에 출력해서 파일에 출력하거나 더 일반적인 경우로는 애플리케이션 로그에 기록하는 것 등이 있다.

operator<<를 오버로딩하고 tuple_for_each() 함수를 사용해서 아래와 같이 std:: ostream의 결과를 만드는 것을 단순화할 수 있다.

```
auto& operator<<(std::ostream& ostr, const Town& t) {
    tuple_for_each(t.reflect(), [&ostr](const auto& m){
        ostr << m << " ";
    });
    return ostr;
}
```

이제 위 클래스는 다음과 같이 어떤 std::ostream 타입으로도 사용할 수 있다.

```
auto v = Town{34, 68, "Shire"};
std::cout << v;
// "34 68 Shire"출력
```

매우 깔끔해졌다. 튜플을 통해 클래스 멤버를 리플렉션함으로써 모든 멤버 변수를 반복 연산하는 함수를 업데이트하는 대신에 클래스에서 멤버가 추가되거나 제거될 때 리플렉트하는 함수를 업데이트만 하면 된다.

리플렉션의 어셈블리 출력 평가

런타임 성능이 나빠지는 문제가 없도록 Town 클래스의 어셈블리 출력을 비교해보자. 여기서는 operator== 연산자가 아래와 같이 직접 작성된 동등equal 클래스를 사용한다.

```
auto operator==(const Town& t) const {
    return
        houses_  == t.houses_  &&
        settlers_ == t.settlers_ &&
        name_ == t.name_;
}
```

다음으로 두 개의 town을 참조로 사용하고 비교한 결과를 반환하는 간단한 함수를 만든다.

```
auto compare_towns(const Town& t0, const Town& t1) {
    return t0 == t1;
}
```

생성된 어셈블리 출력을 보면(이 경우 GCC 6.3으로 최적화 레벨 3을 사용했다) 정확하게 같은 어셈블리라는 것을 알 수 있다.

```
compare_reflected                              compare_non_reflected
    xor     eax, eax                               xor     eax, eax
    mov     rcx, QWORD PTR [rsi]                    mov     rcx, QWORD PTR [rsi]
    cmp     QWORD PTR [rdi], rcx                    cmp     QWORD PTR [rdi], rcx
    je      .L15                                    je      .L28
.L13:                                          .L27:
    rep ret                                        rep ret
.L15:                                          .L28:
    mov     rdx, QWORD PTR [rsi+8]                  mov     rdx, QWORD PTR [rsi+8]
    cmp     QWORD PTR [rdi+8], rdx                  cmp     QWORD PTR [rdi+8], rdx
    jne     .L13                                    jne     .L27
    mov     rdx, QWORD PTR [rdi+24]                 mov     rdx, QWORD PTR [rdi+24]
    cmp     rdx, QWORD PTR [rsi+24]                 cmp     rdx, QWORD PTR [rsi+24]
    jne     .L13                                    jne     .L27
    test    rdx, rdx                               test    rdx, rdx
    mov     eax, 1                                 mov     eax, 1
    je      .L13                                    je      .L27
    sub     rsp, 8                                 sub     rsp, 8
    mov     rsi, QWORD PTR [rsi+16]                 mov     rsi, QWORD PTR [rsi+16]
    mov     rdi, QWORD PTR [rdi+16]                 mov     rdi, QWORD PTR [rdi+16]
    call    memcmp                                 call    memcmp
    test    eax, eax                               test    eax, eax
    sete    al                                     sete    al
    add     rsp, 8                                 add     rsp, 8
    ret                                            ret
```

직접 제작한 연산자와 리플렉트한 연산자가 같은 어셈블리를 보여준다.

위와 같은 사실을 유념하면서 리플렉션을 사용한 접근이 런타임 성능에 어떠한 부담
도 주지 않는다는 점을 확실히 했다.

전역 함수의 조건적 오버로딩

이제 손으로 일일이 개별 변수를 입력하는 대신에 리플렉션을 사용해 일련의 함수를
출력할 준비는 끝났지만 모든 타입에 대한 단순화된 벌크 함수는 여전히 입력해줘야
한다. 리플렉트가 가능한 모든 타입에 대해 이러한 함수가 만들어질 수 있다면 어떨
까? 바꿔 말하면 reflect() 멤버 함수를 가진 모든 타입이 operator==, operator<,
전역 std::stream& operator를 가져야 한다. 첫 번째로 operator==와 operator<는
멤버 함수에서 전역 함수로 이동해야 한다. 다행히도 C++는 이런 함수가 멤버나 전역
함수가 되도록 허용하고 있다.

두 번째로 이런 함수들을 reflect() 멤버 함수를 가진 모든 클래스에 대해 활성화하
려면 std::experimental::is_detected와 std::enable_if_t를 결합해서 조건적으
로 활성화할 필요가 있다.

우선 **is_detected**에서 배운 아래 프로시저를 따라 해보고, **reflect()** 멤버 함수를 참조하는 **typedef**를 생성한다.

```
#include <experimental/type_traits>
template <typename T>
using has_reflect_member = decltype(&T::reflect);
```

다음으로 **is_reflectable_v**라는 불리언을 사용하는 템플릿을 만든다. 클래스가 **reflect()** 멤버를 갖고 있으면 **true**다.

```
namespace exp = std::experimental;
template <typename T>
constexpr bool is_reflectable_v =
    exp::is_detected<has_reflect_member, T>::value;
```

물론 이번 테스트는 단지 클래스가 **reflect()**라는 멤버를 갖고 있는지 확인하는 것이고, 파라미터가 없는지, 그리고 튜플을 반환하는지 장담할 수 없다. 어쨌든 이제 모든 리플렉트 가능한 클래스에게 비교와 **std::ostream**으로의 출력할 능력을 주는 전역 네임스페이스에서 세 개의 함수를 오버로드할 수 있다.

```
// 리플렉트 가능한 타입에 대한 전역 equal 연산자
template <typename T, bool IsReflectable = is_reflectable_v<T>>
auto operator==(const T& a, const T& b)
-> std::enable_if_t<IsReflectable, bool> {
    return a.reflect() == b.reflect();
}

// 리플렉트 가능한 타입에 대한 전역 not-equal 연산자
template <typename T, bool IsReflectable = is_reflectable_v<T>>
auto operator!=(const T& a, const T& b)
-> std::enable_if_t<IsReflectable, bool> {
```

```
    return a.reflect() != b.reflect();
}

// 리플렉트 가능한 타입에 대한 전역 less-than 연산자
template <typename T, bool IsReflectable = is_reflectable_v<T>>
auto operator<(const T& a, const T& b)
-> std::enable_if_t<IsReflectable , bool> {
    return a.reflect() < b.reflect();
}

// 리플렉트 가능한 타입에 대한 전역 std::ostream 출력
template <typename T, bool IsReflectable = is_reflectable_v<T>>
auto operator<<(std::ostream& ostr, const T& v)
-> std::enable_if_t<IsReflectable, std::ostream&> {
    tuple_for_each(v.reflect(), [&ostr](const auto& m) {
        ostr << m << " ";
    });
    return ostr;
}
```

이번 절에서 std::enable_if_t에 대해 이미 설명했듯이 위의 함수들은 reflect() 멤버 함수를 포함하는 타입에 대해서만 존재하므로 다른 오버로드와 충돌하지 않는다.

리플렉션 능력 테스트

이제 아래와 같은 준비 사항이 갖춰졌다.

- 여기서 테스트할 Town 클래스는 해당 멤버에 대한 참조의 튜플을 반환하는 리플렉트 멤버 함수를 갖고 있다.
- 동등equality과 보다 작은less than 비교 함수들은 모든 리플렉트 가능한 타입에 대해 활성화돼 있다.
- 전역 std::ostream& operator<<는 리플렉트 가능한 타입을 오버로드한다.

다음은 이런 기능들을 검증하는 간단한 테스트다.

```
auto town_tester() {
    auto shire = Town{100, 200, "Shire"};
    auto mordor = Town{1000, 2000, "Mordor"};
    // 리플렉션을 사용해서 "100 200 Shire"을 출력한다.
    std::cout << shire;
    // 리플렉션을 사용해서 "1000 2000 Mordor"을 출력한다.
    std::cout << mordor;
    // mordor과 shire를 리플렉션을 사용해 비교한다.
    auto is_same = shire == morder;
    assert(!is_same);
}
```

매우 그럴싸해 보인다. 이러한 능력을 갖추면 코드 베이스에 있는 모든 클래스의 코드를 작성하는 작업에서 해방될 수 있다. 또한 이를 위해 **Town** 클래스를 리플렉션이 없는 경우와 단계적으로 비교해보자.

직접 작성한 연산자	연산자에 대한 리플렉션

<pre>class Town {
public:
  Town(
    size_t houses,
    size_t settlers,
    std::string name)
  : houses_{houses}
  , settlers_{settlers}
  , name_{name} {}
  auto operator==(const Town&t)const{
    return houses_ == t.houses_ &&
    settlers_ == t.settlers_ &&
    name_ == t.name_;
  }</pre>
	<pre>class Town {
	public:
	  Town(
	    size_t houses,
	    size_t settlers,
	    std::string name)
	  : houses_{houses}
	  , settlers_{settlers}
	  , name_{name} {}
	  auto reflect()const{
	    return std::tie(
	      houses_,
	      settlers_,
	      name_</pre>

```cpp
  auto operator!=(const Town&t)const{
    return !(*this == t);
  }
  auto operator<(const Town& t)const{
    auto a = std::tie(houses_,
      settlers_, name_);
    auto b = std::tie(t.houses_,
      t.settlers_, t.name);
    return a < b;
  }
  size_t houses_{};
  size_t settlers_{};
  std::string name_{};
};
auto operator<<(
  std::ostream& ostr, const Town& t
) -> std::ostream& {
  ostr << t.houses_ << " ";
  ostr << t.settlers_ << " ";
  ostr << t.name_ << " ";
  return ostr;
}
```
```cpp
  );
}
size_t houses_{};
size_t settlers_{};
std::string name_{};
};
```

코드를 보면 리플렉션을 사용하는 경우에 엄청난 양의 기본적 코드를 줄일 수 있음을 알 수 있다.

 보다 작은(less than) 연산자를 구현하는 것은 어렵지만 Town 예제에서 사용한 std::tie가 이것을 쉽게 만든다.

사례 2: 안전한 포괄적 형 변환 함수 작성

C++에서 다른 데이터 타입으로 형 변환할 때에는 잘못을 범하기 쉬운 여러 방법이 있다.

- 더 작은 비트 수를 사용하는 정수로 형 변환하면 손실된 값이 생긴다.
- 음수를 부호가 없는 정수로 형 변환하면 값이 손실된다.
- 포인터를 uintptr_t가 아닌 다른 정수로 형 변환하면 C++에서 uintptr_t만이 주소를 다룰 수 있는 유일한 정수 타입이기 때문에 올바른 주소가 잘못 저장된다.
- double을 float로 형 변환하면 double의 값이 float로 감당하기에 매우 큰 경우는 그 결과가 int로 될 수 있다.
- static_cast()를 사용해서 포인터 간에 형 변환을 하면 타입이 공통 베이스 클래스를 공유하지 않는 경우 정의되지 않은 동작을 할 수 있다.

좀 더 견고한 코드를 위해 포괄적인 형 변환 점검 함수를 생성해서 결과적으로 디버그 모드에서 형 변환을 검증하고 릴리스 모드에서는 최대한 빠르게 형 변환을 수행하도록 한다.

형 변환하는 타입에 따라 다른 점검 방법을 수행한다. 확인할 수 없는 타입으로 형 변환하는 경우에는 컴파일이 안 된다.

safe_cast()로 처리하는 경우도 있다.

- **같은 타입**: 말할 것도 없이 같은 타입을 형 변환하면 입력 값을 반환한다.
- **포인터에서 포인터**: 포인터 간에 형 변환할 경우 safe_cast()는 형 변환이 가능한지 확인하고자 디버그 상태에서 동적 형 변환을 수행한다.
- **더블에서 부동소수점**: safe_cast()는 한 가지 경우를 제외하고 double에서 float로 형 변환하면서 정밀도의 손실을 허용한다. double에서 float로 형

변환할 때 float가 처리하기에 너무 큰 double 값일 수 있다.

- **산술적**^{arithmetic} **타입 간**: 산술(계산용) 타입 간에 형 변환을 하면 그 값은 정밀도를 잃는지 검증하고자 원래의 타입으로 다시 형 변환한다.

- **포인터에서 포인터 아닌 타입**: 포인터를 포인터가 아닌 타입으로 형 변환하면 safe_cast()는 대상 타입이 uintptr_t나 intptr_t인지 확인한다. 이 타입은 주소를 보유할 수 있음이 보장되는 유일한 정수 타입이다.

- 나머지 경우에는 safe_cast() 함수가 컴파일되지 않는다.

위 내용을 어떻게 구현할 수 있는지 살펴보자. constexpr 논리 값에 형 변환 동작의 정보를 가져오는 것부터 시작한다. const 논리 값이 아니라 constexpr인 이유는 나중에 constexpr 조건이 필요한 if constexpr 구문에서 사용하기 위해서다.

```
template <typename T> constexpr auto make_false() { return false; }
template <typename Dst, typename Src>
auto safe_cast(const Src& v) -> Dst{
    using namespace std;
    constexpr auto is_same_type = is_same_v<Src, Dst>;
    constexpr auto is_pointer_to_pointer =
        is_pointer_v<Src> && is_pointer_v<Dst>;
    constexpr auto is_float_to_float =
        is_floating_point_v<Src> && is_floating_point_v<Dst>;
    constexpr auto is_number_to_number =
        is_arithmetic_v<Src> && is_arithmetic_v<Dst>;
    constexpr auto is_intptr_to_ptr = (
        (is_same_v<uintptr_t,Src> || is_same_v<intptr_t,Src>)
        && is_pointer_v<To>;
    constexpr auto is_ptr_to_intptr =
        is_pointer_v<Src> &&
        (is_same_v<uintptr_t,Dst> || is_same_v<intptr_t,Dst>);
```

그럼 이제 constexpr 논리 값으로 형 변환에 대한 모든 정보를 갖고 있으니 형 변환을 수행할 수 있는 컴파일 시에 어써트[assert]를 넣는다. 앞에서 언급한 static_assert() 는 조건에 만족하지 않으면 컴파일에 실패한다(일반 어써트와 달리 런타임에 조건을 확인한다).

if/else문의 끝에 static_assert()와 make_false<T>를 사용한 점을 유의하자. safe_cast()가 컴파일하는 것을 막기 때문에 단순하게 static_assert(false, "")를 넣을 수는 없다. 대신 템플릿 함수인 make_false<T>()를 필요할 때까지 생성되는 것을 지연시키고자 사용한다.

실제로 static_cast()가 수행되면 원래 타입으로 다시 형 변환하고 그 결과가 형 변환 전의 인수와 같은지 일반 런타임 어써트를 써서 확인한다. 이로써 static_cast()에서 데이터 손실이 없다는 점을 분명히 한다.

```cpp
if constexpr(is_same_type) {
    return v;
}
else if constexpr(is_intptr_to_ptr || is_ptr_to_intptr){
    return reinterpret_cast<Dst>(v);
}
else if constexpr(is_pointer_to_pointer) {
    assert(dynamic_cast<Dst>(v) != nullptr);
    return static_cast<Dst>(v);
}
else if constexpr(is_float_to_float) {
    auto casted = static_cast<Dst>(v);
    auto casted_back = static_cast<Src>(v);
    assert(!isnan(casted_back) && !isinf(casted_back));
    return casted;
}
else if constexpr(is_number_to_number) {
    auto casted = static_cast<Dst>(v);
```

```
        auto casted_back = static_cast<Src>(casted);
        assert(casted == casted_back);
        return casted;
    }
    else {
        static_assert(make_false<Src>(),"CastError");
        return Dst{}; // 절대 실행할 일이 없다
        // static_assert가 반드시 실패했어야 한다.
        }
}
```

위의 함수를 조건부로 컴파일하려면 **if constexpr**의 사용법을 알아두자. 일반적인 **if**문을 사용했다면 이 함수는 컴파일이 안 된다.

다음은 일반 **if**문을 사용한 경우에 컴파일에 실패할 것이다.

```
auto x = safe_cast<int>(42.0f);
```

이는 컴파일러가 다음과 같은 줄을 컴파일하려고 시도하고, **dynamic_cast**는 오직 포인터만 허용하기 때문이다.

```
// To의 타입은 정수다.
assert(dynamic_cast<int>(v) != nullptr); // 컴파일이 안 된다.
```

하지만 **if constexpr**과 **safe_cast<int>(42.0f)** 덕분에 아래의 함수는 정상적으로 컴파일한다.

```
auto safe_cast(const float& v) -> int {
    constexpr auto is_same_type = false;
    constexpr auto is_pointer_to_pointer = false;
    constexpr auto is_float_to_float = false;
```

```
    constexpr auto is_number_to_number = true;
    constexpr auto is_intptr_to_ptr = false;
    constexpr auto is_ptr_to_intptr = false
    if constexpr(is_same_type) { /*Eradicated*/ }
    else if constexpr(is_intptr_to_ptr||is_ptr_to_intptr){/*Eradicated*/}
    else if constexpr(is_pointer_to_pointer) {/*Eradicated*/}
    else if constexpr(is_float_to_float) {/*Eradicated*/}
    else if constexpr(is_number_to_number) {
        auto casted = static_cast<int>(v);
        auto casted_back = static_cast<float>(casted);
        assert(casted == casted_back);
        return casted;
    }
    else { /*Eradicated*/ }
}
```

코드를 보면 is_number_to_number 부분을 제외하고는 if constexpr 구문 사이에 있
던 모든 것이 완전히 제거됐고, 함수는 컴파일된다.

사례 3: 컴파일 시의 해시 문자열

예를 들어 비트맵을 검증하는 정렬되지 않은 문자열의 맵으로 구성된 자원 관리 시스
템을 갖고 있다고 가정해보자. 비트맵이 이미 로딩됐다면 로딩된 비트맵을 반환하고,
아니면 비트맵을 로드해서 반환한다.


```
// 파일 시스템에서 비트맵을 로드하는 외부 함수
auto load_bitmap_from_filesystem(const char* path) -> Bitmap {...}

// 비트맵 캐시
auto get_bitmap_resource(const std::string& path) -> const Bitmap& {
    // 로딩된 모든 비트맵의 정적 저장소
    static auto loaded = std::unordered_map<std::string, Bitmap>{};
```

```
    // 비트맵이 이미 loaded_bitmaps에 로드된 경우 반환한다.
    if (loaded.count(path) > 0) {
        return loaded.at(path);
    }
    // 아직 로드되지 않았다면 로드해서 반환한다.
    auto bitmap = load_bitmap_from_filesystem(path.c_str());
    loaded.emplace(path, std::move(bitmap));
    return loaded.at(path);
}
```

이제 비트맵 캐시는 비트맵 자원이 필요할 때마다 사용된다.

- 아직 로드되지 않았으면 get_bitmap_resource() 함수가 로드해서 반환한다.
- 이미 어딘가에 로드됐으면 get_bitmap_resource()는 단순히 로드된 함수를 반환한다.

따라서 어떤 draw 함수를 먼저 실행하는 것과 상관없이 두 번째 실행은 비트맵을 디스크에서 로드할 필요가 없다.

```
auto draw_something() {
    const auto& bm = get_bitmap_resource("my_bitmap.png");
    draw_bitmap(bm);
}
auto draw_something_again() {
    const auto& bm = get_bitmap_resource("my_bitmap.png");
    draw_bitmap(bm);
}
```

컴파일 시 해시 합계 계산의 장점

이번에 해결하고자 하는 문제는 **get_bitmap_resource("my_bitmap.png")**가 실행될 때마다 애플리케이션이 런타임에 **"my_bitmap.png"** 문자열 해시 합계를 계산하는 것이다. 이미 컴파일 시에 계산을 수행하므로 애플리케이션을 실행할 때 해시 합계는 이미 계산돼 있다. 메타프로그래밍으로 함수와 클래스를 컴파일 시에 생성하는 것을 알았으니 해시 합계도 컴파일 시에 생성하도록 만들어본다.

 결론으로 언급하고 싶은 주제 중 하나는 소위 마이크로 최적화(micro-optimization)다. 작은 문자열의 해시 합계를 구하는 것은 워낙 조그만 동작이라 애플리케이션 성능에 전혀 영향이 없다는 생각에 전적으로 동의한다. 여기서 다루는 예제는 어떤 연산을 런타임에서 컴파일 시로 이동시키는 방법이고, 이러한 방법이 성능에 중대한 영향을 줄 수 있는 경우도 있다. 주제와는 별개로 부실한 하드웨어에서 동작하는 소프트웨어를 작성할 때 문자열 해시는 사치다. 하지만 컴파일 과정에서 문자열 해시는 모든 연산이 컴파일 시에 진행되므로 이러한 사치를 어느 플랫폼에서나 누릴 수 있게 한다.

컴파일 시 해시 함수의 구현과 검증

컴파일러가 컴파일 시에 해시 합계를 계산하게 하려면 std::string과 같은 고급 클래스 컴파일 시에 평가될 수 없기 때문에 hash_function()이 널[null]로 종료되는 기본형 char 문자열을 파라미터로 사용하도록 다시 작성해야 한다. 이렇게 하면 hash_function()에 constexpr을 쓸 수 있다.

```
constexpr auto hash_function(const char* str) -> size_t {
    auto sum = size_t{0};
    for(auto ptr = str; *ptr != '\0'; ++ptr)
        sum += *ptr;
    return sum;
}
```

이제 기본형 문자열로 컴파일 시에 이 함수를 호출해보자.

```
auto hash = hash_function("abc");
```

다음으로 컴파일러는ASCII 값에 해당하는 a, b, c(97, 98, 99)의 합계인 아래와 같은 코드 조각을 생성할 것이다.

```
auto hash = size_t{294};
```

 단순하게 개별 값들을 더하는 것은 좋지 못한 해시 함수의 예다. 여기서는 이해를 돕고자 사용했지만, 실제로 사용하는 애플리케이션에서는 이렇게 사용하면 안 된다. 더 좋은 해시 함수는 4장에서 다뤘듯이 boost::hash_combine()으로 개별 문자를 조합하는 것이다.

hash_function()은 컴파일러 시에 컴파일러가 문자열임을 안다면 컴파일 시에만 평가할 것이다. 그렇지 않으면 컴파일러는 다른 구문과 같이 constexpr을 런타임에 실행한다.

PrehashedString 클래스 작성

이제 해시 함수가 준비됐으니 미리 해시된 문자열을 위한 클래스를 만들어보자. 아래와 같이 구성할 수 있다.

- 기본형raw 문자열을 파라미터로 사용하고, 생성 시에 해시를 계산하는 생성자
- 비교 연산자
- 해시를 반환하는 get_has() 멤버 함수
- 단순하게 해시 값을 반환하는 std::hash()의 오버로드가 필요하고, std::unordered_map, std::unordered_set, 또는 해시 값을 사용하는 다른 STL 클래스가 사용한다. 즉 STL 컨테이너를 인식하며, PrehashedString용 해시 함수로 존재한다.

다음은 PrehashedString 클래스를 간단하게 구현한 것이다.

```cpp
class PrehashedString {
public:
    template <size_t N>
    constexpr PrehashedString(const char(&str)[N])
    : hash_{hash_function(&str[0])}
    , size_{N - 1} // The subtraction is to avoid null at end
    , strptr_{&str[0]}
    {}
    auto operator==(const PrehashedString& s) const {
        return
            size_ == s.size_ &&
            std::equal(c_str(), c_str() + size_, s.c_str());
    }
    auto operator!=(const PrehashedString& s) const {
        return !(*this == s); }
    constexpr auto size()const{ return size_; }
    constexpr auto get_hash()const{ return hash_; }
    constexpr auto c_str()const->const char*{ return strptr_; }
private:
    size_t hash_{};
    size_t size_{};
    const char* strptr_{nullptr};
};

namespace std {
    template <>
    struct hash<PrehashedString> {
        constexpr auto operator()(const PrehashedString& s) const {
            return s.get_hash();
        }
    };
}
```

PrehashedString이 컴파일 시 문자열만 허용하도록 제한

생성자 안에서 템플릿을 다루는 요령을 알아보자. PrehashedString이 컴파일 시 문자열만 그대로 허용하게 만드는 것이다. 이렇게 만드는 이유는 PrehashedString 클래스가 const char* ptr을 소유하지 않았으므로 컴파일 시에 생성된 문자열만 사용하게 할 수 있다.

```
// 컴파일된다.
auto prehashed_string = PrehashedString{"my_string"};

// 컴파일이 안 된다.
// str이 변경되면 prehashed_string 객체가 손상된다.
auto str = std::string{"my_string"};
auto prehashed_string = PrehashedString{str.c_str()};

// 컴파일이 안 된다.
// strptr을 찾아내면 prehashed_string 객체가 손상된다.
auto* strptr = new char[5];
auto prehashed_string = PrehashedString{strptr};
```

PrehashedString 평가

이제 모든 것이 준비됐으니 컴파일러가 PrehashedString을 어떻게 처리하는지 살펴보자. 다음은 "abc" 문자열의 해시 값을 반환하는 간단한 테스트 함수다.

```
auto test_prehashed_string() {
    const auto& hash_fn = std::hash<PrehashedString>{};
    const auto& str = PrehashedString("abc");
    return hash_fn(str);
}
```

단순화해서 "abc" 문자열을 사용했다. 해시 함수는 단지 값들을 더하고, "abc"의 문자들은 ASCII 값 a = 97, b = 98, c = 99를 갖는다. 어셈블리(Clang 4.0으로 생성했다)는 합계인 97+98+99=294를 어딘가에 출력해야 한다. 어셈블리를 검사해보면 test_prehashed_string() 함수가 294를 반환하는 정확히 한 개의 구문을 컴파일하고 있다.

```
mov     eax, 294
ret
```

이는 test_prehashed_string() 함수 전체가 컴파일 시에 실행됐음을 의미한다. 애플리케이션을 실행할 때 해시 합은 이미 계산돼 있다.

PrehashedString으로 get_bitmap_resource() 평가

이전에 다뤘던 get_bitmap_resource() 함수로 다시 돌아가 보자. std::string은 PrehashedString으로 대체된다.

```cpp
// 비트맵 캐시
auto get_bitmap_resource(const PrehashedString& path) -> const Bitmap& {
    // 모든 로드된 비트맵의 정적 저장소
    static auto loaded_bitmaps =
        std::unordered_map<PrehashedString, Bitmap>{};
    // loaded_bitmaps에 이미 있으면 반환한다.
    if (loaded_bitmaps.count(path) > 0) {
        return loaded_bitmaps.at(path).second;
    }
    // 아직 로드되지 않았다면 로드해서 반환한다.
    auto bitmap = load_bitmap_from_filesystem(path.c_str());
    loaded_bitmaps.emplace(path, std::move(bitmap));
    return loaded_bitmaps.at(path);
}
```

테스트용 함수도 필요하다.

```
auto test_get_bitmap_resource() { return get_bitmap_resource("abc"); }
```

여기서 알아내려고 하는 것은 위 함수가 해시 합을 미리 계산하는지 여부다. **get_bitmap_resource()**는 별로 하는 일이 없으므로(맵을 검사하는 정적std::unordered_map을 생성), 출력된 어셈블리 코드는 약 500줄 정도 된다. 마법 같은 해시 합계가 어셈블리 코드 안에서 발견되면 성공했다는 의미다.

Clang 4.0으로 생성된 어셈블리 코드를 검사하면 해시 합계인 294에 해당하는 줄을 찾을 수 있다.

```
.quad    294            # 0x126
```

단지 좀 더 확실히 하고자 문자열을 **"abc"**에서 **"aaa"**로 바꿔서 97 * 3 = 291로 어셈블리 내에서 위 줄의 내용이 변경돼야 하고, 이외의 다른 부분은 동일해야 한다.

이렇게 해서 해시 합계와 전혀 상관없는 다른 매직 넘버가 뜬 것은 아닌지 확인한다. 출력된 어셈블리를 확인하면 원하던 결과를 찾을 수 있다.

```
.quad    291            # 0x123
```

위 줄을 제외한 나머지가 모두 같으니 해시가 컴파일 시에 계산된 것으로 가정할 수 있다.

▌요약

8장에서는 메타프로그래밍으로 함수와 값을 런타임이 아닌 컴파일 시에 생성하는 방법을 알아봤다. 또한 이를 위해 최신 C++에서 템플릿, constexpr, static_assert(), if constexpr과 타입 특성을 사용하는 방법도 배웠다. 게다가 문자열 해시 상수로 컴파일 시 평가를 사용하는 방법을 실용적인 예제로 다뤘다. 9장에서는 숨겨진 프록시 객체를 생성하는 방법을 알아보고, 라이브러리를 제작하고자 C++ 도구상자를 확장하는 방법을 알아본다.

09

프록시 객체와 지연 평가

9장에서는 필요한 시점까지 특정 코드의 실행을 보류하는 데 사용되는 프록시^proxy^ 객체와 지연 평가^lazy\ evaluation^를 알아본다. 프록시 객체를 사용하면 최적화는 내부적으로 수행되므로 노출된 인터페이스만 남게 된다.

▍ 지연 평가와 프록시 객체의 소개

무엇보다도 9장에서 사용할 기술은 라이브러리의 사용자에게 라이브러리 안의 최적화 작업을 숨기는 데 사용된다. 이는 개별 함수마다 모든 최적화 기술을 노출시키면 라이브러리의 사용자 입장에서는 더 많은 주의와 학습이 필요하기 때문이다.

또한 함수가 많으면 코드 베이스가 커지고 점점 읽고 이해하기 어려워진다. 프록시

객체를 사용하면 최적화는 내부적으로 동작하게 만들 수 있어서 결과적으로 코드는
최적화되고 읽기도 쉽다.

지연 평가와 선행 평가의 비교

지연 평가는 실행 결과가 정말로 필요할 때까지 어떤 동작을 연기하는 데 사용한다.
반대로 동작이 바로 수행되는 것을 선행 평가라고 한다. 일부 조건에서 선행 평가는
사용하지 않을 값을 생성해두므로 최적화 측면에서 바람직하지 않다.

오디오 라이브러리에 해당하는 다음과 같은 함수 클래스를 살펴보자. 오디오 파일
이름을 구하는 두 개의 함수로 구성되며, 주어진 파일명이 없으면 오디오 파일을 전달
하는 get_eager()라는 함수와 파일명이 존재하지 않으면 오디오 파일을 반환할 함수
를 전달하는 get_lazy()가 있다.

```cpp
struct Audio {};
auto load_audio(const std::string& path) -> Audio {...};

class AudioLibrary {
public:
    auto get_eager(std::string id, const Audio& otherwise)const{
        return map_.count(id) ? map.at(id) : otherwise;
    }
    auto get_lazy(std::string id, std::function<Audio> otherwise)const{
        return map_.count(id) ? map.at(id) : otherwise();
    }
private:
    std::map<std::string, Audio> map_{};
};
```

get_eager() 함수를 사용하면 load_audio("default_fox.wav")가 반환된 값을 사용
하지 않아도 실행된다.

```
auto library = AudioLibrary{};
auto red_fox_sound = library.get_eager(
    "red_fox",
    load_audio("default_fox.wav")
);
```

하지만 호출 시에 오디오 파일을 반환하는 함수를 건네받은 **get_lazy()** 멤버 함수를
사용하면 **load_audio("default_fox.wav")**는 필요할 때에만 실행된다.

```
auto library = AudioLibrary{};
auto red_fox_sound = library.get_lazy(
    "red_fox",
    [](){ return load_audio("default_fox.wav"); }
);
```

이 코드는 매우 간단하지만 마치 즉각적으로 실행되는 것과 같은 방식으로 코드가
구성돼 있다. 이제 좀 더 고급 구문으로 구성된 지연 평가를 위한 프록시 객체를 사용
하는 방법을 알아보자.

▌프록시 객체

프록시 객체는 라이브러리 사용자에게 노출될 필요가 없는 내부적인 라이브러리 객체
를 말한다. 프록시 객체의 작업은 필요할 때까지 작업을 연기하고, 실행 구문이 평가
되고 최적화될 때까지 구문의 데이터를 모으는 것이다. 하지만 기본적으로 프록시
객체는 드러나지 않게 동작한다. 라이브러리의 사용자는 마치 프록시 객체가 그 자리
에 없는 것처럼 구문을 처리해야 한다.

달리 말하면 프록시 객체를 사용하면 기본 구문은 거의 그대로 두고 자신의 라이브러리 안에서의 최적화는 캡슐화한다.

프록시를 사용한 문자열 합치기 비교

두 개의 문자열을 합치고 결과를 비교하는 아래와 같은 코드의 일부를 살펴보자.

```cpp
auto func_a() {
    auto a = std::string{"Cole"};
    auto b = std::string{"Porter"};
    auto c = std::string{"ColePorter"};
    auto is_cole_porter = (a + b) == c;
    // is_cole_porter는 true다.
}
```

다음은 위의 코드를 시각화해서 나타낸 것이다.

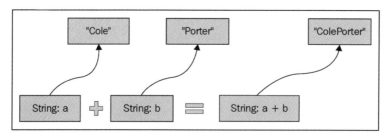

두 개의 문자열을 하나의 문자열로 합치기

여기서 문제는 (a + b)가 c를 가지고 비교하고자 새로운 임시 문자열을 만든다는 점이다. 이와 같이 새로운 문자열을 만드는 대신 다음과 같이 바로 합쳐진 문자열을 비교할 수 있다.

```
auto is_concat_equal(
    const std::string& a,const std::string& b,const std::string& c
) {
    return
        a.size() + b.size() == c.size() &&
        std::equal(a.begin(), a.end(), c.begin()) &&
        std::equal(b.begin(), b.end(), c.begin() + a.size());
}
```

이제 아래와 같이 활용할 수 있다.

```
auto func_b() {
    auto a = std::string{"Cole"};
    auto b = std::string{"Porter"};
    auto c = std::string{"ColePorter"};
    auto is_cole_porter = is_concat_equal(a, b, c);
}
```

성능 측면에서도 약간의 성과가 있지만 구조적으로 특수한 경우에만 편리한 함수로 만들어진 코드 베이스는 실용적이지 못하다. 그러므로 원래의 구문이 그대로 있으면서 최적화할 수 있는 방법을 살펴보자.

프록시 구현

우선 두 개의 문자열을 합친다는 용도를 나타내는 프록시 클래스를 생성한다.

```
struct ConcatProxy {
    const std::string& a;
    const std::string& b;
};
```

다음으로 우리가 사용할 String 클래스를 만드는데, 단순하게 std::string과 오버로드된 operator+ 메서드로 구성된다. 여기서는 프록시 객체를 만들어 사용해보기 위한 예제라는 점을 유념한다. 직접 String 클래스를 만드는 것은 권하지 않는다.

```
class String {
public:
    String() = default;
    String(std::string istr) : str_{std::move(istr)}{}
    std::string str_{};
};

auto operator+(const String& a, const String& b) {
    return ConcatProxy{ a.str_, b.str_ };
}
```

다음은 이 코드를 시각화한 것이다.

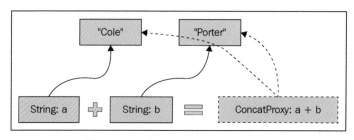

합쳐진 두 문자열을 나타내는 프록시 객체

마지막으로 is_concat_equal() 함수를 쓰는 전역 operator== 메서드를 생성한다. ConcatProxy는 명시적 r-value임에 유의하고, 이는 9장의 후반부에서 설명한다.

```
auto operator==(ConcatProxy&& concat, const String& str) -> bool {
    return is_concat_equal(concat.a, concat.b, str.str_);
}
```

이제 모든 것이 준비됐으므로 어느 면으로 봐도 최선인 결과를 얻을 수 있다.

```cpp
auto func_c() {
    auto a = String{"Cole"};
    auto b = String{"Porter"};
    auto c = String{"ColePorter"};
    auto is_cole_porter = (a + b) == c;
    // is_cole_porter는 true다.
}
```

달리 말해 좋은 구문을 가진 func_a()를 유지하면서 func_b()의 성능을 얻은 것이다.

성능 평가

성능적인 이점을 평가하려면 다음과 같이 100'000'000 문자열을 비교하는 코드를 사용할 수 있다.

```cpp
auto n = size_t{100'000'000};
auto a = std::vector<String>{};
auto b = std::vector<String>{};
auto c = std::vector<String>{};
a.resize(n);
b.resize(n);
c.resize(n);
// {임의의 문자열로 벡터를 채운다...}
auto num_equal = 0;
for(size_t i = 0; i < n; ++i) {
    num_equal += (a[i] + b[i] == c[i]) ? 1 : 0;
}
```

위 코드를 인텔 i7 7700k CPU에서 실행하면 다음과 같은 결과를 얻는다.

비교 타입	시간(밀리초)	속도 향상
프록시 객체가 없는 경우	675	1.00배
프록시 객체를 사용한 경우	62	10.7배

달리 말해 프록시 객체를 통한 속도 향상은 임시 문자열과 그에 따라 발생하는 할당 과정을 없애면 거의 11배 정도 빨라진다.

r-value 수정자

앞의 예제 코드에서 전역 operator== 메서드는 r-value만을 허용한다. l-value를 허용하려면 다음과 같이 결과적으로 프록시를 잘못 사용하게 된다.

```
auto fail() {
    auto concat = String("Cole") + String("Porter");
    auto is_cole_porter = concat == String("ColePorter");
}
```

여기서의 문제점은 문자열 Cole과 Porter의 비교가 실행될 때 소멸돼서 실패로 끝난다는 점이다. concat 객체가 r-value가 되게 만든다면 코드는 위의 코드 예제처럼 사용할 때 컴파일이 안 된다. 물론 std::move(concat) == String("ColePorter")를 사용해 컴파일하도록 억지로 해볼 수는 있지만 실용적이지 않다.

합쳐진 프록시 할당

이제 문자열을 단순히 비교하는 것보다 새로운 문자열에 합쳐진 문자열을 저장하는 것은 어떨지 궁금할 수 있다. 여기서는 단순히 operator String() 메서드를 오버로드해서 문자열을 합친 것이 암시적으로 문자열로 변환할 수 있게 만들면 다음과 같다.

```
struct ConcatProxy {
    const std::string& a;
    const std::string& b;
    operator String() const && { return String{a + b}; }
};

auto func() {
    String c = String{"Marc"} + String{"Chagall"};
}
```

여기에 사소한 문제가 하나 있다. 결과가 ConcatProxy로 끝나기 때문에 auto 키워드로 새로운 String 객체를 초기화하지 못한다.

```
auto c = String{"Marc"} + String{"Chagall"};
// auto 때문에 c는 ConcatProxy다.
```

안타깝지만 이를 해결할 방법이 없다. 결과는 String으로 명시적인 타입을 취해야한다.

▌ 거리 비교 시 제곱 계산의 보류

이번 절에서는 2차원상의 지점 간에 거리를 비교할 때 연산이 많은 std::sqrt() 메서드의 실행을 연기하거나 피하고자 프록시 객체를 사용하는 방법을 보여준다.

간단한 2차원 지점 클래스

먼저 2차원에서 간단한 지점 클래스로 시작해보자. 지점은 x, y 좌표와 서로의 거리를 계산하는 멤버 함수를 갖고 있다.

```
class Point{
public:
    Point(float x, float y) : x_{x}, y_{y} {}
    auto distance(const Point& p) const {
        auto dist_sqrd = std::pow(x_-p.x_, 2) + std::pow(y_-p.y_, 2)
        return std::sqrt(dist_sqrd);
    }
private:
    float x_{};
    float y_{};
};
```

이 코드의 간단한 사용법은 다음과 같다.

```
auto target = Point{3, 5};
auto a = Point{6, 9};
auto b = Point{7, 4};
auto nearest_target =
    target.distance(a) < target.distance(b) ? a : b;
auto a_to_b_distance = a.distance(b);
```

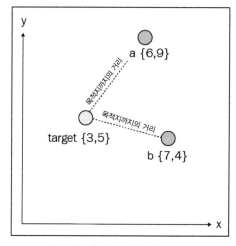

목적지까지의 두 임의 지점 거리

수학적 배경

거리 계산 과정을 수학적으로 살펴보면 약간 흥미로운 점을 알 수 있다. 거리를 위해 사용한 공식은 다음과 같다.

$$distance = \sqrt{(x_0 - x_1)^2 + (y_0 - y_1)^2}$$

하지만 두 지점의 거리만 비교한다면 아래와 같이 거리를 제곱하는 것이 필요한 전부다.

$$distance^2 = (x_0 - x_1)^2 + (y_0 - y_1)^2$$

std::sqrt() 작업이 서로의 거리만 비교할 때는 필요 없으므로 생략한다. 이 경우 장점은 std::sqrt()가 상대적으로 느린 동작이므로 좀 더 많은 지점 간의 거리를 비교하는 경우 성능에 유리하다.

여기서 생기는 의문은 깔끔한 구문을 유지하면서 구현할 수 있는 방법이다. 거리를 비교할 때 보이지 않게 내부적으로 최적화를 수행하는 간단한 라이브러리로 만드는 프록시 객체를 사용하는 방법을 살펴보자.

 거리 제곱은 std::sqrt()에서 정밀도가 떨어질 수 있기 때문에 부동소수점 값을 사용하는 것이 더 정확하다. 정밀도가 떨어지면 두 개의 비슷한 값의 제곱근을 구하면 결과가 같을 수도 있다. 즉 std::sqrt(56.999999999999)의 결과가 정밀도 때문에 std::sqrt(57)와 같을 수 있다.

위 과정을 더 분명하게 하고자 원래의 Point 클래스로 시작하지만 distance() 함수는 distance_squared()와 distance() 함수 두 개로 구분한다.

```
class Point {
public:
```

```
    Point(float x, float y) : x_{x}, y_{y} {}
    auto distance_squared(const Point& p) const {
        return std::pow(x_-p.x_, 2) + std::pow(y_-p.y_, 2);
    }
    auto distance(const Point& p) const {
        return std::sqrt(distance_squared(p));
    }
private:
    float x_{};
    float y_{};
};
```

다음 그림은 앞의 코드를 시각화한 것이다.

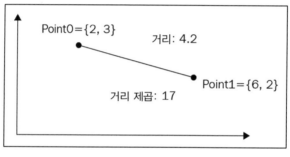

두 지점 간의 거리와 거리 제곱

Point 클래스의 사용자가 특정 임곗값보다 두 지점 간의 거리가 더 가까운지 결정하는 편리한 함수를 하나 구현한다고 가정해보자. 현재 두 개의 선택이 있는데, 하나는 distance() 함수를 사용하는 것이고 다른 하나는 distance_squared() 함수를 사용하는 것이다. 각각에 대한 구현은 다음 표와 같다.

distance() 멤버 함수 사용	distance_squared() 멤버 함수 사용
| ```
auto is_near0(Point a, Point b,
float th) {
  auto dist = a.distance(b);
  return dist < th;
}
``` | ```
auto is_near1(Point a, Point b, float th)
{
  auto th_sqrd = std::pow(th, 2);
  auto dist_sqrd = a.distance_squared(b);
  return dist_sqrd < th_sqrd;
}
``` |

is_near0() 메서드는 가독성이 좋다는 장점이 있는 반면 is_near1() 메서드는 더 빠르다는 장점이 있다. 이는 std::pow(th, 2)가 is_near0의 a.distance(b) 내부에서 호출된 std::sqrt(th)보다 훨씬 빠르기 때문이다.

최적의 방안은 is_near0의 구문을 쓰면서 is_near1의 성능을 갖는 것이다.

이러한 결과를 만들려면 float 값을 distance() 멤버 함수에서 반환하는 대신 사용자에게서 숨겨진 어떤 중간 객체를 반환한다. 사용자가 숨겨진 객체를 어떤 식으로 사용하느냐에 따라 std::sqrt() 동작을 정말 필요할 때까지 실행하지 않는다. 이 객체는 DistProxy로 참조된다.

DistProxy 객체 구현

이제 지점 간에 거리를 구하는 프록시 객체인 DistProxy를 만들어보자. 지점의 거리는 단순히 두 점 사이의 거리 제곱과 특정 거리의 비교로 구성돼 있다. 실제 거리 제곱은 사용자가 일반적인 거리와 거리 제곱을 혼동하지 않도록 노출하지 않는다. 즉, 미리 주의하지 않는다면 코드의 사용자가 실수로 아래와 같이 작성할 수 있다.

```
auto a = Point{23, 45};
auto b = Point{55, 66};
auto spot = Point{34, 55};
// 아래는 거리 제곱과 거리를 비교하고 있으며, 발견이 어려운 버그다.
```

```
bool a_is_nearest = a.distance(spot) < b.distance_squared(spot);
```

실제 거리와 거리 제곱을 결과적으로 비교하게 되며, 찾아내기 어려운 버그가 생긴다.

프록시 객체인 **DistProxy**는 아래와 같이 구현되며, 두 지점의 좌표를 입력받고 일반적인 거리와 비교하는 메서드를 사용한다.

```
class DistProxy{
public:
    DistProxy(float x0, float y0, float x1, float y1)
    : dist_sqrd_{ std::pow(x0-x1, 2) + std::pow(y0-y1, 2) } {}
    auto operator<(float dist) const { return dist_sqrd_ < dist*dist ; }
private:
    float dist_sqrd_{};
};
```

다음으로 **float**인 실제 거리 대신 **DistProxy**를 반환하는 **Point** 클래스를 다시 작성한다.

```
class Point {
public:
    Point(float x, float y) : x_{x}, y_{y} {}
    auto distance(const Point& p) const {
        return DistProxy{x_, y_, p.x_, p.y_} ; }
    float x_{};
    float y_{};
};
```

is_near() 메서드는 이제 훨씬 빠른 동작을 하는 std::pow(x, 2)를 위해 std::sqrt() 동작을 제거해서 더 빠르게 비교를 수행하며, 두 번째 파라미터가 정수(2)일 때 특히 빠르다.

게다가 모든 것을 내부적으로 수행하는 것이 가장 큰 장점이다. is_near() 함수를 실행하는 과정은 거리 함수의 결과를 마치 거리 함수가 부동소수점 값을 즉각 반환하는 것처럼 부동소수점 값과 비교할 수 있다.

더 유용하도록 DistProxy 확장

이제 기본적인 준비가 됐으므로 DistProxy 클래스를 더욱 쓸 만하게 만들어보자. 예를 들어 사용자는 전달 받은 거리를 활용하거나 다른 거리와 비교하고자 할 수 있다.

DistProxy 클래스를 다른 DistProxy 클래스와 비교하는 것과 float로 암시적인 형 변환을 하는 기능으로 확장해보자.

```cpp
class DistProxy{
public:
    DistProxy(float x0, float y0, float x1, float y1)
    : dist_sqrd_{std::pow(x0 - x1, 2) + std::pow(y0 - y1, 2)}
    {}
    auto operator==(const DistProxy& dp) const {
        return dist_sqrd_ == dp.dist_sqrd_; }
    auto operator<(const DistProxy& dp) const {
        return dist_sqrd_ < dp.dist_sqrd_; }
    auto operator<(float dist) const {
        return dist_sqrd_ < dist*dist; }
    // float로 암시적 형 변환
    operator float() const { return std::sqrt(dist_sqrd_); }
private:
    float dist_sqrd_{};
};
```

DistProxy를 사용한 거리 비교

이제 PointDistance 프록시 클래스가 어떻게 동작하는지 알아보자. 이 예제에서는 bingo에 가장 가까운 지점이 a와 b 중에 어느 것인지 결정한다. 여기서 코드의 문법적 인 구성은 아직 사용하지 않은 PointDistance 프록시 클래스와 동일하다.

```
auto bingo = Point{31, 11};
auto a = Point{23, 42};
auto b = Point{33, 12};
bool a_is_nearest = a.distance(bingo) < b.distance(bingo);
```

내부적으로 최종적인 구문은 아래와 같이 확장된다.

```
// 이 DistProxy 객체는 외부에서 보이지 않는다.
DistProxy a_to_bingo = a.distance(bingo);
DistProxy b_to_bingo = b.distance(bingo);
// dist_sqrd_ 멤버를 비교하는 DistProxy의 멤버 operator<가 호출된다.
auto a_is_nearest = a_to_bingo < b_to_bingo;
```

이제 쓸 만해졌다. Point 클래스의 인터페이스는 그대로 있는 반면에 std::sqrt() 동작은 생략된다. 실제 거리가 필요할 경우 사용법을 보자.

DistProxy로 거리 계산

실제 거리를 요청하면 호출하는 코드는 아주 조금만 바꾼다. DistProxy 객체를 명시적인 float로 처리해야 하다. 즉, 평상시처럼 auto를 사용할 수 없다.

```
auto a = Point{23, 42};
auto b = Point{33, 12};
float dist = a.distance(b); // 여기서는 auto를 사용할 수 없다는 점을 주의한다.
```

앞에서 단순하게 auto를 쓰면 dist 객체는 float가 아니라 DistProxy 타입이 된다. 코드 베이스의 사용자가 명시적으로 DistProxy 객체를 처리하는 것을 원하지 않을 것이다. 프록시 객체는 내부적으로 모르게 동작하는 것이 좋고, 그 결과만 활용되도록 한다(이번 경우에는 비교 결과나 실제 거리 값이 float다). 프록시 객체를 완전히 숨길 수는 없더라도 잘못 사용하는 것을 막기 위해 최소한으로 줄여볼 수는 있다.

잘못된 DistProxy 사용 예방

DistProxy 클래스를 쓰는 경우 성능을 더 나쁘게 만드는 것처럼 보이는 경우가 있다. 클래스의 사용자가 Point 클래스를 아래와 같이 사용해야 하는 경우, 즉 거리를 구하고자 프로그래머의 요청에 따라 std::sqrt() 메서드가 여러 번 호출되는 경우를 말한다.

```
auto a = Point{23, 42};
auto b = Point{33, 12};
auto dist = a.distance(b);
float dist_float0 = dist;    // std::sqrt()를 호출했다.
float dist_float1 = dist;    // dist의 std::sqrt()가 다시 호출된다.
```

엉터리 예제이긴 하지만 실제로 일어날 수도 있는 조건이므로, 사용자가 operator float()를 DistProxy 객체당 한 번만 호출하게 만들고자 한다. 이러한 접근 방식으로 문제를 예방하고자 operator float() 멤버 함수를 오직 r-value로만 호출 가능하게 만든다. 즉, DistProxy 객체는 어떤 변수에 제한되지만 않으면 부동소수점으로만 변환될 수 있다.

operator float() 멤버 함수에서 수정자로 &&를 사용해 위와 같이 동작하게 만든다. && 수정자는 const 수정자처럼 동작하지만 const 수정자는 멤버 함수가 클래스를 수정하지 못하게 하고, && 수정자는 함수가 임시 클래스에서만 호출하게 한다.

수정 작업은 다음과 같다.

```
operator float() const && { return std::sqrt(dist_sqrd_); }
```

어떤 변수에 제한된 DistProxy 객체에서 operator float()를 호출하는 경우, 즉 아래의 예제처럼 dist 객체와 같다면 컴파일러는 컴파일하지 않는다.

```
auto a = Point{23, 42};
auto b = Point{33, 12};
auto dist = a.distance(b);   // "dist"는 DistProxy 타입이다.
float dist_float = dist;
```

하지만 a.distance(b)의 동작에서 아래와 같이 operator float()를 여전히 호출할 수 있다.

```
auto a = Point{23, 42};
auto b = Point{33, 12};
float dist_float = a.distance(b);
```

임시 DistProxy 클래스는 여전히 백그라운드에서 생성되지만 어떤 변수에 제한돼 있는 상태가 아니기 때문에 암시적으로 float로 변환될 수 있다. 이는 DistProxy 객체에서 operator float()를 여러 번 호출하는 것과 같은 잘못된 사용을 예방할 것이다.

성능 평가

성능을 향상시킨 후 성능을 평가해보자. 다음은 임의로 생성된 벡터 내의 특정 지점까지 거리를 구하는 함수다.

```
// 10000개의 임의의 지점을 생성한다.
auto points = std::vector<Point>{};
for(size_t i = 0; i < 10000; ++i) {
    auto x = static_cast<float>(std::rand());
    auto y = static_cast<float>(std::rand());
    points.emplace_back(x, y);
}
// 가장 가까운 지점까지의 거리를 구한다.
auto needle = Point{135.0f, 246.0f};
auto nearest_point = *std::min_element(
    points.begin(),
    points.end(),
    [&needle](const Point& a, const Point& b) {
        return a.distance(needle) < b.distance(needle);
    });
float dist = nearest_point.distance(needle);
```

DistProxy를 사용하면 위의 코드는 두 배 빠르게 실행된다(인텔 i7 7700k CPU를 사용해 측정했다). 그리고 위 구문만 보면 어떠한 최적화 기능도 사용되지 않은 것처럼 보인다.

연산자 오버로딩과 프록시 객체 생성

이미 알고 있겠지만 C++는 더하기, 빼기 등과 같이 코드를 더 읽기 편하게 만드는 표준 수학용 연산자와 함께 사용할 수 있는 사용자 정의 수학용 객체를 만드는 데 활용할 수 있는 연산자의 오버로드 기능을 갖고 있다. 또 다른 예로는 다음과 같이 객체를 스트림으로 변환하고자 오버로드된 표준 라이브러리 내의 스트림 연산자가 있다.

```
std::cout << "iostream " << "uses " << "overloaded " << "operators.";
```

어떤 라이브러리는 오버로드를 또 다른 형태로 사용한다. Range V3 라이브러리는 앞에서 설명한 것처럼 뷰를 구성하고자 아래 코드처럼 오버로드한다.

```
namespace rv = ranges::view;
auto odd_positive_numbers =
    std::vector<int>{-5, -4, -3, -2, -1, 0, 1, 2, 3, 4, 5}
    | rv::filtered([](auto v){ return v > 0; }
    | rv::filtered([](auto v){ return (v % 2) == 1; }
    ;
```

또 다른 라이브러리들은 아래와 같이 파이썬 키워드인 in을 에뮬레이션emulation할 수 있도록 중위 연산자infix operator를 생성하는 데 사용한다.

```
bool has_three = 3 <in> {1, 2, 3, 4, 5};
```

아마도 대부분은 창의적인 연산자 오버로딩에 대한 이견이 있겠지만, 이를 구현하는 방법을 이해하면 도움이 된다.

확장 메서드로서의 파이프 연산자

C#과 자바스크립트 같은 다른 언어와 비교해서 C++는 확장extension 메서드를 지원하지 않는다. 즉, 클래스를 새로운 멤버 함수로 지역적으로 확장할 수 없다.

예를 들면 std::vector를 contains(T val) 함수로 아래와 같이 사용되도록 확장할 수 없다.

```
auto numbers = std::vector<int>{1,2,3,4};
auto has_two = numbers.contains(2);
```

하지만 문법적으로 거의 비슷하게 파이프pipe 연산자를 오버로드해서 만들 수 있다.

```
auto has_two = numbers | contains(2);
```

파이프 연산자

다음과 같이 간단한 파이프 연산자를 구현하는 방법을 살펴보자.

```
auto numbers = std::vector<int>{1, 3, 5, 7, 9};
auto seven = 7;
bool has_seven = numbers | contains(seven);
```

파이프를 사용 가능한 구문과 함께 사용된 contains 함수는 numbers와 seven인 두 개의 인수를 갖고 있다. 좌측의 인수 numbers는 어떤 것이든 가능하다. 우측에 고유한 무언가를 포함하기 위해 오버로드가 필요하다.

그러므로 ContainsProxy라는 구조체를 생성하고, 우측 인수를 보유하게 한다. 이러한 방법으로 오버로드가 된 파이프 연산자는 해당 오버로드를 인지할 수 있다.

```
template <typename T>
struct ContainsProxy { const T& value_; };

template <typename Range, typename T>
auto operator|(const Range& r, const ContainsProxy<T>& proxy) {
    const auto& v = proxy.value_;
    return std::find(r.begin(), r.end(), v) != r.end();
}
```

이제 다음과 같이 사용할 수 있다. 타입을 지정해야 하기 때문에 구문이 여전히 보기 흉하지만 파이프 연산자는 동작한다.

```
auto numbers = std::vector<int>{1,3,5,7,9};
auto seven = 7;
auto proxy = ContainsProxy<decltype(seven)>{seven};
bool has_seven = numbers | proxy;
```

구문을 더 깔끔하게 만들고자 그 값을 사용하는 편의용 함수를 만들고 타입을 포함하는 프록시를 생성한다.

```
template <typename T>
auto contains(const T& v) { return ContainsProxy<T>{v}; }
```

필요한 준비 과정은 끝났다. 이제 어떤 타입이나 컨테이너에도 사용할 수 있다.

```
auto penguins = std::vector<std::string>{"Ping","Roy","Silo"};
bool has_silo = penguins | contains("Silo");
```

중위 연산자

무엇보다도 중위 연산자^{infix operator}를 추가하는 것은 일종의 해킹이면서 연산자 오버로딩을 남용하는 것이나 다름없다. 여기서 실제로 해볼 것은 보다 작은(operator<)과 보다 큰(operator>) 연산자 두 개를 오버로드해서 중위 연산자처럼 보이게 만드는 것이다.

별다른 의미는 없지만 이는 파이썬^{Python}의 in이라는 키워드를 찬양하는 파이썬의 팬인 친구에게 C++에서도 비슷한 것을 구현할 수 있다는 것을 보여주는 데 사용할 수 있다.

기본적으로 아래와 같이 목록에 객체가 포함돼 있는지 확인하고자 한다.

```
auto asia = std::vector<std::string>{"Korea","Philippines","Macau"};
auto africa = std::vector<std::string>{"Senegal","Botswana","Guinea"};
auto is_botswana_in_asia = "Botswana" <in> asia;
auto is_botswana_in_africa = "Botswana" <in> africa;
// is_botswana_in_asia는 false
// is_botswana_in_africa는 true
```

파이프 오버로드처럼 프록시를 만들지만 이 경우 프록시는 동작 과정에서 좌측 값을 보유한다.

```
template <typename T> struct InProxy { const T& val_; };
```

다음으로 in_tag라는 비어 있는 구조체를 정의하고 아래와 같이 in이라는 정적 객체를 초기화한다. in 객체는 <in_tag{}>보다는 <in>을 사용하는 중위 연산자를 호출하기 위한 것일 뿐이다. 즉, {}를 제거한다.

```
struct InTag{};
constexpr static auto in = InTag{};
```

InTag 타입은 이제 operator<를 위해 사용되므로, 오버로드를 인식할 수 있다.

```
template <typename T>
auto operator<(const T& v, const InTag&) { return InProxy<T>{v}; }
```

마지막으로 보다 큰(>) 연산자를 오버로드해서 in_proxy를 첫 번째 인수로 하고 우측은 두 번째로 한다. 또한 실제로 함수도 갖고 있다.

```
template <typename T, typename Range>
auto operator>(const InProxy<T>& p, const Range& r) {
    return std::find(r.begin(), r.end(), p.val_) != r.end();
}
```

이제 다음과 같이 활용할 수 있다.

```
auto africa = std::vector<std::string>{ "Kenya", "Ethiopia", "Kongo"};
auto sweden = std::string{"Sweden"};
auto is_sweden_in_africa = sweden <in> africa;
// is_sweden_in_africa는 false
```

내부적으로 코드가 아래의 코드와 같이 확장된다.

```
auto africa = std::vector<std::string>{ "Kenya", "Ethiopia", "Kongo"};
auto sweden = std::string{"Sweden"};
InTag in_tag{};
InProxy<std::string> p = sweden < in_tag;
bool is_sweden_in_africa = p > africa;   // is_sweden_in_africa은 false
```

더 읽을거리

이번 절에서 다룬 예제들은 파이프와 중위 연산자를 구현하는 기초적인 접근 방법을 보여준다. Range V3 라이브러리와 Paul Fultz의 Fit 라이브러리는 https://github.com/pfultz2/Fit에서 찾아 볼 수 있고, 이와 같은 라이브러리는 일반적인 함수를 쓰는 어댑터adapter를 구현하며 파이프 구문을 사용해 호출할 수 있게 해준다.

▎요약

9장에서는 지연 평가와 선행 평가의 차이점을 알아봤다. 또한 감춰진 프록시 객체를 사용해서 지연 평가를 보이지 않게 사용하는 방법도 알아봤다. 이는 자신의 클래스에서 인터페이스는 쓰기 쉽게 남겨 두고, 지연 평가를 통한 최적화 방법을 이해했다는 것을 의미한다.

복잡한 최적화 기능을 애플리케이션 코드에 노출시키는 대신 라이브러리 클래스 내부에 남아 있게 하기 때문에 이런 방식의 최적화 코드는 더욱 읽기는 편하고 오류가 발생할 가능성은 줄어든다.

10

동시성

10장에서는 공유 메모리를 갖고 스레드를 사용해서 C++ 동시 (실행) 프로그램을 만드는 방법을 알아본다. 데이터 경합^{data races}이나 교착 상태^{deadlock} 없이 동시성^{concurrent} 프로그램을 올바르게 작성하는 방법을 살펴본다. 또한 빠른 처리 시간^{latency}과 높은 처리량^{throughput}을 갖는 동시성 프로그램을 만드는 방법의 조언도 살펴본다.

진도를 나가기 전에 10장에서 동시성 프로그램에 관한 전체적인 소개나 C++에서의 동시성^{concurrency}에 대한 세부적인 내용을 다루지 않는다는 점을 먼저 언급해야 할 것 같다. 대신 성능과 관련된 지침을 다루면서 C++에서 동시성 프로그램을 작성하는 핵심적인 코드의 일부를 소개한다. 예전에 동시성 프로그램을 만들어본 적이 없다면 동시성 프로그램의 이론적인 측면을 다루는 소개 글을 먼저 살펴보는 것이 좋을 것 같다. 교착 상태와 크리티컬 섹션^{critical section}, 모니터, 조건 변수, 뮤텍스^{mutex}와 같은 개념은 간단하게 언급하겠지만 개념의 소개라기보다는 다시 한 번 상기해보는 기회일 것이다.

10장에서 다루는 내용은 다음과 같다.

- 병렬 실행, 공유 메모리, 데이터 경합과 교착 상태를 포함한 동시성 프로그래밍의 기초
- C++의 스레드 지원 라이브러리, 아토믹^{atomic} 라이브러리, 메모리 모델 소개
- 잠김 문제를 피하기 위한 프로그래밍 예제
- 성능에 관한 지침

▌동시성의 기본

동시성 프로그램은 몇 가지 작업을 병렬로 실행할 수 있다. 동시성 프로그램은 일반적으로 순차 프로그래밍보다 훨씬 어렵지만 동시성을 갖추면 프로그램이 갖는 여러 장점이 있다.

- **효율성**: 오늘날의 스마트폰과 데스크톱 컴퓨터는 여러 개의 CPU 코어를 갖고 있어 프로그램만 괜찮으면 병렬로 여러 개의 작업을 실행할 수 있다. 하나의 큰 작업을 여러 하위 작업으로 나눠서 관리할 수 있다면 이론적으로는 실행 시간을 CPU 코어의 수로 나눈 시간만큼 단축시킬 수 있다. 프로그램이 단일 CPU 코어에서 동작하더라도 입출력 관련된 작업 범위에서는 여전히 성능 측면에서 효과가 있을 수 있다. 하위 작업 하나가 입출력을 기다리는 동안에 다른 하위 작업이 CPU에서 필요한 작업을 처리할 수 있기 때문이다.
- **응답성**^{Responsiveness}**과 빠른 처리 시간**: 그래픽 사용자 인터페이스를 가진 애플리케이션은 애플리케이션이 화면에서 응답을 받을 수 없는 상태가 되지 않도록 방지하는 것이 중요하다. 이러한 무응답 상태를 예방하려면 시간이 많이 걸리는 작업을 구분된 백그라운드 스레드에서 수행하게 만들어서 시간이 많이 걸

리는 작업 때문에 사용자 화면을 관리하는 스레드가 잠기는 것을 막는다. 또한 오디오 데이터의 버퍼를 관리하는 함수가 별도로 구분된 우선순위가 높은 스레드에서 실행하게 만들어서 낮은 순위의 스레드에서 동작하는 나머지 프로그램은 화면이나 여타 기능을 처리할 수 있다.

- **시뮬레이션**: 동시성은 실제 상황에서 병렬로 처리 중인 시스템을 시뮬레이션하기 쉽게 만든다. 주변에서 볼 수 있는 것들 대부분이 동시에 발생하고, 순차 프로그래밍 모델로는 이러한 동시에 발생하는 과정을 모델링하기가 어렵다. 이 책에서는 시뮬레이션을 집중적으로 다루지는 않는 대신 동시성의 성능과 연관된 면을 자세히 살펴본다.

동시성 프로그래밍이 어려운 이유

동시성 프로그래밍이 어려운 이유는 몇 가지가 있다. 동시성 프로그램을 만들어본 경험이 있다면 아래와 같은 문제를 이미 만나본 적이 있을 것이다.

1. 안전한 방법으로 여러 스레드 간에 상태 정보^{state}를 공유하기가 어렵다. 동시에 읽거나 쓸 데이터가 생길 때마다 데이터의 경합^{race}으로부터 데이터를 보호할 수 있는 방법이 필요하다. 나중에 여러 예제를 살펴볼 것이다.

2. 동시성 프로그램은 여러 병렬 작업의 흐름이 있기 때문에 일반적으로 더 복잡하다.

3. 동시성은 디버깅을 복잡하게 만든다. 데이터의 경합 때문에 발생하는 버그는 스레드가 스케줄링되는 상황에 따라 다르기 때문에 디버깅이 매우 어렵다. 이런 종류의 버그는 재연시키기 어려울 뿐만 아니라 최악의 경우 디버거를 사용하는 순간 사라지기도 한다. 가끔은 아무 상관없는 콘솔 디버그 출력이 다중 스레드 프로그램의 동작에 변화를 가져와서 버그가 일시적으로 사라지기도 한다. 이런 주의 사항을 분명히 알렸음을 강조하고 싶다.

▎동시성과 병렬성

동시성과 병렬성은 가끔씩 서로 혼용되기도 한다. 하지만 두 가지는 다르고, 그 차이를 이해하는 것은 중요하다. 프로그램은 동시에 실행된다고 하는데, 여러 개의 개별 제어 흐름이 같은 시간 동안에 실행되는 것이다. C++에서 각각의 제어 흐름은 스레드로 표현된다. 스레드는 동시에 실행될 수도 있고 그렇지 않을 수도 있다. 동시에 실행된다면 병렬로 실행한다고 말한다. 병렬로 실행되는 동시성 프로그램은 명령어의 병렬 실행을 지원하는 한 개의 컴퓨터에서 실행될 필요가 있다. 즉, 여러 CPU 코어를 가진 컴퓨터를 말한다.

얼핏 보면 효율성을 위해 가능하면 병렬로 실행하는 동시성 프로그램이 항상 필요할 것처럼 보이지만, 항상 그럴 필요는 없다. 10장에서 다루는 많은 동기화 요소는 스레드의 병렬 실행만 지원하면 된다. 병렬로 실행하는 것이 아닌 동시 작업은 동일한 잠금 관리 체계를 가질 필요가 없고, 훨씬 이해가 쉽다.

시분할

"어떻게 CPU 코어가 한 개인 컴퓨터에서 동시에 여러 스레드를 실행할까?"라는 질문이 생길 수 있다. 답은 시분할$^{time\ slicing}$이다. 이는 운영체제가 동시에 여러 프로세스를 실행하는 것과 같은 방법이다. 시분할을 이해하고자 동시에 실행해야 하는 아래 그림과 같이 두 개의 별도 명령어 시퀀스가 있다고 가정해보자.

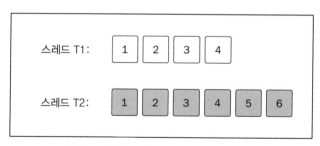

T1, T2로 명명된 두 개의 스레드 안에 있는 두 개의 명령어 시퀀스

숫자로 된 상자는 명령어를 나타낸다. 각각의 명령어 시퀀스는 T1, T2로 구분된 스레드에서 실행된다. 운영체제는 각각의 스레드가 제한된 CPU 시간만을 갖도록 시간을 조정하고, 컨텍스트를 전환context switch한다. 컨텍스트 전환은 실행 중인 스레드의 현재 상태를 저장하고, 실행해야 하는 스레드의 상태 정보를 가져온다. 이러한 과정은 스레드가 충분히 동시에 실행되고 있는 것처럼 보이도록 진행되기도 한다. 컨텍스트의 전환은 시간이 소모되며, 매번 새로운 스레드가 어떤 CPU 코어로 실행될 때마다 많은 양의 캐시 적중 실패가 발생한다. 그러므로 컨텍스트의 전환이 자주 일어나는 것은 원하지 않을 것이다.

아래의 그림은 하나의 CPU에 대해 스케줄된 두 개의 스레드에서 가능한 실행 시퀀스를 보여준다.

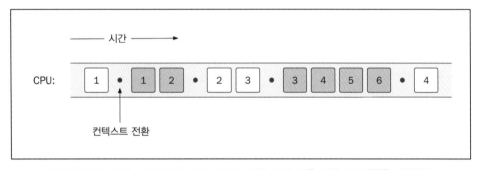

하나의 코어에 대해 스케줄된 두 개의 스레드 실행 사례. 점은 컨텍스트 전환을 나타낸다.

T1 스레드의 첫 명령어를 시작하고 이어서 컨텍스트 전환이 T2 스레드를 실행하고자 발생한다. 프로그래머는 운영체제 스케줄러가 작업을 조정하는 방법과 무관하게 기대하고 있는 동작을 프로그램이 수행하게 만들어야 한다. 특별한 이유가 있어서 실행 순서를 제어하고 싶다면 반칙이기는 하지만 명령어로 잠금lock을 사용해서 관리할 수 있다. 더 자세한 내용은 뒤에 다룬다.

컴퓨터가 여러 CPU 코어를 갖고 있다면 두 개의 스레드를 병렬로 실행하는 것이 가능하다. 하지만 두 개의 스레드가 프로그램이 동작하는 과정에서 각기 다른 코어에서 실행되는 것은 보장되지 않는다(오히려 반대인 경우를 더 보장하는 듯하다). CPU를 공유하는 시간은 시스템 전체적으로 관리되는 것이기 때문에 스케줄러는 다른 프로세스도 실행하게 할 수 있다. 이는 또한 스레드가 특정 코어를 전용해서 사용하도록 허용하지 않는 이유이기도 하다.

아래의 그림은 두 개의 같은 스레드 실행이지만 이제 두 개의 CPU 코어에 의해 실행되고 있다. 그림을 보면 첫 번째 스레드(흰 상자)의 2, 3번째 명령어는 다른 스레드를 실행하고 있는 시점과 정확하게 같은 시간에 실행된다(두 스레드가 병렬로 실행되고 있다).

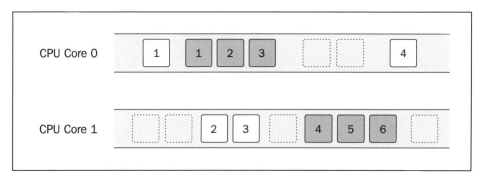

두 스레드가 다중 CPU 코어 컴퓨터에서 실행 중이다. 두 스레드를 병렬로 실행하는 것이 가능한 상황이다.

공유 메모리

동일한 프로세스 안에서 생성된 스레드는 가상 메모리를 공유한다. 이는 스레드가 프로세스 내에 주소를 가진 어떤 데이터에든 접근할 수 있다는 의미이다. 가상 메모리를 사용하는 프로세스 간의 메모리를 보호하는 운영체제는 프로세스 내부에서 스레드 간에 메모리는 공유할 의도가 없었더라도 보호하지 않는다. 가상 메모리는 다른 프로세스에 할당된 메모리를 접근하려는 것만 허용하지 않는다.

다중 스레드 환경에서 공유 메모리는 스레드 간의 데이터 교환에 매우 효율적인 방법이다. 하지만 공유 메모리를 사용하는 안전한 방법은 동시성 프로그램을 C++로 작성할 때 발생하는 주된 어려움 중 하나다. 스레드 간에 공유되는 자원을 최소화하기 위한 노력이 항상 필요하다.

다행히도 모든 메모리가 기본적으로 공유되진 않는다. 각각의 스레드는 지역 변수와 함수 호출을 위해 필요한 데이터를 저장하는 자신만의 스택을 갖고 있다. 스레드가 지역 변수의 참조나 포인터를 다른 스레드로 보내지만 않는다면 다른 스레드가 위 스레드의 스택에 접근할 수 없다. 이는 또한 최대한 스택을 많이 사용하는 이유이기도 하다(스택이 자신만의 데이터를 위한 좋은 저장소라는 확신이 없다면 7장을 살펴보자).

또한 스레드에는 해당 스레드 컨텍스트의 전역 변수를 저장하지만 스레드 간에 공유하지 않는 스레드 지역 저장소가 있고, 가끔 약자로 TLS^{Thread Local Storage}라고 한다. 스레드의 지역 변수는 단위 스레드가 변수의 복제를 갖는 위치에서는 일종의 전역 변수로 간주된다.

이를 제외한 모두는 기본적으로 공유된다. 즉, 힙에 할당된 동적 메모리, 전역 변수와 정적 지역 변수 등은 기본적으로 공유된다. 일부 스레드에서 변경 가능한 공유 데이터를 소유하면 동시에 해당 데이터에 접근하는 스레드가 없는지 확인할 필요가 있으며, 아니면 데이터 경합이 발생한다.

7장의 '프로세스 메모리' 절의 그림에서 프로세스 가상 주소 공간을 상기해보자. 여기에 다시 등장하지만 프로세스가 여러 스레드를 포함하고 있는 형태로 수정했다. 다음 그림을 보면 개별 스레드는 자신만의 스택 메모리를 갖고 있지만 힙은 모든 스레드에 대해 한 개만 존재한다.

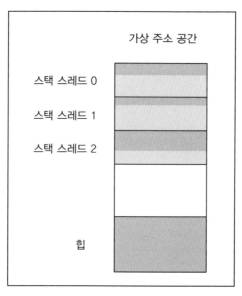

가상 주소 공간

스택 스레드 0

스택 스레드 1

스택 스레드 2

힙

프로세스 내부 가상 메모리 공간 배치의 예

그림에서 프로세스는 세 개의 스레드를 갖고 있으며, 개별 스레드는 전용 스택 메모리를 갖는다. 힙 메모리는 기본적으로 모든 스레드가 공유한다.

데이터 경합

데이터 경합^{data race}은 두 개의 스레드가 동시에 같은 메모리에 접근하면서 최소 한 개의 스레드가 데이터를 변경하고 있을 때 발생한다. 프로그램이 데이터 경합 상태가 되면 프로그램에 정의되지 않은 동작을 하게 된다. 달리 말해 자신의 프로그램에서는 어떠한 상황에서든 데이터 경합을 허용하면 안 된다. 이러한 조건은 컴파일 시에 찾아내기 어렵기 때문에 컴파일러는 보통 이런 문제를 경고해줄 수 없다.

다음 그림은 두 개의 스레드가 counter라는 정수를 변경하려는 상태를 나타낸다. 전역 counter 변수를 ++counter 명령에 의해 두 개의 스레드가 증가시키려 한다고 상상해보자. int는 복수의 CPU 명령어에서 관여해서 값을 증가시킬 것이다. 이는 다양한 CPU에 따라 여러 방법으로 수행되겠지만, ++counter가 다음과 같은 기계어 코드를 생성한다고 가정해보자.

```
R:    Read counter from memory
+1:   Increment counter
W:    Write new counter value to memory
```

이제 42가 초깃값인 counter의 값을 두 개의 스레드가 변경하려고 시도하면 두 스레드를 실행하고 나서 44가 될 것으로 기대할 것이다. 하지만 아래의 그림에서 보듯이 명령어를 확실하게 순차적으로 실행해서 올바르게 counter 값을 증가시키는 것을 보장할 수는 없다.

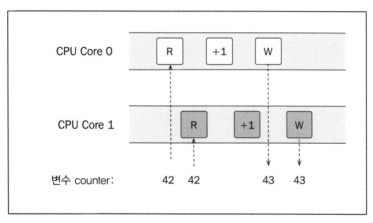

두 개의 스레드가 공유된 같은 변수를 증가시키고 있다.

데이터 경합이 없다면 카운터는 44가 되겠지만, 결과는 43이다.

위 예제에서 두 스레드는 42를 읽고 43으로 증가시킨다. 그리고 43으로 새 값이 생성되는데, 결국 기대한 정확한 값 44가 아니다. 다음 스레드가 읽기를 시작하기 전에 첫 번째 스레드가 43을 만들어 놨다면 44로 마무리될 수 있을 것이다. 이는 CPU 코어가 한 개일 경우에만 가능한 경우일 수 있다. 스케줄러는 두 개의 스레드를 유사한 방법으로 시간을 조정하므로 두 개 모두 어떠한 출력이 실행되기 전에 명령어를 읽어 온다.

다시 말해 이런 상황은 발생 가능하고, 이런 동작은 정의되지 않은 동작이라는 점이 중요하다. 데이터 경합이 있으면 다른 일도 발생할 수 있다.

그럼 데이터 경합은 어떻게 피할 수 있을까? 다음과 같은 두 가지 선택이 있다.

- int 대신 atomic 데이터 타입을 사용한다. 이는 컴파일러에게 자동으로 읽고, 증가시키고, 기록한다는 것을 알려준다. 일반적으로 이 방법은 수정할 데이터 타입의 크기가 해당 컴퓨터의 워드word 크기보다 작거나 같을 때 동작한다. 10장의 후반부에서 atomic 데이터 타입을 다시 다룬다.
- 상호 배타적인 잠금mutually exclusive lock, mutex을 사용해서 다중 스레드가 동시에 크리티컬 섹션을 실행하지 않게 만든다. 크리티컬 섹션은 코드가 동시에는 실행되지 않는 코드 내의 위치다. 이를 사용하는 것은 잠재적으로 데이터 경합을 만들 수 있는 공유 메모리의 업데이트나 읽기가 있을 수 있기 때문이다.

데이터 구조가 절대 변경되지 않는 불변 데이터 구조의 중요성을 강조할 필요가 있다. 이는 다중 스레드가 접근 가능하지만 데이터 경합의 위험은 없는 방법이다. 여러 이유로 변경 가능한 객체의 사용을 줄이는 것이 좋은데, 동시성 프로그램을 만들 때는 더욱 중요하다. 일반적인 방법 중 하나는 기존 객체를 변경하는 대신 새로운 불변 객체를 항상 새로 만드는 것이다. 새로운 객체를 구성하고 새로운 상태를 나타내면 기존 객체를 스왑swap할 수 있다. 이런 방법으로 코드에서 크리티컬 섹션을 최소화한다. atomic 동작과 뮤텍스는 보호되므로, 크리티컬 섹션만 스왑된 것이다.

뮤텍스

뮤텍스는 mutual exclusion lock의 약자며, 데이터의 경합을 막기 위한 동기화 객체다. 크리티컬 섹션을 가지려는 스레드는 먼저 뮤텍스를 잠근다(잠근다는 말 대신 "뮤텍스 잠금을 확보한다"라고도 한다). 이는 잠금을 확보한 스레드가 뮤텍스 잠금을 해제할 때까지 다른 스레드는 같은 뮤텍스를 확보할 수 없다는 의미다. 이러한 방법으로 뮤텍스는 어떤 시점에 한 개의 스레드만이 크리티컬 섹션에 진입하도록 보장한다.

다음 그림을 보면 뮤텍스를 사용해서 어떻게 데이터 경합을 막을 수 있는지 알 수 있다. 그림에서 이름이 L인 명령어는 잠금 명령어며, U는 잠금 해제 명령어다. 0번 코어가 실행하는 첫 번째 스레드가 크리티컬 섹션에 먼저 진입하고, 카운터의 값을 읽기 전에 뮤텍스를 잠근다. 다음으로 카운터에 1을 더하고 메모리에 저장한 후에 잠금을 해제한다.

1번 코어에서 실행 중인 두 번째 스레드는 첫 번째 스레드가 뮤텍스 잠금을 확보한 다음에 크리티컬 섹션에 도달한다. 뮤텍스가 이미 잠겼기 때문에 첫 번째 스레드가 카운터 값을 변경하고 뮤텍스를 해제할 때까지 대기한다.

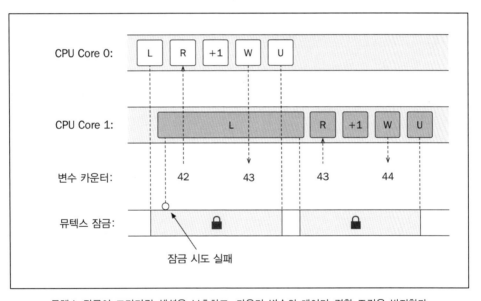

뮤텍스 잠금이 크리티컬 섹션을 보호하고, 카운터 변수의 데이터 경합 조건을 방지한다.

결과적으로 두 개의 스레드는 변경 가능한 공유 변수를 안전하고 올바르게 업데이트할 수 있다. 하지만 두 개의 스레드가 더 이상 병렬로 동작할 수 없다는 의미도 된다. 스레드가 수행할 대부분의 작업이 이런 작업으로 인해 수행될 수 없다면 성능적인 측면에서는 스레드 여러 개를 사용할 의미가 없다.

첫 번째 스레드가 작업을 끝내도록 대기하는 두 번째 스레드 상태를 경합이라고 한다. 이는 동시성 프로그램의 확장성을 떨어뜨리므로 최소화해야 한다. CPU 코어를 늘려봐야 이러한 경합 조건에서는 성능을 향상시킬 수 없다.

교착 상태

공유 자원을 보호하고자 뮤텍스 잠금을 사용하면 교착 상태^{deadlock}에 빠질 위험이 있다. 교착 상태는 두 개의 스레드가 서로 잠금을 해제할 상대방을 기다리는 것이다. 즉, 어떤 스레드도 작업을 진행할 수 없는 교착 상태에 빠진다. 이러한 교착 상태를 만들 수 있는 조건 중 하나는 이미 잠금을 보유한 하나의 스레드가 다른 잠금을 확보하려고 시도하는 경우다. 시스템이 점점 커지면 시스템에서 실행 중인 모든 스레드가 사용하는 모든 잠금을 추적하는 것이 점점 더 힘들어진다. 이것이 공유 자원의 사용을 최소화하고, 배타적인 잠금의 필요성을 설명하는 이유다.

아래의 그림은 대기 상태에 빠진 두 개의 스레드를 보여준다. 또 다른 스레드가 보유한 잠금을 확보하려는 중이다.

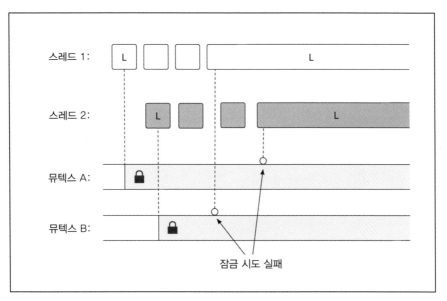

교착 상태의 예. 1번과 2번 스레드는 서로 잠금이 해제되는 것을 기다리고 있다.

동기 작업과 비동기 작업

10장에서는 동기synchronous 작업과 비동기asynchronous 작업이나 함수 호출을 참고하려고 한다. 동기 작업은 C++ 프로그램에서 사용했던 평범한 함수와 같다. 어떤 작업이라도 동기 작업이 끝나면 제어권은 작업의 호출자에게 반환된다. 해당 작업의 호출자는 동기 작업이 끝날 때까지 기다린다.

반면에 비동기 작업은 호출자에게 즉각 제어권을 반환하고 나서 호출한 작업을 동시에 진행한다. 다음 그림에서 동기 직업과 비동기 작업 과정에 대한 차이점을 보여준다.

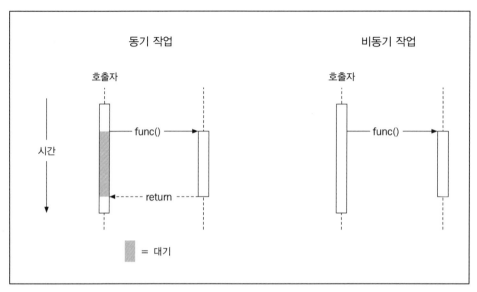

동기와 비동기 방식 비교. 비동기 작업은 제어를 바로 넘기고 나서 계속 작업을 진행한다.

일반적인 함수는 반환문을 만나거나 함수의 끝에 도달하면 실행이 끝나기 때문에 이러한 비동기 방식의 작업을 본 적이 없다면 처음에는 다소 낯설 것이다. 하지만 비동기 API는 점점 더 일반적으로 사용되고 있으며, 예를 들어 비동기 방식의 자바스크립트 동작처럼 이러한 방식을 실제로 이미 경험해봤을 것이다.

가끔 호출자를 대기^{blocking}시키는 동작을 사용하는데, 이 경우 호출자는 호출한 동작이 끝날 때까지 기다린다.

▎ C++ 동시성 프로그래밍

동시성은 C++에서 여러 작업을 동시에 실행하는 것을 가능하게 한다. 앞에서 언급했듯이 올바른 C++ 동시성 프로그램을 제작하는 것은 일반적으로 한 개의 스레드에서 순차적으로 모든 작업을 수행해나가는 것보다 훨씬 어렵다. 이번 절에서는 동시성 프로그램을 작성할 때 알아야 할 일반적으로 빠지기 쉬운 함정을 설명한다.

동시성 지원은 C++11에서 처음 소개됐고, C++14, C++17버전에서 확장됐다. 동시성이 프로그래밍 언어의 일부로 지원되기 전에는 POSIX 스레드[pthreads]나 다른 라이브러리 등 운영체제가 지원하는 동시성으로 구현했다. C++ 언어에서 직접 지원하는 동시성을 통해 크로스플랫폼 동시성 프로그램과 같은 멋진 프로그램을 작성할 수 있다. 하지만 C++에서의 동시성은 상대적으로 새로운 것이기 때문에 자신의 플랫폼에서 동시성을 다룰 때 플랫폼에 의존적인 기능을 만나더라도 당황할 필요는 없다. 스레드 지원 라이브러리는 다음에 출시되는 C++ 버전에서 일부 확장될 것으로 보인다. 좋은 동시성 지원에 대한 요구는 하드웨어의 발전과 결과적으로 얻을 수 있는 효율성, 확장성, 대규모 동시성 프로그램의 정확성 등으로 인해 점점 커지고 있다.

스레드 지원 라이브러리

이 절에서는 C++ 스레드 지원 라이브러리를 둘러보고, 가장 중요한 라이브러리 구성 요소를 다룬다.

스레드

실행 중인 프로그램은 최소 한 개의 스레드를 갖는다. main 함수가 호출되면 보통 main 스레드라고 부르는 한 개의 스레드가 실행된다. 각각의 스레드는 동시성 프로그램을 디버깅할 때 유용한 스레드 인식자가 있다. 아래의 프로그램은 메인 스레드의 인식자를 출력한다.

```cpp
auto main() -> int {
    std::cout << "Thread ID: " << std::this_thread::get_id() << '\n';
}
```

이 프로그램을 실행하면 다음과 유사한 형태로 출력된다.

```
Thread ID: 0x1001553c0
```

스레드를 재우는^{sleep} 것도 가능하다. 스레드를 일없이 놀고 있게 만드는 기능은 운영
중인 코드에서 자주 쓰이지는 않지만 디버깅할 때에는 매우 유용하다. 예를 들어 데이
터 경합이 드물게 발생한다면 sleep을 코드에 추가해서 더 자주 발생하게 만들 수도
있다. 다음은 현재 실행 중인 스레드를 몇 초간 재우는 코드다.

```
std::this_thread::sleep_for(std::chrono::seconds{1});
```

 자신의 코드에 임의로 재우는 코드를 추가하고 나서도 데이터 경합이 나타나서는 안 된다.
sleep을 추가하고 버퍼가 꽉 차거나 화면이 느린 것처럼 만족스럽게 동작하지 않을 수는
있지만, 예상 가능한 정의된 동작을 해야 한다. 스레드의 스케줄을 제어할 수 없으므로 임의
의 sleep은 동일하진 않아도 발생 가능한 상황인 스케줄일 수 있다.

지금 <thread> 헤더에서 std::thread 클래스로 스레드를 하나 더 만들어보자. 이는
하나의 스레드 실행 단위이며, 보통은 운영체제 스레드를 래핑한다. 여기서 명시적으
로 생성한 스레드는 print 함수를 호출한다.

```
auto print() {
    std::this_thread::sleep_for(std::chrono::seconds{1});
    std::cout << "Thread ID: "<< std::this_thread::get_id() << '\n';
}

auto main() -> int {
    auto t1 = std::thread{print};
    t1.join();
    std::cout << "Thread ID: "<< std::this_thread::get_id() << '\n';
}
```

스레드를 생성할 때는 호출이 가능한 객체(함수, 람다, 함수 객체)를 전달하고, 스레드는 CPU에서 스케줄된 시간을 받을 때마다 실행된다. sleep을 위한 호출을 추가해 스레드에 합류하는 것을 명확히 한다. std::thread 객체가 소멸되면 조인[join]했거나 떨어져 나갔[detach]거나 프로그램이 std::terminate()를 호출하게 만든다. std::terminate()는 사용자 정의 std::terminate_handler를 설치하지 않은 경우에 기본값으로 std::abort()를 호출한다.

std::thread 객체가 소멸되기 전에 join이나 detach를 호출하는 것을 잊었다면 프로그램은 아래의 코드에 설명된 것과 같이 중단하게 된다.

```
auto main() -> int {
    auto t1 = std::thread{print};
    // 오류: t1을 detach 또는 join하는 것을 잊음. 프로그램이 중단된다.
}
```

 스레드 객체가 소멸되기 전에 join이나 detach를 호출해야 한다는 점을 항상 기억해야 한다. 그렇지 않으면 프로그램이 중단된다.

위의 코드에서 join() 함수는 대기 중이다(해당 스레드의 실행이 끝날 때까지 기다린다). 따라서 앞의 코드에서 main 함수는 t1 스레드가 끝날 때까지 반환하지 않는다. 다음 줄을 보자.

```
t1.join();
```

위 줄을 아래 내용으로 대체해서 t1 스레드를 detach한다고 가정해보자.

```
t1.detach();
```

이런 경우 메인 함수는 **t1** 스레드가 메시지를 출력하고자 깨어나기 전에 끝날 것이고, 결과적으로 프로그램은 메인 스레드에서 스레드 ID만 출력하게 된다. 스레드 스케줄링은 우리가 제어할 수 없다는 점을 유념하자. 그리고 쉽게 발생하진 않겠지만 메인 스레드가 재우고, 깨우고, 스레드 ID를 출력하는 기능을 가진 **print()** 함수 뒤에 자신의 메시지를 출력할 가능성도 있다.

이 예제에서 **join()** 대신 **detach()**를 쓰면 또 다른 문제가 생긴다. 여기서 동기화 없이 두 개의 스레드에서 모두 **std::count**를 사용 중이고, **main()**은 더 이상 **t1** 스레드가 끝나는 것을 기다리지 않기 때문에 이론적으로 **std::cout**를 병렬로 실행하게 된다. 다행히도 **std::cout**는 스레드 안전^{thread-safe}하며, 다중 스레드에서 데이터 경합 없이 사용될 수 있어서 정의되지 않은 동작은 발생하지 않는다. 하지만 스레드 중간에 끼어서 아래와 같은 결과를 만드는 출력도 여전히 가능하다.

```
Thread ID: Thread ID: 0x1003a93400x700004fd4000
```

이렇게 중간에 낀 출력을 막으려면 문자의 출력을 크리티컬 섹션으로 다루고 **std::cout** 접근을 동기화한다. 크리티컬 섹션과 경합 조건을 한 동안 계속 다루겠지만 여기서는 우선 **std::thread**부터 자세히 살펴보자.

스레드 상태

진도를 더 나가기 전에 **std::thread** 객체가 무엇인지, 그리고 어떤 상태를 가질 수 있는지 알아야 한다. C++ 프로그램을 실행하는 시스템이 보통 어떤 종류의 스레드를 갖고 있는지 아직 다루지 않았다. 다음 그림은 실행 중인 시스템의 가상 스냅샷이다.

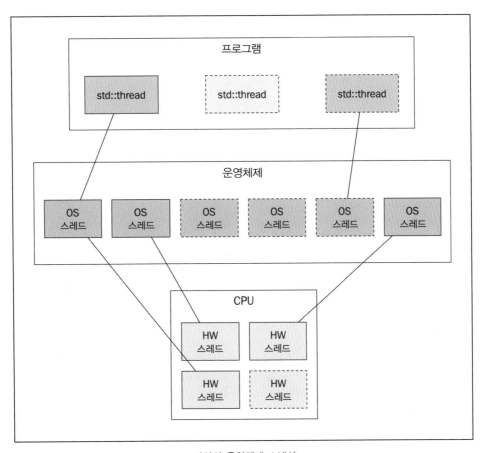

가상의 운영체제 스냅샷

위 그림을 밑에서부터 보면 CPU와 하드웨어 스레드를 나타낸다. 이는 CPU상의 실행 단위다. 이 그림에서는 CPU가 4개의 하드웨어 스레드를 제공하는데, 보통 4개의 코어를 갖고 있다는 의미지만 다른 형태의 구성일 수도 있다. 어떤 코어는 두 개의 하드웨어 스레드를 실행하기도 한다. 하드웨어 스레드의 총합은 실행 중에 아래와 같이 출력할 수 있다.

```
std::cout << std::thread::hardware_concurrency() << '\n';
// 가능한 출력: 4
```

위 코드는 실행 중인 플랫폼의 하드웨어 스레드를 결정할 수 없다면 0을 출력할 수도 있다.

하드웨어 스레드 위에 있는 계층은 운영체제 스레드를 갖고 있다. 이들은 실제로 소프트웨어 스레드다. OS 스케줄러는 OS 스레드가 하드웨어 스레드에 의해 언제부터 얼마의 기간 동안 실행되는지 결정한다. 앞의 그림에서는 총 6개의 소프트웨어 스레드 중에 3개가 실행 중이다.

그림에서 제일 위에 있는 계층은 std::thread 객체를 갖고 있다. std::thread 객체는 평범한 C++ 객체 그 이상도 이하도 아니다. 이 객체는 아래에 있는 OS 스레드와 연결돼 있을 수도 있고, 아닐 수도 있다. std::thread의 두 인스턴스가 하위에 있는 같은 스레드 하나에 연결될 수는 없다. 그림에서 프로그램이 현재 세 개의 std::thread 인스턴스를 가지며, 두 개는 연결된 스레드가 있고 다른 하나는 없다. std::thread 객체가 어떤 상태인지 쿼리가 가능하고, std::thread::joinable 속성을 사용한다. 스레드는 아래와 같은 조건에서는 조인이 불가능하다.

- 기본 생성, 즉 실행할 것이 없는 경우
- 이동해서 온 경우(이를 실행하던 스레드가 다른 std::thread 객체로 옮긴 경우)
- detach()를 호출해서 떨어진 경우
- join()을 호출해서 이미 조인된 경우

위에서 언급한 이외에의 경우에는 std::thread 객체가 조인 가능한 상태다. std::thread 객체가 소멸되면 더 이상 조인 가능한 상태가 아니거나 프로그램이 종료된다는 점을 주의하자.

크리티컬 섹션 보호

작성할 코드에서 어떠한 데이터 경합도 발생하지 않아야 한다는 점을 다시 강조한다. 안타깝게도 데이터 경합이 발생하도록 코드를 작성하는 것이 쉽다. 크리티컬 섹션을 찾고 잠금을 사용해 보호하는 것은 스레드를 사용해 동시성 프로그램을 만들 때 계속 염두에 둬야 한다.

C++는 std::mutex라는 클래스를 제공하는데, 크리티컬 섹션을 보호하고 데이터 경합을 막는 데 사용할 수 있다. 여기서는 다중 스레드가 업데이트하게 되는 변경 가능한 공유 카운터 변수를 사용 중인 전형적인 예제에서 뮤텍스를 어떻게 사용하는지 보여준다.

먼저 변경 가능한 전역 변수와 카운터를 증가시키는 함수를 정의한다.

```cpp
auto counter = 0;  // 주의, 전역 변수다.

auto increment_counter(int n) {
    for (int i = 0; i < n; ++i)
        ++counter;
}
```

아래의 main() 함수는 increment_counter() 함수를 실행하는 두 개의 스레드를 생성한다. 이 예제에서는 스레드에 의해 호출되는 함수에 인수를 넘겨주는 방법도 살펴봐야 한다. 스레드 생성자에게 임의의 개수의 인수를 넘겨줄 수 있고, 호출될 함수의 서명으로 대응하는 파라미터를 찾을 수 있다. 결국 프로그램이 경합에서 자유롭다면 예상 가능한 값을 갖는 카운터를 어써트[assert]하게 된다.

```cpp
auto main() -> int {
    constexpr auto n_times = int{1000000};
    auto t1 = std::thread{increment_counter, n_times};
    auto t2 = std::thread{increment_counter, n_times};
    t1.join();
    t2.join();
    std::cout << counter << '\n';
    // 데이터 경합이 없으면 아래 assert가 갖는 값은:
```

```
    assert(counter == (n_times * 2));
 }
```

이 프로그램은 실패할 가능성이 높다. assert() 함수는 프로그램이 현재 경합할 조건을 갖고 있기 때문에 보유한 값이 없다. 이 프로그램을 반복 실행하면 카운터는 다른 값을 가지면서 끝난다. 필자도 값이 2000000에 도달하는 대신에 1032304 이상의 값까지 진행되지 못하고 끝났다. 위 예제는 9장에서 설명한 데이터 경합 예제와 매우 비슷하다.

++counter 구문이 있는 줄은 크리티컬 섹션이다. 가변 공유 변수$^{mutable\ shared\ variable}$를 사용하고 다중 스레드가 실행한다. 크리티컬 섹션을 보호하고자 <mutex> 헤더에 있는 std::mutex를 사용할 것이다. 나중에 이 예제로 atomic을 사용해서 어떻게 데이터 경합을 막는지도 알아본다. 지금은 잠금을 사용한다.

우선 전역 std::mutex 객체를 counter 다음에 추가한다.

```
auto counter = 0;  // 카운터는 counter_mutex가 보호할 것이다.
auto counter_mutex = std::mutex{};
```

그럼 std::mutex 객체 자신은 여러 스레드가 실행하는 조건에서 데이터 경합을 일으킬 가변 공유 변수가 아닐까? 그렇다. 이 역시 가변 공유 변수다. 하지만 데이터 경합은 일으키지 않는다. std::mutex와 같은 C++의 동기화 프리미티브^{primitive}는 특수한 목적으로 설계됐다. 이러한 점에서 동기화 프리미티브는 매우 특수하며, 하드웨어 명령어를 사용하고, 어떠한 플랫폼에서 무엇이 필요하던 간에 데이터 경합을 자체적으로 야기하지 않는다.

지금부터는 카운터 변수를 읽고 업데이트하는 크리티컬 섹션에 뮤텍스를 사용해야 한다. counter_mutext에서 lock()과 unlock() 멤버 함수를 사용할 수 있지만, 여기서 선호하고 더 안전한 방법은 뮤텍스를 다루는 데 RAII를 사용하는 것이다. 뮤텍스는

374

사용을 완료하면 항상 잠금이 해제돼야 하는 자원이라는 점을 고려해야 한다. 스레드 라이브러리는 쓸 만한 RAII 클래스 라이브러리를 제공해서 잠금을 다루는 데 사용한다. 여기서는 std::lock_guard<Mutex> 템플릿을 사용해 뮤텍스를 안전하게 해제하도록 보장한다. 다음은 수정된 increment_counter 함수이며, 뮤텍스 잠금으로 보호된다.

```
auto increment_counter(int n) {
    for (int i = 0; i < n; ++i) {
        auto lock = std::lock_guard<std::mutex>{counter_mutex};
        ++counter;
    }
}
```

이 프로그램은 이제 기대한 동작을 수행한다. 데이터 경합에서 안전하고, 다시 실행을 하더라도 assert() 함수 조건은 true 값을 갖게 된다.

교착 상태 방지

스레드가 동시에 한 개 이상의 잠금이 없다면 교착 상태가 발생할 위험은 없다. 그럼에도 가끔은 이미 기존에 확보한 잠금이 있는 상태에서 또 다른 잠금을 확보할 필요가 있다. 이러한 상황에서는 두 잠금을 정확히 동시에 잡아서 교착 상태의 위험을 방지할 수도 있다. 이를 위해 C++는 임의의 개수의 잠금과 모든 잠금을 확보할 때까지 대기하는 std::lock() 함수를 사용할 수 있다.

다음은 계좌 사이에 돈을 이체하는 예제다. 두 계좌는 트랜잭션을 수행하는 동안 보호돼야 하므로 두 개의 잠금을 동시에 확보할 필요가 있다. 구현 방법은 다음과 같다.

```
struct Account {
    Account() {}
```

```
    int balance_ = 0;
    std::mutex m_{};
};

void transfer_money(Account& from, Account& to, int amount) {
    auto lock1 = std::unique_lock<std::mutex>{from.m_, std::defer_lock};
    auto lock2 = std::unique_lock<std::mutex>{to.m_, std::defer_lock};
    // 두 개의 unique_locks를 동시에 잠근다.
    std::lock(lock1, lock2);
    from.balance_ -= amount;
    to.balance_ += amount;
}
```

RAII 클래스 템플릿을 사용해 위의 함수가 반환할 때마다 잠금을 해제하는 한다는 것을 확실히 한다. 이 경우에는 뮤텍스의 잠금을 유보할 수도 있는 **std::unique_lock**을 사용한다. 다음으로 **std::lock()** 함수를 사용해서 동시에 두 뮤텍스에 명시적으로 잠금을 건다.

조건 변수

조건 변수[condition variable]는 스레드가 어떤 특정 조건을 만날 때까지 기다리게 할 수 있다. 스레드도 조건 변수를 사용해서 조건이 변경됐다는 신호를 다른 스레드에 알려줄 수 있다.

동시성 프로그램의 공통적인 특징은 데이터가 어떠한 방식으로 사용될 것을 기다리는 한 개 이상의 스레드를 갖고 있다는 점이다. 이러한 스레드를 보통 **컨슈머**[consumer]라고 부른다. 또 다른 그룹의 스레드는 사용할 준비가 완료된 데이터를 생산하는 역할을 한다. 데이터를 생성하는 스레드 그룹은 **프로듀서**[producer]라고 한다.

프로듀서와 컨슈머 유형은 조건 변수를 사용해 구현할 수 있다. 여기서는 **std::condition_variable**과 **std::unique_lock** 두 개의 조합을 위와 같은 용도로 사용할 수 있다. 좀 더 구체적으로 이해하고자 아래의 프로듀서와 컨슈머 예제를 살펴보자.

```cpp
auto cv = std::condition_variable{};
auto q = std::queue<int>{};
auto mtx = std::mutex{};      // 공유 대기열(큐)을 보호한다.
constexpr int done = -1;      // 완료됐다는 신호를 위한 특별 값

void print_ints() {
    auto i = int{0};
    while (i != done) {
        {
            auto lock = std::unique_lock<std::mutex>{mtx};
            while (q.empty())
                cv.wait(lock);  // 대기하는 동안 잠금이 해제된다.
            i = q.front();
            q.pop();
        }
        if (i != done) {
            std::cout << "Got: " << i << '\n';
        }
    }
}

auto generate_ints() {
    for (auto i : {1, 2, 3, done}) {
        std::this_thread::sleep_for(std::chrono::seconds(1));
        {
            std::lock_guard<std::mutex> lock(mtx);
            q.push(i);
        }
        cv.notify_one();
    }
}
auto main() -> int {
```

```
    auto producer = std::thread{generate_ints};
    auto consumer = std::thread{print_ints};
    producer.join();
    consumer.join();
}
```

결국 두 개의 스레드를 만들게 되며, 하나는 consumer 스레드이고 나머지는 producer 스레드다. producer 스레드는 정수의 시퀀스를 생성하고 매 초마다 전역 std::queue <int>에 푸시한다. 큐에 요소가 추가될 때마다 조건이 변경됐다는 신호를 보낸다. 프로그램에서 이 조건은 consumer 스레드가 사용할 데이터가 큐 안에 있는지 여부다. 또한 조건 변수에 대한 알림을 처리하는 동안에 잠금을 반드시 갖고 있을 필요는 없다.

consumer 스레드는 데이터(해당 정수)를 콘솔에 출력하는 역할을 한다. 조건 변수를 사용해서 비어 있는 큐가 변하는 것을 대기한다. 컨슈머가 cv.wait(lock)을 호출하면 해당 스레드는 자면서 CPU로 하여금 다른 스레드를 실행하게 한다. wait()을 호출할 때 잠금 변수를 전달해야 하는 이유를 이해하는 것이 중요하다. 또한 스레드를 재우는 것과는 별개로 wait()은 자는 도중에 뮤텍스 잠금을 해제하고, 그것이 반환되기 전에 뮤텍스를 확보한다. wait()가 뮤텍스를 해제하지 않으면 프로듀서는 큐에 요소를 더 이상 추가할 수 없다.

왜 컨슈머는 조건 변수를 if문이 아니라 while 반복문을 사용해서 기다려야 하는지 의문이 생길 수도 있는데, 이러한 방법이 오히려 일반적이다. 자다가 깨서 큐를 처리하고 비우는 다른 컨슈머가 있기 때문에 가끔은 이렇게 해야만 한다. 이 프로그램은 한 개의 컨슈머 스레드만 있기 때문에 위 조건은 발생하지 않는다. 하지만 프로듀서 스레드가 신호를 주지 않더라도 컨슈머가 깨어날 가능성은 있다. 이런 현상을 가짜 기상spurious wakeup이라고 부르는데, 이런 일이 발생하는 이유는 이 책에서 다루는 범위를 벗어난다. 이제 이렇게 가짜 기상이 발생하는 상황도 다룰 수 있는 방법을 알고 있다. 항상 while 반복문에서 조건을 확인하자.

378

데이터 반환과 오류 처리 작업

지금까지 사용된 예제들은 스레드 간의 통신을 위해 공유 변수를 사용했다. 데이터 경합을 방지하려고 뮤텍스 잠금을 사용했다. 뮤텍스와 공유 데이터를 사용하는 것은 지금까지 봤듯이 프로그램 크기가 커지면서 문제없이 다루기가 점점 힘들어진다. 또한 코드 베이스에 걸쳐서 곳곳에 있는 명시적 잠금을 사용하는 코드를 관리하는 것도 번거롭다. 공유 메모리와 명시적 잠금을 추적하는 것은 원래 목적했던 것과 멀어지게 만들고, 프로그램을 만드는 시간이 많이 걸린다.

게다가 오류 처리는 아직 다루지도 않았다. 스레드가 다른 스레드에게 오류를 알려 줘야 한다면 어떻게 할 것인지, 함수가 런타임 오류를 보고할 때도 지금까지 했던 것처럼 예외 처리를 할 수 있는지 의문이다.

표준 라이브러리의 <future> 헤더에는 전역 변수와 잠금을 사용하지 않고도 동시성 지원 코드를 만들 수 있게 도와주는 클래스 템플릿이 있다. 또한 오류 처리를 위해 스레드 간에 예외를 통신할 수도 있다. 여기서는 양방향에서 각각의 값을 처리하는 futures와 promises를 보여줄 것이다. future는 값을 수신하는 쪽이고, promise는 값을 반환하는 쪽이다.

아래의 예제는 std::promise를 사용해서 호출자에게 결과를 반환한다.

```cpp
auto divide(int a, int b, std::promise<int>& p) {
    if (b == 0) {
        auto e = std::runtime_error{"Divide by zero exception"};
        p.set_exception(std::make_exception_ptr(e));
    }
    else {
        const auto result = a / b;
        p.set_value(result);
    }
}
```

```
auto main() -> int {
    auto p = std::promise<int>{};
    std::thread(divide, 45, 5, std::ref(p)).detach();
    auto f = p.get_future();
    try {
        const auto& result = f.get(); // Blocks until ready
        std::cout << "Result: " << result << '\n';
    }
    catch (const std::exception& e) {
        std::cout << "Caught exception: " << e.what() << '\n';
    }
}
```

호출자인 메인 함수는 std::promise 객체를 생성하고 divide() 함수에 전달한다. <functional>에서 std::ref를 사용해서 하나의 참조가 올바르게 std::thread를 통해 compute()에 전달될 필요가 있다.

divide() 함수가 결과를 계산하면 promise를 통해 set_value() 함수를 호출해서 반환한다. divide() 함수에서 오류가 발생하면 set_exception() 함수를 promise 스레드에서 호출한다.

future는 이미 계산했거나 아직 완료되지 않은 계산 값을 나타낸다. future도 평범한 객체이기 때문에 계산된 값이 필요한 다른 객체에 전달할 수도 있다. 결국 어떤 클라이언트가 그 값이 필요할 때면 get()을 호출해서 실제 값을 갖는다. 특정 시점에 계산이 안 끝났다면 끝날 때까지 get()은 대기한다.

올바른 오류 처리는 물론이고 전체적인 과정에서 공유 전역 데이터나 명시적 잠금 없이도 전달된 데이터를 관리한 방법을 알아두자. 이는 promise가 잘 관리하고 있으므로 프로그램의 기본 로직 구현에 집중할 수 있다.

태스크

앞에서 future와 promise로 명시적 잠금과 공유 전역 데이터 없이 구현하는 방법을 알아봤다. 특히 이 경우에 코드 베이스가 점점 커지면 가능한 한 높은 레벨의 추상화를 사용한다는 이점을 갖게 된다. 지금부터는 future와 promise를 자동으로 구성해주는 클래스를 살펴본다. 또한 수동으로 스레드를 관리하는 방법과 함께 그 작업을 라이브러리에 위임하는 방법도 알아본다.

대부분의 경우 스레드를 직접 관리할 필요는 없으며, 대신 실제로 필요한 것은 비동기 방식으로 태스크task를 실행하고, 해당 태스크가 나머지 프로그램과 함께 동시에 실행되게 하는 것이다. 마지막으로 결과나 오류를 얻고, 그것을 필요로 하는 프로그램의 다른 부분과 통신한다. 이 태스크는 데이터 경합의 위험이나 기타 경합을 최소화하도록 격리된 채로 완료돼야 한다.

두 개의 숫자를 나눈 앞의 예제를 다시 작성하면서 시작해보자. 이번에는 <future>에서 promise를 모두 구성해주는 std::packaged_task를 사용한다.

```
auto divide(int a, int b) -> int { // 여기서 promise 참조를 전달할 필요가 없다.
    if (b == 0) {
        throw std::runtime_error{"Divide by zero exception"};
    }
    return a / b;
}

auto main() -> int {
    auto task = std::packaged_task<decltype(divide)>{divide};
    auto f = task.get_future();
    std::thread{std::move(task), 45, 5}.detach();
    // 아래의 코드는 이전 예제와 같다.
    try {
        const auto& result = f.get(); // 준비될 때까지 차단
        std::cout << "Result: " << result << '\n';
```

```
    }
    catch (const std::exception& e) {
        std::cout << "Caught exception: " << e.what() << '\n';
    }
    return 0;
}
```

자체로 호출 가능한 객체인 std::packaged_task는 여기서 만들 std::thread 객체로
이동할 수 있는 객체다. 코드를 보면 std::packaged_task가 대부분의 작업을 처리해
준다. promise를 직접 생성할 필요도 없다. 하지만 더 중요한 것은 promise를 통해
명시적으로 값이나 예외를 반환하지 않고 divide() 함수를 보통의 함수처럼 만들 수
있다는 점이다. 결국 std::packaged_task가 알아서 처리한다.

이번 절의 마지막 단계에서는 스레드의 수동 관리를 없애본다. 스레드를 만드는 것은
공짜가 아니다. 나중에 설명하겠지만 프로그램의 스레드 수는 성능에 영향을 미친다.
여기서 divide 함수용 스레드를 새로 만들 것인지에 대한 질문의 답은 divide()의 호출
자에게 필요 없는 것처럼 보인다. 이 라이브러리는 std::async()라는 유용한 함수 템플
릿을 제공한다. divide() 예제에서 필요한 일 하나는 std::packaged_task와 std::
thread 객체를 생성하는 코드를 std::async()로 대체하는 것뿐이다.

```
auto f = std::async(divide, 45, 5);
```

이제 스레드 기반 프로그래밍 모델에서 태스크 기반 모델로 전환했다. 태스크 기반
전체 코드는 다음과 같다.

```
auto divide(int a, int b) -> int {
    if (b == 0) {
        throw std::runtime_error{"Divide by zero exception"};
    }
```

```
    return a / b;
}

auto main() -> int {
    auto future = std::async(divide, 45, 5);
    try {
        const auto& result = future.get();
        std::cout << "Result: " << result << '\n';
    }
    catch (const std::exception& e) {
        std::cout << "Caught exception: " << e.what() << '\n';
    }
}
```

동시성을 처리하기 위한 정말 최소한의 코드만 남아 있다. 비동기 방식으로 함수를 호출하고자 권하고 싶은 방법은 **std::async()**를 사용하는 것이다. 언제, 그리고 왜 **std::async()**를 호출해야 하는가에 대한 자세한 설명은 스콧 마이어스^{Scott Meyers}의 『이펙티브 모던 C++』(인사이트, 2015)에서 'Concurrency' 장을 살펴보기를 권한다.

C++의 아토믹 지원

표준 라이브러리는 아토믹^{atomic} 변수를 지원하며, 가끔은 **atomics**라고 부른다. 아토믹 변수는 데이터 경합이 발생하지 않으면서 여러 스레드가 안전하게 사용하고 변경할 수 있는 변수다. 아토믹 변수는 데이터를 보호하고자 잠금을 사용해도 되고 안 해도 되는데, 변수와 플랫폼의 유형에 따라 다르다. 아토믹이 잠금을 사용하지 않으면 잠금 없음^{lock-free}이라고 한다. 어떤 이유로든 내부에서 잠금을 사용하지 않아야 하는 경우 런타임에 변수를 쿼리해(또는 C++17부터는 컴파일 시에도) 잠금 없음인지 확인할 수 있다.

앞서 사용했던 두 스레드가 하나의 전역 카운터를 변경했던 데이터 경합 예제를 상기해보자. 그때는 카운터에 뮤텍스 잠금을 추가해서 해결했다. 명시적인 잠금을 사용하는 대신 std::atomic<int>를 사용할 수 있었다.

```cpp
std::atomic<int> counter;

auto increment_counter(int n) {
    for (int i = 0; i < n; ++i)
        ++counter; // 카운터는 이제 atomic<int>이며 안전하다.
}
```

++counter는 counter.fetch_add(1)을 이야기하는 편리한 방법이다. 아토믹에서 호출될 수 있는 모든 멤버 함수는 동시에 다중 스레드에서 호출하므로 안전하다.

아토믹 타입은 <atomic> 헤더에 정의돼 있으며, std::atomic_int 형태로 명명된 스칼라 데이터 타입에 대한 typedef가 있다. 이는 std::atomic<int>와 동일하다. 사용자 정의 타입이 복제 가능하다면 std::atomic 템플릿에 래핑하는 것도 가능하다. 이는 기본적으로 어떤 클래스의 객체가 해당 데이터 멤버의 비트로 온전히 표현될 수 있다는 의미다. 이런 방법으로 어떤 객체는 std::memcpy()와 같은 원형raw 바이트를 복사할 수 있다. 어떤 클래스가 가상 함수, 동적 메모리에 대한 포인터 등을 포함하고 있다면 객체의 원형 비트를 단순하게 복사하는 것은 불가능하며, 이 경우 원하는 동작을 하지 않는다. 이는 컴파일 시에 확인 가능하고, 복제 가능하지 않은 타입의 아토믹을 생성하려고 하면 컴파일 오류가 발생한다.

```cpp
struct Point {
    int y{};
    int x{};
};

auto p = std::atomic<Point>{};       // OK: Point는 완전 복제가 가능하다.
auto s = std::atomic<std::string>{}; // 오류: 완전 복제를 할 수 없다.
```

아토믹 포인터를 생성하는 것도 가능하다. 이렇게 하면 포인터 자체가 아토믹이 되지만, 포인터가 가리키고 있는 것이 해당 객체는 아니다.

다중 스레드 환경에서 shared_ptr 사용

std::shared_ptr을 사용하면 어떨까? 다중 스레드 환경에서 사용이 가능하고, 여러 개의 공유 포인터에 의해 참조되는 객체에 여러 스레드가 접근할 때 참조되는 카운터는 어떻게 처리해야 할까?

공유 포인터와 스레드 안전성^{thread safety}을 이해하려면 std::shared_ptr의 전형적인 구현 방법(7장을 참고)을 상기해 볼 필요가 있다. 아래의 코드를 생각해보자.

```
// 1번 스레드
auto p1 = std::make_shared<int>(int{42});
```

위의 코드는 힙에 int를 하나 생성하고, int 객체를 가리키는 참조로 카운트하는 스마트 포인터를 생성한다. std::make_shared()로 공유 포인터를 만들 때 제어 블록^{control block}은 int 다음에 생성된다. 여러 기능을 가진 제어 블록은 int에 대한 새로운 포인터가 생성될 때마다 증가하고, int에 대한 포인터가 소멸될 때마다 감소하는 참조 카운트 변수도 갖고 있다. 요약하면 위의 코드 줄이 실행될 때 세 가지의 별개 엔티티^{entity}가 생성된다.

- 실제 std::shared_ptr 객체인 p1(스택의 지역 변수)
- 제어 블록(힙 객체)
- int(힙 객체)

다음 그림은 위 세 가지 객체를 보여준다.

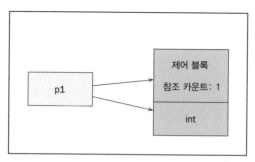

int 객체를 가리키는 shared_ptr 인스턴스인 p1과 카운트 참조를 보유한 제어
블록. int를 사용하는 공유 포인터는 오직 1개이므로 참조 카운트는 1이다.

이제 다음과 같은 코드에서 두 번째 스레드가 실행하면 무슨 일이 일어날지 생각해
보자.

```
// 스레드 2
auto p2 = p1;
```

지금 **int**와 제어 블록을 가리키는 새로운 포인터를 만들고 있다. **p2** 포인터를 생성할
때에는 **p1**을 읽지만, 참조 카운터를 업데이트할 때 제어 블록을 변경할 필요가 있다.
제어 블록은 힙에 위치하며, 두 개의 스레드에 공유되므로 데이터 경합을 막고자 동기
화가 필요하다. 제어 블록은 **std::shared_ptr** 인터페이스 뒤에 숨어 있는 세부 사항
이므로 보호할 수 있는 방법을 알 수 없고, 결과적으로 보호되고 있었다는 것을 알게
된다. 특히 가변 **atomic** 카운터를 사용하는데, 참조 카운터의 업데이트 시에 스레드
안전성을 갖고 있어서 여러 개의 공유 포인터를 참조 카운터의 동기화에 대한 걱정
없이 여러 스레드에서 사용할 수 있다. 이처럼 좋은 예는 클래스를 디버깅할 때 생각
해봐야 한다. 클라이언트 입장에서 의미상 읽기 전용(const)으로 보이는 메서드로 변
수를 변경하면 이러한 변수의 변경 작업이 스레드 안전성을 갖게 해야 한다. 다른
한편으로는 변경할 만한 함수로 클라이언트에서 감지되는 모든 것은 동기화할 클라이
언트 클래스로 남아 있어야 한다.

아래의 그림은 두 개의 std::shared_ptrs인 p1, p2를 보여주며, 같은 객체에 대한 접근이 가능하다. int는 공유된 객체이고 제어 블록은 std::shared_ptr 인스턴스에 대해 내부적으로 공유된 객체다. 제어 블록은 기본적으로 스레드 안전성을 갖는다.

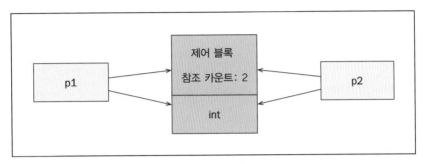

같은 객체에 접근하는 두 개의 shared_ptrs

요약해보면 다음과 같다.

- 이 예제에서 int인 공유된 객체는 스레드 안전성이 확보되지 않았고, 다중 스레드가 접근하려면 명시적인 잠금이 필요하다.
- 제어 블록은 이미 스레드 안전성이 있으므로 참조 카운트 방식은 다중 스레드 환경에서 잘 동작한다.

이제 남은 하나는 이전 예제에서 실제 std::shared_ptr 객체인 p1, p2는 어떻게 될 것인지다. 이 질문을 이해하려면 p로 명명된 하나의 전역 std::shared_ptr 객체만 사용하는 예제로 들어가 보자.

```
// 전역
auto p = std::shared_ptr<int>{};
```

데이터 경합이 발생하지 않도록 여러 스레드에서 p를 어떻게 변경할 수 있을까? 물론 p를 사용할 때마다 뮤텍스 잠금을 써서 p를 보호할 수 있다. 또는 atomic 라이브러리의 함수를 쓸 수도 있다. 코드를 작성할 때 std::atomic<shared_ptr<T>> 같은 것을 얘기할 수는 없지만 std::shared_ptr을 변경하기 위한 atomic 함수의 오버로드를 사용할 수는 있다. 아래의 예제는 다중 스레드에서 공유된 포인터 객체를 가져오고 저장하는 방법을 보여준다.

```cpp
// T1 스레드는 다음 함수를 호출한다.
auto f1() {
    auto new_p = std::make_shared<int>(std::rand());
    // ...
    std::atomic_store(&p, new_p);
}

// T2 스레드는 다음 함수를 호출한다.
auto f2() {
    auto local_p = std::shared_ptr<int>{std::atomic_load(&p)};
    // local_p를 사용...
}
```

이 코드에서는 T1, T2 두 개의 스레드가 있다고 가정하며, 각각 f1()과 f2() 함수를 호출한다. 새로 힙에 할당된 int 객체는 T1 스레드에서 std::make_shared<int>()를 호출해서 생성된다.

세부적으로 이 예제에서는 어느 스레드에서 힙에 할당된 int가 삭제될 것인지 한 가지 생각해볼 내용이 있다. local_p가 f2() 함수의 범위를 벗어날 때 int(0에 도달하는 참조 카운트)에 대한 마지막 참조가 될 수 있다. 이런 경우에는 힙에 할당된 int의 삭제가 T2 스레드에서 일어날 것이다. 그렇지 않으면 삭제는 std::atomic_store()가 호출될 때 T1 스레드에서 발생한다. 따라서 int의 삭제는 두 개의 스레드에서 일어날 수 있다는 것이 답이다.

C++ 메모리 모델

동시성을 다루는 장에서 왜 C++의 메모리 모델이 등장할까?

메모리 모델은 스레드가 접근 가능한 메모리에 어떻게 읽고 쓰는지를 정의하기 때문에 동시성과 밀접한 관계가 있다. 메모리 모델은 컴파일러 최적화와 다중 코어 아키텍처보다 복잡한 주제이지만, 한 가지 좋은 소식이 있다면 직접 작성할 프로그램이 데이터 경합에서 해방되고, `atomic` 라이브러리가 기본으로 제공하는 메모리 정렬을 사용할 경우에는 동시성 프로그램이 이해하기 쉬운 직관적 메모리 모델에 맞게 동작한다는 점이다. 하지만 메모리 모델에 대한 최소한의 이해와 기본 메모리 정렬이 보장하는 것을 아는 것은 여전히 중요하다.

이번 절에서 다루는 개념은 허브 셔터Herb Sutter의 『Atomic Weapons: The C++ Memory Model and Modern Hardware 1 & 2』에 전체적으로 설명돼 있다. 이 내용을 무료로 볼 수 있는 곳은 https://herbsutter.com/2013/02/11/atomic-weapons-the-c-memory-model-and-modern-hardware/다. 이 주제에 대해 더 자세히 알고 싶다면 이 자료를 볼 것을 권한다.

명령어 재정렬

메모리 모델의 중요성을 이해하려면 우선 작성하는 프로그램이 어떻게 실행되는지에 대한 배경을 알아볼 필요가 있다.

프로그램을 만들고 실행할 때 소스코드의 명령어는 코드에서 보이는 순서와 동일하게 실행된다고 가정하는 것이 합리적이다. 하지만 이는 사실이 아니며, 작성된 코드는 최종적으로 실행되기 전까지 몇 단계에 걸쳐 최적화가 진행된다. 컴파일러와 하드웨어 모두 프로그램을 더 효율적으로 실행하기 위한 목적으로 명령어를 재정렬한다. 이런 기술은 새로운 기술이 아니라 컴파일러는 오랜 기간 이렇게 해왔다. 최적화되지 않은 것보다 최적화된 빌드가 실행이 더 빠른 이유가 하나 있는데, 컴파일러(하드웨어도 포함)는 프로그램을 실행할 때 관찰(또는 식별) 가능하지 않은 범위 내에서 자유롭게 재정렬한다. 프로그램은 마치 모든 것이 프로그램된 순서인 것처럼 동작한다.

분명한 이해를 돕고자 아래 예제를 살펴보자.

```cpp
int a = 10; // 1
cout << a; // 2
int b = a; // 3
cout << b; // 4
// 관찰된 결과 : 1010
```

이제 줄 번호 2번, 3번은 관찰할 수 있는 결과가 없도록 바꿀 수 있다.

```cpp
int a = 10;   // 1
int b = a;    // 3 이 줄은 위로 이동됐다.
cout << a;    // 2 이 줄은 아래로 이동됐다.
cout << b;    // 4
// 관찰된 결과: 1010
```

다음 예제는 4장의 예제와 비슷하지만 똑같지는 않다. 컴파일러는 2차원 행렬을 반복 연산할 때 캐시 동작에 친화적인 버전으로 최적화할 수 있었다.

```cpp
constexpr auto ksize = size_t{100};
using MatrixType = std::array<std::array<int, ksize>, ksize>;
auto cache_thrashing(MatrixType& matrix, int v) { // 1
    for (size_t i = 0; i < ksize; ++i) // 2
        for (size_t j = 0; j < ksize; ++j) // 3
            matrix[j][i] = v; // 4
}
```

4장에서 봤던 이 코드는 캐시 적중에 많이 실패해서 성능에 나쁜 영향을 준다. 컴파일러는 별다른 제약을 받지 않고, 다음과 같이 구문을 재정렬해서 최적화할 수 있다.

```
auto cache_thrashing(MatrixType& matrix, int v) { // 1
    for (size_t j = 0; j < ksize; ++j)      // 3 이 줄은 위로 이동됐다.
        for (size_t i = 0; i < ksize; ++i) // 2 이 줄은 아래로 이동됐다.
            matrix[j][i] = v; // 4
}
```

프로그램을 실행할 때 위 두 버전의 차이를 식별할 방법이 없지만, 나중 것이 더 빠르게 동작한다.

컴파일러와 함께 최적화도 복잡하지만 지속적으로 발전하고 있는 명령어 파이프라인pipelining, 분기 예측branch prediction, 캐시 계층 구조hierarchies 등을 포함한 하드웨어적인 요소에 의해 수행된다. 다행스럽게도 원본 프로그램의 모든 변환은 소스코드 내의 읽기와 쓰기 재정렬 정도라고 볼 수 있다. 이는 변환을 수행하는 것이 컴파일러이거나 또는 어떤 하드웨어인지는 중요하지 않다는 의미다. C++ 프로그래머가 알아야 할 중요한 점은 명령어가 재정렬될 수 있다는 것이다.

프로그램의 최적화가 진행된 빌드를 디버깅하려면 재정렬 때문에 순서를 따라가기가 어렵다는 점을 느낄 수 있었을 것이다. 따라서 디버거를 사용할 때 위와 같은 재정렬은 어느 정도 관찰이 가능하지만 프로그램을 정상적으로 실행할 때에는 알아챌 수 없다.

아토믹과 메모리 정렬

단일 스레드 프로그램을 C++로 제작할 때에는 데이터 경합이 발생할 위험이 없다. 명령어 재정렬에 대한 인식을 하지 않더라도 즐겁게 프로그램을 제작할 수 있다. 하지만 다중 스레드 프로그램에서 변수를 공유하는 조건에서는 완전히 다른 이야기가 전개된다. 컴파일러(하드웨어도 포함)는 최적화를 수행하면서 어떤 것이 사실이고 관찰 가능한지 한 개의 스레드만으로 판단한다. 컴파일러는 다른 스레드가 공유 변수를 통해 관찰할 수 있다는 사실을 알지 못하므로, 재정렬이 허용되는 부분을 프로그래머가 컴파일러에 알려 줄 책임이 있다. 이는 사실 데이터 경합을 방지하기 위해 아토믹 ^atomic 변수나 뮤텍스를 사용할 때 우리가 했던 일이다.

뮤텍스로 크리티컬 섹션을 보호할 때는 잠금을 보유한 스레드만이 크리티컬 섹션을 실행할 수 있다. 하지만 뮤텍스도 크리티컬 섹션 주위에 메모리의 경계 울타리^fence를 세우고, 시스템에게 크리티컬 섹션 범위에서 재정렬이 허용되지 않는다는 것을 알려준다. 잠금을 획득하면 획득했다는 울타리를 추가하고, 잠금을 해제하면 해제 울타리를 추가한다.

위 내용을 예제로 설명하겠다. 4개의 명령어 i1, i2, i3, i4를 갖고 있다고 가정해보자. 명령어 사이에 서로 종속성이 없어서 시스템은 차이를 식별할 수 있는 그 무엇도 없이 임의로 명령어를 재정렬할 수 있다. i2와 i3 명령어는 공유 데이터를 사용하고, 뮤텍스로 보호되는 크리티컬 섹션이 있다. 뮤텍스 잠금에 대한 획득과 해제(울타리)를 추가하고 나면 재정렬은 더 이상 유효하지 않다. 분명한 것은 크리티컬 섹션의 일부를 크리티컬 섹션 바깥으로 명령어를 이동할 수 없고, 그러면 뮤텍스로 보호될 수 없다. 단방향 울타리는 어떠한 명령어도 크리티컬 섹션 바깥으로 이동시킬 수 없다는 점을 보장해준다. i1 명령어는 획득 울타리의 전달을 통해 크리티컬 섹션 안쪽으로 이동될 수 있지만, 해제 울타리를 넘어설 수는 없다. i4 명령어는 해제 울타리의 전달을 통해 크리티컬 섹션 안쪽으로 이동될 수 있지만 획득 펜스를 넘을 수 없다.

아래의 그림은 단방향 울타리가 명령어의 재정렬을 어떻게 제한하는지 보여준다. 어떠한 읽기 명령어나 쓰기 명령어도 획득 울타리를 지나갈 수 없고, 해제 울타리 아래로 통과할 수 없다.

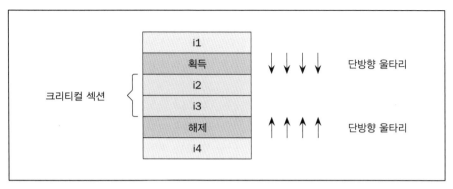

단방향 울타리는 명령어의 재정렬을 제한한다.

뮤텍스를 확보하면 획득 메모리 울타리를 생성한다. 이는 시스템에 어떤 메모리 접근 (읽기 또는 쓰기)도 획득 울타리가 위치한 선 위로 이동할 수 없다는 것을 알려준다. 시스템은 i4 명령어를 i3, i2 명령어를 넘어 해제 울타리 위로 이동시키는 것이 가능하지만, 획득 울타리 이상은 안 된다.

이제 뮤텍스 대신 아토믹 변수를 살펴보자. 공유 아토믹 변수를 프로그램에서 사용하면 아래 두 가지를 갖게 된다.

- **부분적 쓰기로부터 보호**: 아토믹 변수는 항상 자동으로 업데이트되므로, 리더 reader가 일부만 기록한 상태의 값을 읽게 될 가능성이 없다.
- **충분한 메모리 울타리를 추가해서 만드는 메모리의 동기화**: 이는 특정 명령어의 재정렬을 막아서 아토믹 관련 작업에 의해 지정된 메모리 정렬을 보장해준다.

C++ 메모리 모델은 프로그램이 데이터 경합에서 안전하고 아토믹을 사용할 때 기본 메모리 정렬을 사용하고 있다면 순차적 일관성을 보장한다. 순차적 일관성이란 실행의 결과가 원래 프로그램에 지정된 순서로 동작한 것과 같은 것을 보장하는 것이다. 스레드 사이에 명령어를 삽입하는 것은 임의적이다. 즉, 스레드의 스케줄링에 대한 제어권이 우리에게는 없다. 처음에는 다소 복잡하게 느끼겠지만, 동시성 프로그램이 어떻게 실행돼야 하는지 우리가 생각하고 있는 방법을 사용하고 있을 것이다.

순차적 일관성의 단점은 성능에 불리하다는 점이다. 따라서 여유로운relaxed 메모리 모델 대신 아토믹을 사용하는 것이 가능하다. 이는 부분적(간헐적) 쓰기를 보호하기는 하지만 강력한 순차적 일관성을 가진 메모리 정렬의 보장은 포기하는 것을 의미한다. 더 약한weaker 메모리 모델이 가져다주는 효과를 완벽히 이해하지 않았다면 기본 순차적 일관성 메모리 정렬 이외에는 사용하지 말 것을 권하고 싶다. 여유로운 메모리 정렬에 대한 세부적인 내용은 이 책에서 다룰 범위를 벗어난다. 하지만 주제와는 별개로 std::shared_ptr 내의 참조 카운터가 카운터를 증가시킬 때(카운터를 감소시킬 때는 아니다) 이 여유로운 메모리 모델을 사용한다는 점을 알면 흥미로울 수 있겠다. 또한 이러한 사실은 std::shared_ptr 멤버 함수인 use_count()가 다중 스레드 환경에서는 실제 참조의 근삿값만을 보고할 수밖에 없는 이유이기도 하다.

▌ 잠금 없는 프로그래밍

잠금 없이lock-free 프로그램을 만드는 일은 어렵다. 이 주제를 많이 다루지는 않겠지만, 잠금을 쓰지 않는 데이터 구조를 구현하는 간단한 방법을 예제로 제공하겠다. CASCompare-And-Swap와 ABA-problem처럼 이 주제만을 다루는 훌륭한 참고서가 있으며, 필요한 개념과 함께 자신 만의 구현 방법을 설명하고 있다.

잠금 없는 큐의 예

여기서 예제를 통해 보여줄 잠금을 쓰지 않는(이하 잠금 없음lock-free) 큐queue는 상대적으로 간단하면서도 유용한 잠금 없는 데이터 구조다. 잠금 없는 큐는 공유 데이터 접근을 동기화하기 위해 잠금을 사용할 수 없는 스레드와 단방향으로 통신하기 위해 사용한다.

요구되는 사항이 많지 않아 구현 방법은 직관적인 편이다. 오직 하나의 읽기 스레드와 하나의 쓰기 스레드만을 지원한다. 큐의 용량은 고정되며, 런타임에 변경될 수 없다.

쓰기 스레드는 다음과 같은 호출이 허용된다.

- **push():** 큐에 요소를 추가한다.

읽기 스레드는 다음의 호출이 허용된다.

- **front():** 큐의 앞부분 요소를 반환한다.
- **pop():** 큐에서 앞부분 요소를 제거한다.

다음은 두 스레드 모두 호출할 수 있다.

- **size():** 큐의 현재 크기를 가져온다.

다음은 위에서 설명한 큐를 구현한 전체 코드다.

```cpp
template <class T, size_t N>
class LockFreeQueue {
public:
   LockFreeQueue() : read_pos_{0}, write_pos_{0}, size_{0} {
      assert(size_.is_lock_free());
   }
   auto size() const { return size_.load(); }
   // 쓰기 스레드
   auto push(const T& t) {
      if (size_.load() >= N) {
         throw std::overflow_error("Queue is full");
      }
      buffer_[write_pos_] = t;
      write_pos_ = (write_pos_ + 1) % N;
      size_.fetch_add(1);
   }
   // 읽기 스레드
```

```
    auto& front() const {
        auto s = size_.load();
        if (s == 0) {
            throw std::underflow_error("Queue is empty");
        }
        return buffer_[read_pos_];
    }
    // 읽기 스레드
    auto pop() {
        if (size_.load() == 0) {
            throw std::underflow_error("Queue is empty");
        }
        read_pos_ = (read_pos_ + 1) % N;
        size_.fetch_sub(1);
    }
private:
    std::array<T, N> buffer_{};        // 두 스레드 모두 사용
    std::atomic<size_t> size_{};       // 두 스레드 모두 사용
    size_t read_pos_ = 0;              // 읽기 스레드가 사용
    size_t write_pos_ = 0;             // 쓰기 스레드가 사용
};
```

아토믹 접근이 필요한 데이터 멤버는 **size_** 변수가 유일하다. **read_pos_** 멤버는 읽기
스레드만 사용하고, **write_pos_**는 쓰기 스레드만 사용한다. **std::array** 타입의 버퍼
는 어떨까? 두 스레드 모두에 의해 변경과 접근이 가능한데, 동기화가 필요하진 않을
까? 이 알고리즘은 두 개의 스레드가 배열의 동일한 요소에 접근하는 일이 절대 없는
것이 확실해서 C++는 데이터 경합 없이 배열 내의 개별 요소에 접근한다는 점을 보장
한다. 요소의 크기가 작은 것은 문제가 되지 않으며, 위와 같은 사실은 **char** 배열조차
도 보장된다.

대기^{blocking} 없는 큐도 이와 같이 쓰일 수 있을까? 어떠한 상황에서도 대기가 걸리면
안 되는 실시간 오디오 스레드와 데이터를 주고받아야 하는 메인 스레드에서 실행

중인 사용자 인터페이스를 가진 오디오 프로그래밍의 예를 살펴보자. 실시간 처리 스레드는 낮은 우선순위를 가진 스레드를 대기 상태로 만드는 결과를 초래하는 뮤텍스 잠금 및 메모리의 할당과 해제나 일부 다른 작업을 사용할 수 없다. 잠금 없는 데이터 구조는 바로 이러한 시나리오에서 요구된다.

아래 그림과 같이 LockFreeQueue 안에서 읽기와 쓰기 모두 메인 스레드와 오디오 스레드 사이에 양방향의 통신을 위한 큐에 대해 두 개의 인스턴스를 사용하고 있으므로 잠금 없는 구성을 갖는다.

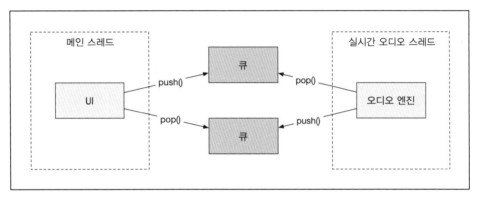

메인 스레드와 실시간 오디오 스레드 간에 상태 정보를 전달하는 두 개의 잠금 없는 큐 사용

▮ 성능 가이드

10장의 내용은 성능과 관련된 가이드로 마무리하겠다. 성능을 개선하기 위한 노력을 하기 전에 동시성 프로그램이 정상적으로 실행될 수 있게 만드는 것의 중요성을 아직 충분히 강조하지 못했다. 또한 여기서 제시할 성능 가이드를 적용하기 전에 개선하고자 하는 부분을 잘 측정할 수 있는 방법도 있어야 한다.

경합 방지

다중 스레드가 공유 데이터를 사용할 때마다 경합이 발생할 수 있다. 경합은 성능에 나쁜 영향을 주고, 경합에 의해 발생한 부하가 단일 스레드 프로그램보다 느리게 동작하는 병렬 알고리즘을 만들어내기도 한다.

대기와 컨텍스트 전환을 유발하는 잠금의 사용은 성능에 부담인 것은 분명하고, 잠금과 아토믹 모두 컴파일러가 생성하는 코드의 최적화를 못하게 만들 수 있는 가능성도 있으며, CPU가 코드를 실행하는 런타임에 발생한다. 코드 최적화는 순차적 일관성을 보장하고자 필요하다. 그러나 동기화와 데이터 경합을 무시하는 것이 해결책일 수는 없다. 데이터 경합이 생기면 정의되지 않은 동작이 생기고, 잘못된 결과를 만드는 프로그램이 빠르게 실행된다고 좋아할 사람은 없다.

대신 크리티컬 섹션 내의 수행 시간은 최소화해야 한다. 이는 크리티컬 섹션에 더 낮은 빈도로 진입하고, 크리티컬 섹션 자체도 최소화한다면 가능하다. 결과적으로 일단 크리티컬 섹션에 진입하면 최대한 빨리 나올 수 있다.

대기 동작 방지

오늘날의 사용자 인터페이스로 응답을 처리하는 애플리케이션을 항상 부드럽게 실행하려면 메인 스레드를 몇 밀리초 이상 대기하게 만들면 안 된다. 부드럽게 실행되는 앱은 화면을 1초에 60번 업데이트한다. 이는 사용자 인터페이스를 위한 스레드에서 16밀리초 이상 대기하는 동작을 하면 FPS(초당 프레임 수)는 줄어든다.

위와 같은 내용을 이해하고 자신의 애플리케이션 내의 API를 설계할 수 있다. 입출력을 수행하는 함수를 만들 때마다, 또는 몇 밀리초 이상 실행하는 무언가를 만들 때 비동기 함수로 구현할 수 있다. 이런 유형은 iOS와 윈도우에서 매우 일반적이며, 모든 네트워크 API도 비동기 방식으로 만들어지고 있다.

스레드와 CPU 코어의 개수

컴퓨터가 더 많은 CPU 코어를 가질수록 더 많은 스레드를 실행할 수 있다. 순차적으로 CPU 종속적인 작업을 병렬 처리 형태로 분산시키고자 한다면 여러 코어의 병렬 처리를 통한 성능 향상을 가져올 수 있다.

단일 스레드를 사용하는 알고리즘에서 두 개의 스레드로 실행하게 만들 때 최선의 결과는 두 배의 성능이다. 하지만 어떤 한계를 넘어서 스레드를 추가할수록 결과적으로 성능의 이점도 한계에 도달한다. 이러한 한계를 넘어서는 스레드의 추가는 실제로 성능을 감소시키는데, 컨텍스트의 전환에 의해 발생하는 부하가 스레드를 추가할 때마다 늘어나기 때문이다.

웹 크롤러web crawler와 같은 집중적인 입출력 작업은 네트워크 데이터를 기다리는 데 시간을 많이 소비한다. 이는 가용한 CPU 수에 해당하는 어떤 한곗값에 도달하기 전까지 매우 많은 스레드가 필요하다. 입출력을 기다리는 스레드는 주로 실행이 준비된 다른 스레드를 실행하고자 전환될 확률이 높다.

일반적으로 CPU에 종속적인 작업은 컴퓨터에 있는 코어 수보다 더 많은 스레드를 만드는 것이 의미가 없다.

대용량 프로그램에서 스레드의 개수를 제어하는 것은 어렵다. 이를 제어하는 좋은 방법은 스레드 풀thread pool을 사용해서 현재 하드웨어에 맞게 크기를 설정하는 것이다.

11장에서는 알고리즘의 병렬화 방법과 CPU 수를 바탕으로 동시 처리량을 산정하는 방법을 살펴본다.

스레드 우선순위

스레드의 우선순위priority는 스레드의 스케줄에 영향을 미친다. 우선순위가 높은 스레드는 낮은 것보다 더 자주 스케줄을 할당받는다. 스레드 우선순위는 작업의 처리 시간을 줄이는 데 중요한 부분이다.

운영체제가 제공한 스레드에는 우선순위가 있다. 현재 C++ 스레드 API로는 스레드의 우선순위를 설정할 방법은 없다. 하지만 `std::thread::native_handle`로 운영체제 스레드의 핸들을 가져올 수 있고, 우선순위의 설정을 위한 네이티브[native] API를 사용할 수 있다.

스레드 우선순위와 관련된 성능 저하 현상 중 하나는 스레드의 우선순위가 뒤바뀌는 것이다. 이런 증상은 우선순위가 높은 스레드가 잠금을 얻고자 기다리고 있는데, 이 잠금을 우선순위가 낮은 스레드가 보유하고 있는 상황에서 발생하기도 한다. 이러한 형태의 종속성은 대기 상태에 빠진 우선순위가 높은 스레드가 잠금을 해제하고자 우선순위가 낮은 스레드가 스케줄을 받는 시점까지 영향을 미친다. 이런 상황은 실시간 애플리케이션에서 심각한 문제다. 실제로는 실시간 스레드가 접근할 필요가 있는 공유 자원을 보호하고자 잠금을 사용할 수 없음을 의미한다. 예를 들어 실시간 오디오를 제공하는 스레드는 최대한 높은 우선순위로 동작하는데, 우선순위가 전도되는 상황을 피하고자 오디오 스레드가 대기나 컨텍스트 전환을 초래하는 함수(`std::malloc()` 포함)를 호출하는 것은 불가능하다.

스레드 선호

스레드 선호[affinity]는 스케줄러에게 어느 스레드에서 동일한 CPU 캐시를 공유하는 것이 유리한지 힌트를 줄 수 있게 한다. 달리 말해 어떤 스레드는 가능하면 특정 코어에서 실행되도록 스케줄러에게 요청해서 캐시 적중률이 떨어지는 것을 최소화할 수 있다.

어떤 스레드가 특정 코어에서 실행되길 원하는 이유는 어떤 것이 있을까? 답은 역시 캐시다. 같은 메모리에서 동작하는 스레드는 같은 코어로 실행되는 것이 유리하고, 따끈한 캐시를 활용할 수 있는 장점이 있다. 스케줄러에게 스레드의 선호성은 코어에 스레드를 할당할 때 사용하는 많은 파라미터 중 단지 하나라서 결과를 보장해 줄 수는 없지만 운영체제에 따라 매우 다양한 동작이 있을 수 있다. 스레드 우선순위와 모든 코어에 대한 활용도는 오늘날의 스케줄러가 책임져야 할 것 중의 일부가 되도록 요구된다.

스레드 선호성 설정 기능을 현재 C++ API가 지원하지는 않지만 대부분의 플랫폼은 스레드에 선호 마스크(비트 단위의 위치에 의미를 부여한 비트 패턴 – 옮긴이)를 설정하도록 일부 지원한다. 특정 플랫폼의 기능에 접근하려면 네이티브 스레드의 핸들을 얻어야 한다. 다음은 리눅스에서 스레드 선호 마스크를 설정하는 방법을 보여준다.

```
#include <pthreads>   // 고정된(non-portable) 헤더

auto set_affinity(const std::thread& t, int cpu) {
    cpu_set_t cpuset;
    CPU_ZERO(&cpuset);
    CPU_SET(cpu, &cpuset);
    pthread_t native_thread = t.native_handle();
    pthread_set_affinity(native_thread, sizeof(cpu_set_t), &cpuset);
}
```

 현재 포터블 C++가 아니라는 점을 유념한다. 성능이 매우 중요한 동시성 프로그램을 다루고 있다면 약간의 non-portable 설정을 스레드에 적용해야 한다.

거짓 공유

거짓 공유false sharing 또는 상쇄 간섭destructive interference은 성능을 나쁘게 만든다. 이는 두 스레드가 어떤 데이터(논리적으로 공유되지 않은)를 사용하지만 동일한 캐시 라인cache line에 위치하게 된 경우에 발생한다. 두 개의 스레드가 다른 코어에서 실행 중이면서 계속 공유된 캐시 라인에 위치한 변수를 업데이트한다면 무슨 일이 발생할지 상상해보자. 이 스레드들은 서로 공유하는 데이터가 없지만, 캐시 라인을 서로 무효화시킨다.

거짓 공유는 주로 공유된 스레드 간에 전역 데이터나 동적으로 할당된 데이터를 사용할 때 발생한다. 스레드 간에 공유되는 배열을 할당하고 각 스레드는 배열에서 오직 한 개의 요소만 사용할 때도 거짓 공유가 발생하는 예가 될 수 있다.

이 문제에 대한 해결책은 배열에 간격을 줘서 두 개의 인접한 요소가 동일한 캐시 라인에 위치하지 않게 하는 것이다. C++17부터는 <new>에 정의된 std::hardware_destructive_interference 상수를 alignas 지정자와 결합해서 사용하는 방법이 있다. 아래의 코드는 거짓 공유를 막을 수 있는 요소를 만드는 방법을 보여준다.

```
struct alignas(std::hardware_destructive_interference_size) Element {
    int counter_{};
};

auto elements = std::vector<Element>(num_threads);
```

위 벡터 내의 요소는 별개의 캐시 라인에 위치하는 것이 보장된다.

▌ 요약

10장에서는 다중 스레드를 동시에 실행하는 프로그램을 만드는 방법을 살펴봤다. 잠금이나 아토믹으로 크리티컬 섹션을 보호해서 데이터 경합을 막는 방법도 알아봤다. 잠금 없는 프로그램을 작성할 때 알아야 할 실행 순서와 C++ 메모리 모델도 살펴봤다. 변경 가능하지 않게 고정된 데이터 구조가 스레드 안전성을 갖는다는 점도 알아봤다. 동시 애플리케이션의 성능을 향상시키기 위한 가이드로 10장을 마무리했다.

병렬 STL

11장에서는 컴퓨터의 연산량이 매우 많은 그래픽 처리 기능의 사용법을 배운다. STL과 유사한 인터페이스를 통해 GPU를 보여주는 Boost Compute라는 라이브러리를 사용하며, CPU에서부터 GPU를 아우르는 표준 C++ 코드로 자연스럽게 배울 수 있다.

병렬화parallelizing 알고리즘이나 일반 병렬 프로그램의 이론은 한 장으로 다루기에는 너무 복잡해서 11장에서 깊이 있게 다루지는 않는다. 대신 실용적인 접근 방법과 함께 현재의 C++ 코드 베이스를 가독성을 유지하면서도 병렬 처리 능력을 활용할 수 있게 확장할 것이다.

달리 표현한다면 가독성을 위해 병렬화하려는 것이 아니라 추상화부터 먼저 해두고, 어떤 알고리즘에 대한 파라미터 정도를 바꾸는 것만으로 코드를 병렬화하고자 한다.

10장에서 for 반복문으로 직접 처리하는 것보다 STL 알고리즘을 더 선호된다는 점을 강조했고, 여기서는 알고리즘을 사용하는 방식의 뛰어난 장점을 볼 수 있다.

몇 가지 병렬 처리를 구현하기 위한 표준 알고리즘을 살펴보는 것으로 11장을 시작하고, 병렬화 버전으로 만들어가면서 다소 복잡해질 것이다. 다음으로 STL 병렬 처리 확장^{extension}을 사용하는 코드 베이스를 적용하는 방법을 살펴보고, 마지막으로 Boost Compute와 OpenCL을 사용해 간단하게 GPU 능력을 활용하는 방법을 알아본다.

▌ 병렬 처리의 중요성

프로그래머 관점에서는 컴퓨터 하드웨어가 3GHz의 멀티코어 CPU인 경우보다는 100GHz 단일 코어 CPU가 오히려 편리하고, 병렬 처리에도 신경 쓸 필요가 없을 수 있다. 하지만 컴퓨터 하드웨어는 멀티코어 CPU로 발전하고 있고, 프로그래머는 하드웨어 활용도를 높이고자 효율적인 병렬 처리 패턴을 사용해야만 한다.

▌ 병렬 알고리즘

10장에서 언급했듯이 병렬화를 통해 멀티코어 하드웨어의 장점을 가진 프로그래밍을 참조한다. 반대로 하드웨어에서 얻을 수 있는 장점이 아무것도 없다면 병렬 알고리즘은 아무 의미가 없다.

그러므로 순차 알고리즘과 별다른 차이가 없는 병렬 알고리즘은 논리적으로 볼 때 순차 알고리즘보다 느리다. 병렬 알고리즘의 장점은 알고리즘이 여러 개의 처리 단위로 분산될 때 나타난다.

이 점과 더불어 모든 알고리즘이 병렬로 실행되더라도 일정한 성능 향상을 나타낼 수 없다는 점도 알아야 한다. 알고리즘을 평가하고자 다음과 같이 간단한 측정 지표를 쓸 수 있다.

- A: 순차적으로 한 개의 CPU 코어에서 실행한 시간
- B: 병렬로 실행한 시간을 코어 수만큼 곱한 시간

A와 B가 같다면 알고리즘은 완벽하게 병렬화된 것이다. B가 A보다 커질수록 병렬 알고리즘은 점점 더 상황이 나빠지는 것이다.

병렬화가 적합한지 여부는 처리할 개별 요소가 얼마나 독립적인지에 달려 있다. 예를 들어 std::transform()은 각 요소가 완벽하게 독립적이지만 병렬화하기에 연산이 너무 간단하다. 이론적으로 n개의 코어가 있다면 n배 더 빠르게 순차적으로 처리함을 의미한다. 하지만 실제로는 병렬 실행에 제약이 되는 여러 파라미터가 있으며, 10장에서 언급했듯이 스레드 생성, 컨텍스트 전환 등의 부담이 생긴다.

 병렬 알고리즘은 항상 같은 일을 하는 순차 알고리즘보다 연산에 따르는 비용이 높기 때문에 순차 처리가 필요할 수도 있다. 이러한 예로는 연산 시간보다는 전력을 적게 사용하기 위한 최적화가 필요한 경우를 들 수 있다. 하지만 이런 경우가 그다지 많지 않아서 (아마 태양전지로 은하를 탐험하는 우주선처럼) 의미가 없을 수도 있다.

병렬 std::transform() 구현

알고리즘적으로 std::transform()을 구현하기 쉽지만, 실제로는 기초적인 병렬 버전 조차도 구현하는 것이 눈에 보이는 것보다 더 복잡하다.

std::transform()의 네이티브[native] 병렬 구현은 다음과 같다.

- 컴퓨터의 코어 수에 맞게 몇 개의 집합으로 요소를 나눈다.
- 각 집합을 격리된 태스크에서 병렬로 실행한다.
- 모든 태스크가 끝날 때까지 기다린다.

네이티브 구현

std::thread::hardware_concurrency()를 사용해서 가용한 하드웨어 스레드 수를 구하는 네이티브 구현은 아래와 같다. hardware_concurrency()는 어떤 이유로 인해 정해진 값이 없으면 0을 반환할 수 있으므로, 최소 한 개로 고정된다.

```
template <typename SrcIt, typename DstIt, typename Func>
auto par_transform_naive(SrcIt first, SrcIt last, DstIt dst, Func f) {
    auto n = static_cast<size_t>(std::distance(first, last));
    auto num_tasks = std::max(std::thread::hardware_concurrency(), 1);
    auto chunk_sz = std::max(n / num_tasks, 1);
    auto futures = std::vector<std::future<void>>{};
    futures.reserve(num_tasks); // 병렬로 실행하고자 격리된 태스크의
                                // 그룹 하나를 호출한다.
    for (size_t task_idx = 0; task_idx < num_tasks; ++task_idx) {
        auto start_idx = chunk_sz * task_idx;
        auto stop_idx = std::min(chunk_sz * (task_idx + 1), n);
        auto fut = std::async([first, dst, start_idx, stop_idx, &f](){
            std::transform(first+start_idx, first+stop_idx, dst+start_idx, f);
        });
        futures.emplace_back(std::move(fut));
    }
    // 각 태스크가 끝나는 것을 기다린다.
    for (auto& fut : futures) { fut.wait();}
}
```

성능 평가

네이티브 구현에 이어서 한 개의 CPU 코어에서 std::transform()과 비교할 수 있는 네이티브 성능을 측정해보자.

다음과 같이 두 가지 시나리오로 측정할 것이다.

1. 32개의 요소를 heavy_f라는 무거운 함수로 처리한다.

2. 100,000,000개의 요소를 `light_f`라는 가벼운 함수로 처리한다.

아래의 코드는 작은 수의 요소를 heavy_f라는 변환 함수로 처리한다.

```cpp
// 작은 개수의 요소 - 무거운 변환 함수
auto heavy_f = [](float v) {
    auto sum = v;
    for (size_t i = 0; i < 100'000'000; ++i) { sum += (i*i*i*sum); }
    return sum;
};
auto measure_heavy() {
    auto n = 32;
    auto src = std::vector<float>(n);
    auto dst = std::vector<float>(n);
    std::transform(src.begin(), src.end(), dst.begin(), heavy_f);
    par_transform_naive(src.begin(), src.end(), dst.begin(), heavy_f);
}
```

아래의 코드는 많은 수의 요소를 가벼운 `light_f` 변환 함수로 처리한다.

```cpp
// 많은 수의 요소 - 가벼운 변환 함수
auto light_f = [](float v) {
    auto sum = v;
    for (size_t i = 0; i < 10; ++i) { sum += (i*i*i*sum); }
    return sum;
};
auto measure_light() {
    auto n = 100'000'000;
    auto src = std::vector<float>(n);
    auto dst = std::vector<float>(n);
    std::transform(src.begin(), src.end(), dst.begin(), light_f);
    par_transform_naive(src.begin(), src.end(), dst.begin(), light_f);
}
```

다음 표는 작은 수의 요소를 무거운 **heavy_f** 함수로 처리한 결과를 보여준다.

알고리즘	시간(작을수록 좋은 결과)	속도(높을수록 좋은 결과)
std::transform()	2913914마이크로초	1.00배
par_transform_naive()	364596마이크로초	7.99배

병렬화가 8코어 CPU에서 대략 8배 빠른 결과를 보이므로 완벽한 병렬화다. 이처럼 완벽한 병렬화는 매우 드문 일이지만, 메모리 접근에 병목이 없는 특정 조건에서 가능하다.

다음은 많은 수의 요소를 가벼운 **light_f** 함수로 실행한 결과다.

알고리즘	시간(작을수록 좋은 결과)	속도(높을수록 좋은 결과)
std::transform()	407859마이크로초	1.00배
par_transform_naive()	88887마이크로초	4.60배

위의 병렬 버전은 5배 정도 빠르고, 8개의 코어에서 보통 얻을 수 있는 결과로 볼 수 있는데, 이는 10장에서 설명한 것처럼 병렬화가 가용 메모리 등과 같은 여러 외부 파라미터의 영향을 받기 때문이다.

네이티브 구현의 단점

네이티브 구현은 해당 하드웨어를 활용하는 애플리케이션이 하나뿐이고, 각 요소 그룹을 변환하는 작업에 동일한 비용이 발생하는 경우에는 잘 동작할 수 있다. 하지만 이런 상황이 흔하지 않고, 범용적인 병렬 처리를 구현할 필요가 있다.

다음 그림은 피하고자 하는 문제 상황을 보여준다. 연산을 수행하는 비용이 각 집합마다 다르다면 성능은 결국 가장 시간이 많이 걸리는 태스크 시간에 의해 결정된다.

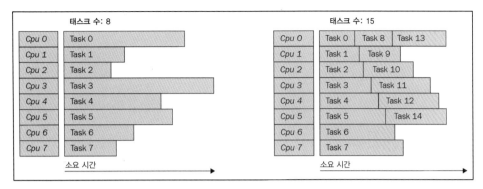

그룹의 크기에 따라 연산 시간이 다른 시나리오

애플리케이션이나 운영체제가 처리할 다른 프로세스가 있는 경우에 위 동작은 병렬로 처리되지 않을 것이다.

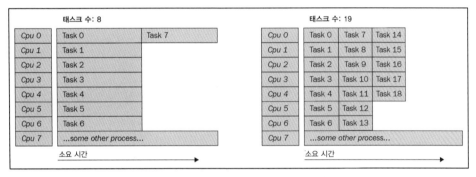

그룹 크기에 연산 시간이 비례하는 시나리오

그림을 보면 작업을 더 작은 덩어리chunk로 나누면 병렬화가 현재 상태에 맞게 조정되므로 전체 작업을 지연시키는 단일 작업을 피할 수 있다.

나누어 정복하라

병렬 변환을 범용으로 잘 구현하려면 소위 "나누어 정복하라"라는 말처럼 범위를 더 작게 반복적으로 나눈다.

순서는 아래와 같다.

- 입력 범위를 둘로 나눈다. 입력 범위가 특정 값보다 작으면 그 범위는 처리된다. 아니면 그 범위를 둘로 나눈다.
  - 둘 중 한 부분은 태스크가 반복적으로 처리할 다른 작업으로 분류한다.
  - 다른 하나는 호출자 스레드에서 반복적으로 처리된다.

아래의 그림은 다음과 같은 속성을 가진 범위를 반복적으로 변환하는 방법을 보여준다.

- **범위 크기**: 16
- **그룹 크기**: 4
- **변환 함수**: [](const auto& v){ return v*v; }

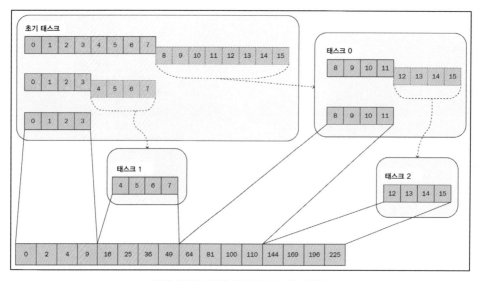

병렬 처리를 위해 반복적으로 나뉜 범위

410

구현

구현된 부분은 아주 적은 양의 코드다. 입력되는 범위는 반복적으로 두 그룹으로 나뉘고, 첫 번째 그룹은 새로운 태스크로 반복해서 호출되지만 두 번째 그룹은 같은 태스크 안에서 처리된다.

```cpp
template <typename SrcIt, typename DstIt, typename Func>
auto par_transform(SrcIt first,SrcIt last,DstIt dst,Func f,size_t chunk_sz)
{
    const auto n = static_cast<size_t>(std::distance(first, last));
    if (n <= chunk_sz) {
        std::transform(first, last, dst, f);
        return;
    }
    const auto src_middle = std::next(first, n/2);
    // 앞부분을 다른 태스크에게 분류해준다.
    auto future = std::async([=, &func]{
        par_transform(first, src_middle, dst, f, chunk_sz);
    });
    // 두 번째 부분은 반복해서 처리한다.
    const auto dst_middle = std::next(dst, n/2);
    par_transform(src_middle, last, dst_middle, f, chunk_sz);
    future.wait();
}
```

성능 평가

지금부터는 std::iota()를 사용하는 과정에서 입력 값과 범위가 커짐에 따라 시간을 더 소비하는 다소 바보스런 transform_func를 만들어본다.

```cpp
const auto transform_func = [](float v) {
    auto sum = v;
    auto i_max = v / 100'000;
```

```
    // v 값이 클수록 연산이 많아진다.
    for (size_t i = 0; i < i_max; ++i) { sum += (i*i*i*sum); }
    return sum;
};
auto n = size_t{ 10'000'000 };
auto src = std::vector<float>(n);
std::iota(src.begin(), src.end(), 0.0f);
// str는 0부터 n까지 간다.
```

std::transform()과 기존 par_transform_native()를 비롯해서 다양한 크기를 가진 그룹을 평가해보면 다음 표와 같다.

함수	그룹 크기	태스크 수	마이크로초	속도 차이
std::transform()	10000000(=n)	1	844629	1.00배
par_transform_naive()	1250000(=n/8)	8	222933	3.79배
par_transform()	1000000	10	210942	4.00배
par_transform()	100000	100	148066	5.70배
par_transform()	10000	1000	144189	5.86배
par_transform()	1000	10000	152123	5.55배
par_transform()	100	100000	208969	4.04배
par_transform()	10	1000000	1536680	0.55배

다양한 크기의 그룹에 대한 연산 시간

표의 데이터가 말해 주듯이 가장 좋은 성능은 그룹의 크기가 10,000개의 요소인 경우다. 크기가 더 크면 성능에 병목이 발생하면서 마지막 그룹까지 처리하는 데 시간이 걸리고, 오히려 그룹의 크기가 너무 작으면 연산에 비해 많은 태스크를 생성하느라 부하가 많이 걸린다. 앞에서 언급한 것처럼 긴 목록에 대해 모든 태스크를 단순히 할당하는 기초적인 구현이지만 결과는 눈여겨볼 만하다.

다시 말해 그룹의 크기가 10,000개의 요소인 경우가 적합한 것으로 보이지만 단위 연산이 매번 같은 시간이 소요되는 변환에 어떤 영향을 줄까?

transform_func를 인수와 무관하게 일정한 연산 비용이 발생하도록 변경해보면 아래와 같다.

```
auto transform_func = [](float v) {
    auto sum = v;
    auto end = 60
    for (size_t i = 0; i < end; ++i) {
        sum += (i*i*i*sum);
    }
    return sum;
};
```

그리고 앞의 예제처럼 코드를 실행해보면 아래와 같은 결과를 얻는다.

함수	그룹 크기	태스크 수	마이크로초	속도 차이
std::transform()	10000000(=n)	1	815498	1.00배
par_transform_naive()	1250000(=n/8)	8	129403	6.30배
par_transform_chunks()	1000000	10	184041	4.43배
par_transform_chunks()	100000	100	132248	6.17배
par_transform_chunks()	10000	1000	131812	6.19배
par_transform_chunks()	1000	10000	141705	5.75배
par_transform_chunks()	100	100000	179279	4.50배
par_transform_chunks()	10	1000000	1542512	0.53배

다양한 크기의 그룹에 대한 연산 시간

차이가 작지만 가장 빠른 버전은 컴퓨터의 코어 수에 대응하는 그룹 수를 가진 **par_transform_native()** 함수다. 코드는 CPU가 이 연산 이외의 다른 일을 수행하지 않는 실험적인 환경에서 실행되긴 했지만 기대했던 결과를 보여준다.

이 예제에서 중요한 점은 8개지만 큰 덩어리보다 오히려 1000개의 더 작은 단위의 태스크가 성능에 불리한지 여부를 판단하는 것이다. 컴퓨터의 CPU 코어 수에 맞는 태스크 수를 찾으려고 노력하는 것보다 일반적으로는 많은 수의 태스크를 사용하는 것이 현명한 결론일 수 있다. 달리 말해 스케줄러가 비동기 작업을 실행하도록 스케줄링하게 두자는 것이다.

병렬 std::count_if 구현

"나누어 정복하라" 개념으로 지금부터는 **std::count_if**의 병렬 버전을 쉽게 구현할 수 있다. 차이점은 아래와 같이 반환된 값을 누적시키는 것이다.

```cpp
template <typename It, typename Pred>
auto par_count_if(It first, It last, Pred pred, size_t chunk_sz) {
    auto n = static_cast<size_t>(std::distance(first, last));
    if (n <= chunk_sz)
        return std::count_if(first, last, pred);
    auto middle = std::next(first, n/2);
    auto future = std::async([=, &pred]{
        return par_count_if(first, middle, pred, chunk_sz);
    });
    auto num = par_count_if(middle, last, pred, chunk_sz);
    return num + future.get();
}
```

병렬 std::copy_if 구현

순차나 병렬로 구현하기 쉬웠던 std::transform()과 std::count_if()를 살펴봤다. 순차적 방법으로 쉽게 구현하는 또 다른 알고리즘은 std::copy_if()다. 이 알고리즘을 병렬로 수행하려면 일이 어려워질 것이다.

아래와 같이 std::copy_if()의 순차적 사용은 구현이 쉽다.

```
template <typename SrcIt, typename DstIt, typename Pred>
auto copy_if(SrcIt first, SrcIt last, DstIt dst, Pred pred) {
    for(auto it = first; it != last; ++it) {
        if( pred(*it) ) {
            *dst = *it;
            ++dst;
        }
    }
    return dst;
}
```

그리고 다음과 같이 사용할 수 있다.

```
auto vals = {0,1,2,3,4,5,6,7,8,9,10,11,12,13,14,15};
auto odd_vals = std::vector<int>(vals.size(), -1);
auto is_odd = [](int v){ return (v % 2) == 1;};
auto new_end = copy_if(vals.begin(), vals.end(), odd_vals.begin(), is_odd);
// odd_vals는 {1,3,5,7,9,11,13,15,-1,-1,-1,-1,-1,-1,-1,-1}
// new_end는 첫 번째 -1을 가리킨다.
odd_vals.erase(new_end, odd_vals.end());
// odd_vals는 {1,3,5,7,9,11,13,15}
```

하지만 병렬화해 본다면 대상 반복자를 동시에 실행하게 만들 수 없는 문제를 만날 수 있다.

```
// 두 태스크가 같은 위치에 기록할 것이다.
// 이는 순전히 정의되지 않은 동작이다.
template <typename SrcIt, typename DstIt, typename Func>
auto par_copy_if(SrcIt first, SrcIt last, DstIt dst, Func func) {
    auto n = std::distance(first, last);
    auto middle = std::next(first, n / 2);
    auto fut0 = std::async([=](){
        return std::copy_if(first, middle, dst, func); } );
    auto fut1 = std::async([=](){
        return std::copy_if(middle, last, dst, func); } );
    auto dst0 = fut0.get();
    auto dst1 = fut1.get();
    return *std::max(dst0, dst1);   // 단지 뭔가를 반환...
}
```

다음과 같은 두 가지 간단한 접근 방법이 있다. 기록할 인덱스를 아토믹^{atomic}이나 잠금 없음^{lock-free} 변수를 써서 동기화하거나 알고리즘을 두 개의 부분으로 나누는 방법이다.

접근 방법 1: 동기화된 쓰기 위치 사용

첫 번째로 생각해볼 방법은 10장에서 배운 것처럼 아토믹 **size_t**와 **fetch_add()** 멤버 함수를 사용해 쓰기 위치를 동기화하는 것이다. 스레드가 새로운 요소를 쓰려고 할 때마다 현재의 인덱스를 가져오고, 1을 자동으로 더해 고유한 인덱스에 매번 기록하는 것이다.

코드를 보면 위의 기능을 내부와 외부 함수로 나눈다. 아토믹은 외부 함수에 정의된 인덱스를 기록하고, 실제 구현은 내부 함수에 **_inner_par_copy_if_sync()**에 있다.

내부 함수

내부 함수는 쓰는 위치를 동기화하는 아토믹 **size_t**가 필요하다. 알고리즘이 반복적이기 때문에 아토믹 **size_t** 자신은 저장할 수 없다. 또한 알고리즘을 호출하고자 외부함수가 필요하다.

```cpp
template <typename SrcIt, typename DstIt, typename Pred>
auto _inner_par_copy_if_sync(
    SrcIt first,
    SrcIt last,
    DstIt dst,
    std::atomic_size_t& dst_idx,
    Pred pred,
    size_t chunk_sz
) -> void {
    auto n = std::distance(first, last);
    if (n <= chunk_sz) {
        std::for_each(first, last, [&](const auto& v) {
            if (pred(v)) {
                auto write_idx = dst_idx.fetch_add(1);
                *std::next(dst, write_idx) = v;
            }
        });
        return;
    }
    auto middle = std::next(first, n / 2);
    auto future = std::async(
        [first, middle, dst, chunk_sz, &pred, &dst_idx] {
            return _inner_par_copy_if_sync(
                first, middle, dst, dst_idx, pred, chunk_sz );
        });
    _inner_par_copy_if_sync(middle, last, dst, dst_idx, pred, chunk_sz);
    future.wait();
}
```

외부 함수

사용자 코드에서 호출할 바깥쪽 함수는 0으로 초기화되는 아토믹 **size_t**의 단순한 위치 표시다. 다음으로 코드를 병렬화하는 첫 번째 내부 함수를 초기화한다.

```
template <typename SrcIt, typename DstIt, typename Pred>
auto par_copy_if_sync(SrcIt first,SrcIt last,DstIt dst,Pred p,size_t
    chunk_sz){
  auto dst_write_idx = std::atomic_size_t{ 0 };
  _inner_par_copy_if_sync(first, last, dst, dst_write_idx, p,
    chunk_sz);
  return std::next(dst, dst_write_idx);
}
```

접근 방법 2: 알고리즘을 둘로 나누기

두 번째 방법은 알고리즘을 둘로 나눈다. 우선 병렬 그룹을 조건적으로 복사하고, 드 문드문 떨어져 있는 범위를 압축해서 연속된 범위로 만든다.

첫 번째 부분: 병렬로 요소를 대상 범위에 복사

첫 번째 부분은 덩어리chunk으로 된 요소를 복사해서 드문드문 떨어져 있는 결과로 만든다. 각 그룹은 병렬로 조건적 복사가 이뤄지며, 범위 반복자를 나중에 값을 가져 오고자 저장한다.

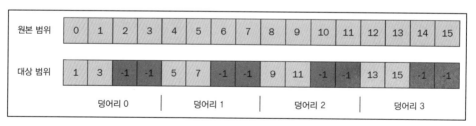

조건적 복사를 수행한 첫 단계 이후 서로 떨어져 있는 상태

다음 코드와 같이 알고리즘을 구현한다.

```cpp
template <typename SrcIt, typename DstIt, typename Pred>
auto par_copy_if_split(SrcIt first,SrcIt last,DstIt dst,Pred pred,size_t
    chunk_sz){
    // 첫 번째 부분: 병렬로 조건적 복사를 수행한다.
    auto n = static_cast<size_t>(std::distance(first, last));
    using CopiedRange = std::pair<DstIt, DstIt>;
    using FutureType = std::future< CopiedRange >;
    auto futures = std::vector<FutureType>{};
    futures.reserve(n / chunk_sz);
    for (size_t start_idx = 0; start_idx < n; start_idx += chunk_sz) {
        auto stop_idx = std::min(start_idx + chunk_sz, n);
        auto future = std::async([=, &pred] {
            auto dst_first = dst + start_idx;
            auto dst_last = std::copy_if(first + start_idx, first + stop_idx,
                dst_first, pred);
            return std::make_pair(dst_first, dst_last);
        });
        futures.emplace_back(std::move(future));
    }
    // 이후에 계속된다...
```

두 번째 부분: 서로 떨어져 있는 상태에서 연속된 범위로 순차적 이동

다소 엉성한 범위가 만들어지면 다음 그림과 같이 단위 std::future에서 값을 가지고 순차적으로 합친다. 이는 두 부분이 겹치게 되므로 순차적으로 수행한다. 불필요한 복사를 피하고자 std::move를 사용한다.

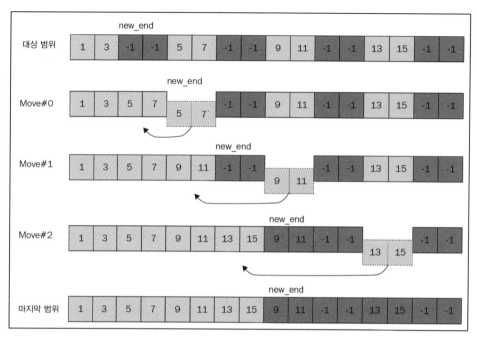

떨어져 있는 범위를 연속된 범위로 합친다.

```
// ...앞에서 이어진다..
// 두 번째 부분: 엉성한 범위를 순차적으로 합친다.
auto new_end = futures.front().get().second;
for(auto it = std::next(futures.begin()); it != futures.end(); ++it) {
    auto chunk_rng = it->get();
    new_end=std::move(chunk_rng.first, chunk_rng.second, new_end);
}
return new_end;
}
// par_copy_if_split 끝
```

성능 평가

두 가지 유형으로 구현한 결과를 측정해보자. copy_if의 병렬화된 버전의 성능은 조
건자predicate의 부하가 얼마나 큰지에 달려 있다. 그러므로 두 개의 조건자로 측정할

것이다. is_odd는 매우 가볍고, is_prime은 매우 부하가 크다는 조건이다.

가벼운 is_odd 조건자	무거운 is_prime 조건자

``
auto is_odd = [](unsigned v) {
  return (v % 2) == 1;
};
``
	``
	auto is_prime = [](unsigned v) {
	  if (v < 2) return false;
	  if (v == 2) return true;
	  if (v % 2 == 0) return false;
	  for (unsigned i=3; (i*i)<=v; i+=2) {
	    if ((v % i) == 0) {return false; }
	  }
	  return true;
	};
	``

아래의 표는 인텔 i7 7700k CPU에서 측정된 성능을 보여준다. 여러 그룹으로 나눈 알고리즘이며, 한 그룹의 크기는 100000으로 설정했다.

조건자	알고리즘	요소의 수	밀리초	속도
is_odd	std::copy_if	100,000,000	64	1.00배
is_odd	par_copy_if_split	100,000,000	58	1.10배
is_odd	par_copy_if_sync	100,000,000	871	0.07배(최악)
is_prime	std::coyp_if	10,000,000	1630	1.00배
is_prime	par_copy_if_split	10,000,000	320	5.09배
is_prime	par_copy_if_sync	10,000,000	321	5.08배

조건적 복사 방법과 연산 시간

측정된 성능에서 가장 분명한 결과는 너무나 느린 동기화 버전과 가벼운 is_odd 조건자가 함께한 경우다. 이렇게 나쁜 성능은 아토믹 쓰기 인덱스 때문이 아니라, 여러 개의 스레드가 같은 캐시 라인에 쓰려고 했기 때문에 엉망이 된 하드웨어의 캐시 체계 때문이다(7장에서 다뤘다).

그럼 앞에서 배운 내용을 참고해서 par_copy_if_split의 구현에 주목해보자. 가벼운 조건자는 순차적 버전보다 약간 빠르지만, 무거운 **is_primie** 조건자에서는 성능이 대폭 향상됐다.

병렬로 실행하는 앞부분에서 대부분의 연산을 한 결과로 성능이 향상됐다.

▌ 병렬 STL

모든 알고리즘은 아니더라도 C++17에서 STL 라이브러리는 대부분 병렬 지원이 확장됐다. 알고리즘을 병렬로 실행하도록 변경하는 방법은 실행 정책을 병렬로 만들 알고리즘에 전달할 파라미터를 추가하는 것 정도다.

앞에서 강조한 것처럼 코드 베이스가 STL 알고리즘에 기초하고 있거나 알고리즘을 써서 C++ 코드를 작성하는 최소한의 습관이 있다면 적합한 실행 정책만을 추가함으로써 별다른 노력 없이도 성능을 바로 향상시킬 수 있다.

```
auto roller_coasters = std::vector<std::string>{
    "woody", "steely", "loopy", "upside_down"
};
```

순차적 버전	병렬 버전
```auto loopy_coaster = *std::find(roller_coasters.begin(), roller_coasters.end(), "loopy");```	```auto loopy_coaster = *std::find(std::execution::par, roller_coasters.begin(), roller_coasters.end(), "loopy");```

실행 정책

실행 정책은 알고리즘이 어떤 병렬화가 가능한지 알려준다. STL 병렬 확장^{extension}에는 세 가지 기본 실행 정책이 포함돼 있다. 앞으로는 특정 하드웨어와 조건에 대한 정책을 확장하는 라이브러리가 생길 수 있다. 결과적으로 STL 알고리즘으로 현재의 그래픽 카드에서 병렬 처리 능력을 매끄럽게 사용할 수 있게 만들 것이다.

실행 정책은 `<execution>` 헤더에 정의되고, `std::execution` 네임스페이스에 위치한다.

순차 정책

순차 실행 정책 `std::execution::seq`는 병렬 없이 순차적으로 알고리즘을 실행하게 하며, 마치 실행 정책 없이 알고리즘이 호출된 것처럼 동작한다. 이런 정책도 있다는 것이 좀 이상하지만, 병렬로 알고리즘을 실행하는 것이 더 느린 특정 임곗값 이하의 요소가 있는 경우에는 알고리즘을 순차적으로 실행하도록 프로그래머가 지정할 수 있게 해준다.

```cpp
auto find_largest(const std::vector<int>& v) {
    auto threshold = 2048;
    return v.size() < threshold ?
        *std::max_element(std::execution::seq, v.begin(), v.end()) :
        *std::max_element(std::execution::par, v.begin(), v.end());
}
```

병렬 정책

병렬 실행 정책 `std::execution::par`은 병렬 알고리즘에 대한 표준 실행 정책이라고 생각해도 좋다. 이후에 설명할 병렬 비순차^{unsequenced} 정책과는 대조적으로 알고리즘의 실행 중에 예외가 발생하면 처리한다. 예외는 다시 메인 스레드로 전달되고, 알고리즘은 불특정한 위치에서 멈춘다.

```cpp
auto inv_numbers(const std::vector<float>& c, std::vector<float>& out) {
    out.resize(c.size(), -1.0f);
    auto inversef = [](float denominator){
        if(denominator != 0.0f) { return 1.0f/denominator; }
        else throw std::runtime_error{"Division by zero}; }
    };
    auto p = std::execution::par;
    std::transform(p, c.begin(), c.end(), out.begin(), inversef);
}

auto test_inverse_numbers() {
    auto numbers = std::vector<float>{3.0f, 4.0f, 0.0f, 8.0f, 2.0f};
    auto inversed = std::vector<float>{};
    try {
        inv_numbers(numbers, inversed);
    }
    catch (const std::exception& e) {
        std::cout << "Exception thrown, " << e.what() << '\n';
    }
    for(auto v: inversed) { std::cout << v << ", "; }
}
```

이 코드를 실행하면 아래와 같이 실제로 0으로 나뉜 것이 어떤 요소인지 모르는 결과가 생긴다.

```
// 가능한 출력의 예
Exception thrown, division by zero
0.33, -1.0, -1.0, 0.125, -1.0,
```

병렬 비순차 정책

병렬 비순차 정책 std::execution::par_unseq는 병렬 정책처럼 병렬로 알고리즘을 실행하지만, 거기에 더해 예를 들어 적합한 경우에 SIMD 명령어를 사용해서 반복문을 벡터화한다.

또한 std::execution::par보다 서술자에 대해 더 엄격한 조건을 갖고 있다.

- 조건자는 예외를 발생시키지 않을 수 있기 때문에 정의되지 않은 동작이나 비정상 종료crash가 바로 발생할 수 있다.
- 조건자는 동기화를 위한 뮤텍스를 사용하지 않을 수 있으므로 교착 상태가 생길 수 있다.

std::execution::par_unseq는 같은 스레드에서 동시에 실행할 수 있기 때문에 교착 상태를 야기할 수도 있는데, 다음 코드는 그 예다.

```cpp
auto trees = std::vector<std::string>{"Pine", "Birch", "Oak"};
auto m = std::mutex{};
auto p = std::execution::par_unseq;
std::for_each(p, trees.begin(), trees.end(), [&m](const auto& t){
    auto guard = std::lock_guard<std::mutex>{m};
    std::cout << t << '\n';
});
```

바꿔 말하면 std::execution::par_unseq 정책을 사용할 때에는 서술자가 예외를 발생시키거나 잠금을 얻으려고 하지 않는다는 점을 직접 확실히 해야 한다.

병렬 버전으로 알고리즘 수정

STL에서 대부분의 알고리즘은 기본적으로 병렬 버전이 가용하지만, 원래 요구 자체가 순서대로 실행하는 것인 std::accumulate와 std::for_each 같은 경우에도 관심을 가질 만한 변화가 있다.

std::accumulate와 std::reduce

std::accumulate 알고리즘은 병렬화가 불가능한 요소를 순서대로 실행할 필요가 있어서 병렬화가 되지 않는다. 대신 std::reduce라는 새로운 알고리즘을 추가했는데, 순서를 무시하는 것을 제외하고는 std::accumulate처럼 동작한다.

순서가 문제가 되지 않으므로, 누적 값을 구한 결과는 동일하다.

정수의 범위가 주어진 조건을 보자.

```
auto c = std::vector<int>{1, 2, 3, 4, 5};
```

더하거나 곱하는 등의 누적을 구해보자.

```
auto sum = std::accumulate(c.begin(), c.end(), 0,
    [](int a, int b) { return a + b; }
);
auto product = std::accumulate(c.begin(), c.end(), 1,
    [](int a, int b) { return a * b; }
);
```

std::accumulate 대신 std::reduce()로 호출하면 더하기와 곱하기는 위치를 바꿔도 되기 때문에 같은 결과를 갖는다.

$(1 + 2 + 3 + 4 + 5) = (3 + 1 + 2 + 5 + 4)$와 $(1 \cdot 2 \cdot 3 \cdot 4 \cdot 5) = (3 \cdot 1 \cdot 2 \cdot 5 \cdot 4)$

하지만 위치를 바꿀 수 없는 경우 결과는 인수의 순서에 따라 달라진다. 예를 들어 문자열을 아래와 같이 누적시키는 경우를 보자.

```
auto mice = std::vector<std::string>{"Mickey", "Minnie", "Jerry"};
auto acc = std::accumulate(mice.begin(), mice.end(), {});
std::cout << acc << '\n';
// "MickeyMinnieJerry"를 출력한다.
```

하지만 std::reduce를 사용하면 문자열 출력 결과로 이름의 순서는 어떠한 경우도
가능하다.

```
std::string{"Mickey"} + std::string{"Jerry"} == std::string{"MickeyJerry"};
std::string{"Jerry"} + std::string{"Mickey"} == std::string{"JerryMickey"};
```

그러므로 아래의 코드는 여러 결과를 만든다.

```
auto red = std::reduce(mice.begin(), mice.end(), {});
std::cout << red << '\n';
// 가능한 출력 - "MinnieJerryMickey" 또는 "MickeyMinnieJerry" 등등
```

std::transform_reduce

STL 알고리즘에 추가된 것 중에는 std::transform_reduce가 있는데, 이름 그대로
동작한다. std::transform이 나타내듯이 요소의 범위를 변환하고, 함수 객체^{functor}를
적용한다. std::reduce와 같이 순서 없이 출력이 누적된다.

```
auto mice = std::vector<std::string>{"Mickey","Minnie","Jerry"};
auto num_chars = std::transform_reduce(
    mice.begin(),
    mice.end(),
    size_t{0},
    [](const std::string& m) { return m.size(); }, // 변환
    [](size_t a, size_t b) { return a + b; }       // 축소
);
```

```
// num_chars는 17이다.
```

std::for_each

std::for_each가 함수 객체를 요소 범위에 적용할 때 주로 사용되지만, 아래와 같이 요소만 처리하더라도 std::transform()과 매우 유사하다.

```
auto peruvians = std::vector<std::string>{
    "Mario", "Claudio", "Sofia", "Gaston", "Alberto"};
std::for_each(peruvians.begin(), peruvians.end(), [](std::string& s) {
    s.resize(1);
});
// Peruvians는 {"M", "C", "S", "G", "A"}
```

또한 실제로 전달된 함수 객체를 반환하므로, 아래와 같이 사용할 수 있다.

```
auto result_func = std::for_each(
    peruvians.begin(),
    peruvians.end(),
    [all_names = std::string{}](const std::string& name) mutable {
        all_names += name + " ";
        return all_names;
    }
);
auto all_names = result_func("");
// all_names는 "Mario Claudio Sofia Gaston Alberto ";
```

이 예제는 솔직히 매우 이상하다. std::accumulate가 이 작업에 더 적합하기도 하고, 실제로 사용되는 코드 베이스에서 반환된 함수 객체를 사용하는 것을 본 적이 없어서다. 하지만 순서를 사용해 실행하는 std::accumulate라도 정해진 순서 없이 호출하기 때문에 매번 다른 결과를 만든다.

428

그러므로 std::for_each의 병렬 버전은 단순히 void를 반환한다.

인덱스 기반의 for 반복문 병렬화

알고리즘을 사용할 것을 권하고 있지만, 가끔은 인덱스 기반의 for 반복문이 요구되는 작업이 있다. 범위를 사용하는 for 반복문과 동등한 기능을 하는 STL 알고리즘도 있지만, 일반적인 인덱스 기반의 for 반복문을 대체할 만한 것은 없다.

다시 말해 범위 기반의 for 반복문은 STL 알고리즘의 for_each...와 같다.

```cpp
auto mice = std::vector<std::string>{"Mickey", "Minnie", "Jerry"};
// 범위 기반의 for 반복문
for(auto m: mice) {
    std::cout << m << '\n';
}
// STL 알고리즘, std::for_each
std::for_each(mice.begin(), mice.end(), [](auto m){
    std::cout << m << '\n';
});
```

하지만 인덱스 기반의 for 반복문과 같은 STL 알고리즘은 없다.

```cpp
for(size_t i = 0; i < mice.size(); ++i) {
    std::cout << i << " " << mice[i] << '\n';
}
```

그러므로 다른 STL 알고리즘처럼 간단하게 병렬 정책을 추가해서 인덱스 기반 for 반복문을 병렬화할 수 없다. 어떻게 만들 수 있는지는 다음에 알아보자.

이미 언급했듯이 병렬 알고리즘은 복잡하기 때문에 직접 병렬 알고리즘을 제작하는 것을 권하지 않는다. 하지만 parallel_for 알고리즘으로 std::for_each를 하나의 빌딩 블록으로 사용해 만들 것이고, std::for_each 정도의 복잡도를 갖게 된다.

std::for_each와 선형 범위의 조합

여기서 할 수 있는 것은 5장에서 설명한 것처럼 std::for_each()와 LinearRange 클래스를 조합해보는 것이다. 다시 상기해보면 LinearRange 클래스는 일반 컨테이너처럼 반복 연산이 가능한 숫자의 범위를 반환하는 make_linear_range() 함수를 사용해 생성한다.

STL 알고리즘을 기반으로 인덱스 기반의 **for** 반복문은 다음과 같이 만들 수 있다.

```cpp
auto first_idx = size_t{0};
auto last_idx = mice.size();
auto indices = make_linear_range(first_idx, last_idx, last_idx);
std::for_each(indices.begin(), indices.end(), [&mice](size_t i){
    std::cout << i << " " << mice[i] << '\n';
});
```

이는 실행 정책의 선택을 통해 병렬화를 좀 더 할 수 있다.

```cpp
auto p = std::execution::par;
std::for_each(p, indices.begin(), indices.end(), [&mice](size_t i){
    if (i == 0) mice[i] += " is first.";
    else if (i + 1 == mice.size()) mice[i] += " is last.";
});
for(const auto& m: mice) { std::cout << m << ', '; }

// 출력: Mickey is first, Minnie, Jerry is last
```

래퍼를 사용한 구성의 단순화

깔끔한 구문으로 인덱스들을 반복 연산하려면 앞의 코드는 유틸리티 함수인 parallel_for()로 아래와 같이 래핑wrapping돼야 한다.

```
template <typename Policy, typename Index, typename F>
auto parallel_for(Policy p, Index first, Index last, F f) {
    auto r = make_linear_range<Index>(first, last, last);
    std::for_each(std::move(p), r.begin(), r.end(), std::move(f));
}
```

parallel_for()는 아래와 같이 사용한다.

```
parallel_for(std::execution::par, size_t{0}, mice.size(), [&](size_t i){
    if (idx == 0) mice[i] += " is first.";
    else if (i + 1 == mice.size()) mice[i] += " is last.";
});
for(const auto& m: mice)
    std::cout << m << ', ';

// 출력: Mickey is first, Minnie, Jerry is last,
```

parallel_for는 std::for_each를 바탕으로 하므로, std::for_each의 모든 정책을 parallel_for도 허용한다.

❚ GPU에서 STL 알고리즘 실행

그래픽 처리 장치, 또는 GPU^{Graphics Processing Unit}는 원래 컴퓨터 그래픽을 할 때 점과 픽셀을 처리하도록 설계됐다. GPU는 픽셀이나 꼭짓점 데이터를 가져오고, 각각의 데이터로 단순한 작업을 개별적으로 수행하며, 새로운 버퍼(결국 화면에 표시되는)에 결과를 저장하는 용도였다.

GPU API와 병렬 작업

DirectX도 유사한 기능을 갖고 있지만, GPU 프로그래밍용 핵심 API는 OpenGL이다. 다음은 초기 단계의 GPU에서 실행이 가능했던 독립적인 작업의 간단한 예다.

- 공간 좌표 지점을 화면 좌표로 변환한다.
- 특정 지점의 밝기 계산을 수행한다(이미지 안에 있는 특정 픽셀의 색을 참조해 밝기를 계산하는 경우).

위와 같이 병렬로 실행 가능한 동작에 대해 GPU가 병렬로 작은 동작을 수행하도록 설계된 것이다.

기술적으로 CPU는 보통 몇 가지 범용 캐시 코어로 구성돼 있는데, GPU는 매우 특수한 많은 수의 코어로 구성돼 있다. 이는 알고리즘이 병렬 처리를 잘 지원할수록 GPU가 실행하는 것이 더 적합할 수 있다는 의미다.

프로그램을 지원하는 GPU

컴퓨터 그래픽에 관련된 프로그램이긴 하지만, 프로그램 가능한 동작이 많아졌다(즉, 표면에 색깔을 읽는 것은 메모리를 읽는 것으로 끝나고, 결과는 표면의 색깔로 기록된다). 이런 프로그램을 셰이더shader라고 한다.

셰이더 프로그램

처음에는 버텍스vertex와 프레그먼트fregment라는 두 가지 종류의 셰이더 프로그램이 있었다.

버텍스 셰이더는 공간 좌표를 화면 좌표로 변환할 때 사용한다. 프레그먼트 셰이더는 픽셀을 화면에 출력하기 전에 밝기 계산/표면 찾기 등을 수행한다.

시간이 지나면서 셰이더와 같은 종류의 프로그램이 더 많이 소개됐고, 셰이더는 표면의 색상 값 대신 버퍼에서 직접 원시 값을 읽고 쓰는 것처럼 더 많은 로우레벨 옵션을 갖게 됐다.

STL 알고리즘과 GPU

앞서 언급한 실행 정책이 GPU를 더 잘 지원하게 발전하는 것이 바람직하다. 따라서 C++가 구동 가능한 표준 컴퓨터에서 모든 기능을 활용할 수 있게 될 것이다. 이미 몇 가지 라이브러리는 GPU 프로그래밍을 쉽게 접근할 수 있도록 지원하고 있다.

이미 강조했지만 직접 만든 **for** 반복문 대신 알고리즘을 기반으로 제작한 코드 베이스를 갖고 있다면 GPU의 장점을 더 잘 활용할 수 있도록 나아가는 것이 더 편리할 것이다.

▌ 부스트 컴퓨트

이 책에서는 부스트 컴퓨트*Boost Compute*(카일 루츠*Kyle Lutz* 제작)를 GPU 접근용 라이브러리로 선택했다. 부스트 컴퓨트 자체가 매우 훌륭하기도 하지만 GPU 제작사에 독립적이며 대부분의 STL 알고리즘을 포함하고 있기 때문이다. 무엇보다도 부스트의 일부로서 매우 광범위하게 사용되는 C++ 라이브러리다.

이번 절에서는 부스트 컴퓨트와 STL 알고리즘의 구문적 유사성을 집중적으로 다룬다. 그러므로 많은 부스트 컴퓨트 코드 예제와 이에 상응하는 STL 알고리즘 구현을 함께 단계적으로 제시한다.

부스트 컴퓨트 기본 개념

부스트 컴퓨트를 더 자세히 다루기 전에 몇 가지 알아두면 좋은 기본 개념이 있다.

- **디바이스**^{device}: 작업을 실행하는 실제 GPU
- **컨텍스트**^{context}: 디바이스에 대한 입구
- **큐**^{queue}: 푸시 동작에 대한 명령어 큐로, 나중에 GPU 드라이버를 통해 비동기 방식으로 실행된다.

무엇보다도 GPU는 자신만의 배타적 메모리(표준 RAM을 가끔 사용하지만)를 갖고 있는 경우가 많다. 부스트 컴퓨트가 처리하는 모든 컨테이너는 반드시 처리하기 전에 부스트 컴퓨트 전용 컨테이너로 복사돼야 하며, CPU에 의한 추가 처리를 위해 표준 컨테이너로 다시 돌아온다.

OpenCL

11장에서 OpenCL 라이브러리를 직접 사용하진 않을 것이다. 하지만 OpenCL은 여기서 사용할 부스트 컴퓨트 라이브러리의 기초가 되는 프레임워크다. OpenCL은 OpenGL을 비롯해서 크로노스^{Khronos} 그룹에서 관리하며, 여러 플랫폼에서 활용할 수 다. 내부적으로 OpenCL 프로그램은 GPU에서 실행하는 데 C99 문법(OpenGL 셰이더처럼)을 사용한다. OpenCL 셰이더는 소스코드를 포함하는 문자열로서 C++ 애플리케이션에서 전달되고, 애플리케이션을 실행할 때 OpenCL에 의해 컴파일된다.

OpenCL을 사용하려면 매우 복잡한 컴퓨터로 사용자 정의 버퍼를 구성할 필요가 있다 (이 책에서는 다루지 않는다). 대신 OpenCL에 접근하고자 부스트 컴퓨트를 사용할 것이다.

부스트 컴퓨트 초기화

부스트 컴퓨트를 사용하기 전에 디바이스와 컨텍스트, 명령어 큐를 초기화해야 한다. 부스트 컴퓨트 예제에서는 컨텍스트와 명령어 큐를 가변 참조로 전달할 것이다.

컨텍스트와 명령어 큐를 초기화하는 가장 간단한 방법은 아래와 같이 시스템 기본 디바이스를 사용하는 것이다.

```cpp
#include <boost/compute.hpp>
auto main() -> int {
    // 부스트 컴퓨트와 OpenCL을 초기화
    namespace bc = boost::compute;
    auto device = bc::system::default_device();
    auto context = bc::context(device);
    auto command_queue = bc::command_queue(context, device);
}
```

부스트 컴퓨트에 간단한 transform-reduce 알고리즘 전달

동그란 원의 std::vector가 있고 원 면적의 합을 계산한다고 가정해보자. 여기서 사용할 알고리즘은 원의 벡터를 면적의 벡터로 변환하고자 std::transform()을 사용하고, std::reduce()로 면적을 합한다.

Circle 구조체를 아래와 같이 정의하고, x와 y는 위치, r은 반지름이다.

```cpp
struct Circle { float x, y, r; };
```

임의의 원에 대해 std::vector()를 생성하려면 다음 함수를 사용한다.

```
auto make_circles(size_t n) {
    auto cs = std::vector<Circle>{};
    cs.resize(n);
    std::generate(cs.begin(), cs.end(), [](){
        auto x = float(std::rand());
        auto y = float(std::rand());
        auto r = std::abs(float(std::rand()));
        return Circle{x, y, r};
    });
    return cs;
}
```

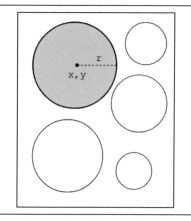

다양한 크기와 위치의 원

표준 C++의 알고리즘

중학교에서 배운 원의 면적을 구하는 공식은 다음과 같다.

$$\text{면적(area)} = r^2\pi$$

코드는 아래와 같다.

```
auto circle_area_cpu(const Circle& c) {
    const auto pi = 3.14f;
    return c.r * c.r * pi;
}
```

circle_area_cpu() 함수를 사용해 C++의 std::transform()과 std::reduce()로 전체 면적을 구할 수 있다.

```
auto sum_circle_areas_cpu() {
    constexpr auto n = 1024;
    auto circles = make_circles(n);
```

436

```
auto areas = std::vector<float>(n);
std::transform(circles.begin(), circles.end(), areas.begin(),
    circle_area_cpu);
auto plus = std::plus<float>{};
auto area = std::reduce(areas.begin(), areas.end(), 0.0f, plus);
std::cout << area << '\n';
}
```

부스트 컴퓨트로 변환하는 알고리즘

부스트 컴퓨트로 GPU를 사용해 위와 동일한 기능을 구현하는 방법을 살펴보자. 단 진행하기 전에 몇 가지 추가로 수행할 작업이 있다.

- Circle 구조체의 내용을 부스트 컴퓨트에 알려준다.
- circle_area_cpu() 함수와 같은 역할을 하는 OpenCL을 구현한다.
- 데이터를 GPU에 복사하고, GPU에서 복사해온다.

circle_area_gpu()와 boost::compute::plus<float>는 런타임에 OpenCL이 컴파일하고, 이진 파일은 나중에 사용하고자 저장해둔다.

부스트 컴퓨트에서 사용할 Circle 구조체

GPU를 사용하게 만들려면 우선 부스트 컴퓨트 입장에서 Circle 구조체가 어떻게 생겼는지 파악할 수 있게 해야 한다. 이를 위해 매크로를 사용하는데, 처음 두 개의 파라미터는 구조체의 C++ 이름과 GPU 이름이 되고, 세 번째 파라미터는 구조체의 멤버 목록이다.

구조체의 멤버만 노출되므로 구조체의 멤버 함수는 부스트 컴퓨트에서 접근할 수 없다.

다음은 BOOST_COMPUTE_ADAPT_STRUCT_MACRO를 사용해 부스트 컴퓨트에서 Circle을

사용할 수 있도록 적용하는 방법이다. 첫 파라미터는 C++ 구조체 이름이고, 두 번째는 부스트 컴퓨트 내부에서 접근할 때 쓰이는 이름이다.

```
BOOST_COMPUTE_ADAPT_STRUCT(Circle, Circle, (x, y, r));
```

이런 방법은 사용자 정의 구조체 사용이 필요한 경우에만 해당된다. 부동소수점, 정수 등의 표준 데이터 타입은 직접 사용하면 된다.

 부스트 컴퓨트에 적용하는 모든 구조체 멤버는 잘 정렬돼 있어야 한다. 즉, 데이터 멤버 중간에 여백 등을 포함하고 있으면 안 된다. 잘 정렬된 배치 형태는 4장을 참고한다.

circle_area_cpu를 부스트 컴퓨트로 전환

circle_area_cpu() 함수와 같은 역할을 하는 OpenCL 함수를 만들어야 한다. OpenCL 프로그래밍 언어는 표준 C 구문을 사용한다. 그러므로 C++ 버전과 매우 유사하다. OpenCL 언어의 자세한 참고 자료는 다음 링크에서 공식 문서를 살펴볼 수 있다.

https://www.khronos.org/opencl/

함수의 소스코드는 std::string의 형태로 boost::compute::function에 전달되고, 첫 번째 파라미터는 OpenCL에서 사용할 이름, 두 번째는 실제 소스코드다.

```
namespace bc = boost::compute;
auto src_code = std::string_view{
    "float circle_area_gpu(Circle c) {"
    "  float pi = 3.14f;            "
    "  return c.r * c.r * pi;       "
    "}                              "
```

```
};

auto circle_area_gpu = bc::make_function_from_source<float(Circle)> (
    "circle_area_gpu", src_code.data()
);
```

BOOST_COMPUTE_FUNCTION 매크로

OpenCL 소스코드에 문자열을 사용하고 있다. 좀 더 가독성을 높이고자 부스트 컴퓨트는 **BOOST_COMPUTE_FUNCTION**이라는 편리한 매크로가 제공되며, 소스코드 파라미터에서 문자열을 만든다.

아래의 표는 두 구문을 비교한 것을 보여준다.

make_function_from_source 사용	**BOOST_COMPUTE_FUNCTION** 매크로 사용
```namespace bc = boost::compute; auto circle_area_gpu = bc::make_function_from_source <float(Circle)> ("circle_area_gpu", "float circle_area_gpu(Circle c){" " float pi = 3.14f; " " return c.r * c.r * pi; " "} ");```	```BOOST_COMPUTE_FUNCTION(float, // 반환 타입 circle_area_gpu, // 이름 (Circle c), // 인수 { float pi = 3.14f; return c.r * c.r * pi; });```

위 표를 보면 반환값, 함수명, 파라미터 등이 문자열로 전달되며, 소스코드를 문자열로 제공할 필요는 없다.

GPU에서 transform-reduction 알고리즘 구현

실제 변환하는 기능을 구현하려면 데이터를 복사해주고, 다시 복사해 와야 한다. GPU에 자리 잡는 데이터는 **gpu_**라는 접두어를 붙이고, CPU의 경우에는 **cpu_**를 붙인다.

부스트 컴퓨트는 면적을 구하는 데 사용할 std::plus와 같은 역할을 하는 compute::plus<float> 함수 객체가 있어 유용하다.

```cpp
namespace bc = boost::compute;
auto circle_areas_gpu(bc::context& context, bc::command_queue& q) {
    // 임의로 충분한 수의 원을 생성해서 GPU에 복사한다.
    const auto n = 1024;
    auto cpu_circles = make_circles(n);
    auto gpu_circles = bc::vector<Circle>(n, context);
    bc::copy(cpu_circles.begin(), cpu_circles.end(), gpu_circles.begin(), q);
    // 원을 각각의 면적으로 변환한다.
    auto gpu_areas = bc::vector<float>(n, context);
    bc::transform(
        gpu_circles.begin(),
        gpu_circles.end(),
        gpu_areas.begin(),
        circle_area_gpu,
        q
    );
    // 면적을 합산한다.
    // 크기가 1인 GPU 벡터에 기록하고 있다는 점을 유의한다.
    auto gpu_area = bc::vector<float>(1, context);
    bc::reduce(gpu_areas.begin(), gpu_areas.end(), gpu_area.begin(), q);
    // 합산된 면적을 다시 CPU로 복사한다.
    auto cpu_area = float{};
    bc::copy(gpu_area.begin(), gpu_area.end(), &cpu_area, q);
    std::cout << cpu_area << '\n';
}
```

부스트 컴퓨트에서 조건자 사용

반지름을 기준으로 원을 정렬하는 것과 같은 다른 여러 알고리즘을 실행하고 싶다면 STL에서 사용한 것과 같은 조건자를 줄 수도 있다.

다음은 CPU에서 원을 정렬하는 조건자와 부스트 컴퓨트/OpenCL에 대응하는 조건자를 사용하는 방법이다.

 이번 예제는 실제로 구동하진 않지만, 일반적인 std::vector를 입력으로 사용하는 부스트 컴퓨트 기능을 사용한다. 내부적으로는 알고리즘의 실행 전후로 std::vector를 GPU로 여전히 복사해주고, 복사해온다.

CPU 조건자	GPU 조건자
```auto less_r_cpu = [](Circle a,Circle b){` ` return a.r < b.r;` `};```	```BOOST_COMPUTE_FUNCTION(` ` bool, // 반환 타입` ` less_r_gpu, // 함수명` ` (Circle a, Circle b), // 인수` ` {return a.r < b.r; } // 코드` `);```

GPU에서 내용을 정렬하고 CPU를 사용해 검증한다.

```
namespace bc = boost::compute;
auto sort_by_r(bc::context& context, bc::command_queue& q) {
    auto n = 1024;
    auto circles = make_circles(n);
    // GPU에서 정렬
    bc::sort(circles.begin(), circles.end(), less_r_gpu, q);
    // less_r_cpu를 사용해 CPU에서 검증
    assert(std::is_sorted(circles.begin(), circles.end(), less_r_cpu);
}
```

코드를 보면 부스트 컴퓨터를 사용해 GPU로 실행하기 위한 표준 STL 함수를 수정하는 경우는 매우 적다.

부스터 컴퓨트에서 사용자 정의 커널 사용

이미 언급했듯이 OpenCL을 자세히 다루진 않겠지만, 알고리즘과 부스트 컴퓨트에서 벗어나 배열 내의 임의의 위치에서 읽은 요소로 일반적인 **for** 반복문을 호출하는 방법을 알아본다. 이후의 예제는 대부분 부스트 컴퓨트보다는 OpenCL에 가깝다.

컴퓨터 그래픽스를 발전시킨 OpenCL이기에 텍스처^{texture}나 필터링 등을 처리하는 다양한 동작을 포함하고 있지만,이 절에서는 일반적인 C++ 코드와의 유사성을 보고자 전형적인 벡터로 작업하고자 한다.

GPU는 많은 작업을 병렬로 처리하기 좋다는 사실을 참고하면서 OpenCL의 경우에는 정확하게 무엇이 병렬화될 수 있는 것인지 이해해야 한다. 커널을 실행할 때에는 병렬로 커널에 적용할 다차원의 **for** 반복문처럼 범위의 수를 전달한다.

상자 필터

여기서 알고리즘을 하나 구현하는데, 크기가 *r*인 상자에 대한 필터를 적용해서 회색 이미지로 나타낸다. 상자 필터는 다음 그림처럼 주변에 있는 **float** 값의 평균을 계산하고, 이미지는 `std::vector<float>`로 표시하며, 정수는 너비를 나타낸다. 범위를 벗어나는지 확인하는 작업은 신경 쓰지 않도록 경계 부분은 피해서 알고리즘을 단순화하겠다.

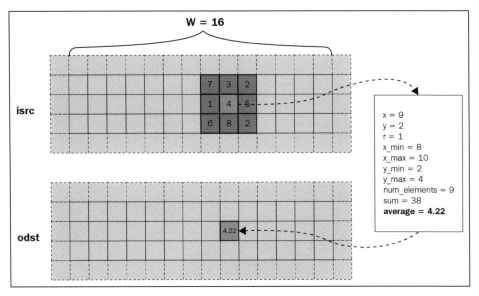

개별 그리드 요소의 상자 필터

커널 구현

요소마다의 박스 필터를 일반적인 C++ 람다 함수로 구현하고, 이에 대응하는 OpenCL 커널은 문자열로 만든다. 유사성을 비교해보고자 다음과 같이 옆으로 배치했다.

C++ 상자 필터 커널	OpenCL 상자 필터 커널
``` auto box_filter = [](int x, int y, const auto& src, auto& odst, int w, int r) { float sum = 0.0f; for (int yp=y-r; yp<=y+r; ++yp) { for (int xp=x-r; xp<=(x+r);++xp){ ```	``` auto src_code = std::string_view{ "kernel void box_filter(" " global const float* src, " " global float* odst, " " int w, " " int r " ") { " " int x = get_global_id(0); " " int y = get_global_id(1); " " float sum = 0.0f; " " for (int yp=y-r; yp<=y+r; ++yp){ " ```

```
        sum += src[yp * w + xp];
      }
    }
    float n = ((r*2 + 1) * (r*2 + 1));
    float average = sum / n;
    odst[y*w + x] = average;
};
```

```
"      for (int xp=x-r; xp<=x+r; ++xp){  "
"        sum += src[yp*w+xp];            "
"      }                                 "
"    }                                   "
"    float n=(float)((r*2+1)*(r*2+1));   "
"    float average = sum / n;            "
"    odst[y*w+x] = average;              "
"}                                       "
};
namespace bc = boost::compute;
auto p=bc::program::create_with_source(
  src_code.data(), context
);
p.build();
auto kernel = bc::kernel{
  p, "box_filter"
};
```

2차원 병렬화

이제 필터를 적용해서 이미지로 사용해보자. 부스트 컴퓨트 커널용 인수는 실행 전에 **set_arg**를 사용해 설정하고, **enqueue_nd_range_kernel()**을 사용해 실행이 완료되면 차원 수와 각 차원의 범위를 적용한다. 여기서 차원은 C++에서 이중으로 **for** 반복문이 사용되는 것과 대응하는 개념이다. 커널에서 해당하는 **x**, **y** 변수는 OpenCL의 **get_global_id()**를 사용해 가져온다.

아래의 표에서 STL 알고리즘과 같은 역할을 하는 부스트 컴퓨트의 유사성을 살펴보자.

CPU에서의 상자 필터	GPU에서의 상자 필터

`auto box_filter_test_cpu(`
`  int w,`
`  int h,`
`  int r`
	`namespace bc = boost::compute;`
	`auto box_filter_test_gpu(`
	`  int w,`
	`  int h,`

```
) {
    using array_t =
        std::array<size_t,2>;
    // 표준 벡터를 생성한다.
    auto src = std::vector<float>(w*h);
    std::iota(src.begin(),src.end(),0.f);
    auto dst = std::vector<float>(w*h);
    std::fill(res.begin(),res.end(),0.f);
    // 오프셋과 요소들을 만든다.
    auto offset = array_t{r,r};
    auto elems = array_t{w-r-r, h-r-r};
    // CPU에서 필터를 호출한다.
    for (int x=0; x < elems[0]; ++x){
        for (int y=0; y < elems[1]; ++y){
            auto xp = x + offset[0];
            auto yp = y + offset[1];
            box_filter(xp,yp,src,dst,w,r);
        }
    }
    return dst;
}
```

```
        int r,
        bc::context& ctx,
        bc::command_queue& q,
        bc::kernel& kernel
) {
    using array_t = std::array<size_t, 2>;
    // GPU에 대한 벡터를 생성한다.
    auto src=bc::vector<float>(w*h, ctx);
    bc::iota(src.begin(),src.end(),0.f,q);
    auto dst=bc::vector<float>(w*h, ctx);
    bc::fill(dst.begin(),dst.end(),0.f,q);
    // 오프셋과 요소들을 만든다.
    auto offset = array_t{r,r};
    auto elems = array_t{w-r-r, h-r-r};
    // GPU에서 필터를 호출한다.
    kernel.set_arg(0, src);
    kernel.set_arg(1, dst);
    kernel.set_arg(2, w);
    kernel.set_arg(3, r);
    q.enqueue_nd_range_kernel(
        kernel,
        2,
        offset.data(),
        elems.data(),
        nullptr
    );
    // CPU에 다시 복사해준다.
    auto dst_cpu=std::vector<float>(w*h);
    bc::copy(
        dst.begin(),
        dst.end(),
        dst_cpu.begin(),
        q
    );
    return dst_cpu;
}
```

이번 예제에서는 2차원을 사용하고 있지만, enqueue_nd_range_kernel() 함수는 병렬화할 어떤 수의 차원이라도 허용한다.

CPU에서 GPU 계산 검증

일반적으로 GPU는 보통의 C++ 프로그램보다 디버깅하기 어렵지만, 결과 검증은 여전히 중요하다. 부동소수점 계산을 다루고 있기 때문에 결과가 100% 정확할 수는 없으므로 작은 차이 정도는 같은 것으로 인정하는 flt__eq() 함수를 사용한다.

```
auto test_kernel(bc::context& ctx, bc::command_queue& q, bc::kernel& k) {
    auto flt_eq = [](float a, float b) {
        auto epsilon = 0.00001f;
        return std::abs(a - b) <= epsilon;
    };
    auto cpu = box_filter_test_cpu(2000, 1000, 2);
    auto gpu = box_filter_test_gpu(2000, 1000, 2, ctx, q, k);
    auto is_equal = cpu == dst;
    auto is_almost_equal = std::equal(
        cpu.begin(), cpu.end(), gpu.begin(), flt_eq
    );
    std::cout
        << "is_equal: " << is_equal << '\n'
        << "is_almost_equal: " << is_float_equal << '\n'
}

// 예상할 수 있는 출력
is_equal: 0
is_almost_equal: 1
```

is_equal도 하드웨어에 의존적일 수 있다는 점에 유의한다. 위 코드로 GPU에서 동작하는 알고리즘을 성공적으로 검증했다. 여기서는 CPU와 GPU의 성능 비교를 일부러 포함하지 않았다. GPU 알고리즘은 가끔 GPU로 데이터를 전달하거나 전달받는 과정에서 성능의 병목이 발생할 수 있다는 사실은 참고하면서, 이렇게 표준 CPU와 비교할 때 GPU의 30배나 빠른 연산 시간은 특별한 것이 아니다.

다시 말해 과도한 연산이 많은 애플리케이션은 경쟁력을 갖추고자 GPU 병렬 처리를 고려하면서 제작될 것이다.

▌요약

11장에서는 병렬 처리를 위해 복잡하지만 직접 알고리즘을 제작하는 방법과 STL 알고리즘을 병렬 버전으로 활용하는 방법을 알아봤다. 무엇보다도 오늘날의 GPU 하드웨어의 강력한 처리 능력을 활용하고자 부스트 컴퓨트를 사용하는 방법도 알아봤다.

| 찾아보기 |

고성능을 위한 언어 C++

이론과 C++17, 메모리 관리, 동시성, STL 알고리즘 모범 사례

발 행 | 2020년 1월 31일

지은이 | 빅터 세르 · 비요른 앤드리스트
옮긴이 | 최 준

펴낸이 | 권 성 준
편집장 | 황 영 주
편 집 | 조 유 나
디자인 | 박 주 란

에이콘출판주식회사
서울특별시 양천구 국회대로 287 (목동)
전화 02-2653-7600, 팩스 02-2653-0433
www.acornpub.co.kr / editor@acornpub.co.kr

한국어판 © 에이콘출판주식회사, 2020, Printed in Korea.
ISBN 979-11-6175-391-1
http://www.acornpub.co.kr/book/c-high-performance

이 도서의 국립중앙도서관 출판시도서목록(CIP)은 서지정보유통지원시스템 홈페이지(http://seoji.nl.go.kr)와
국가자료공동목록시스템(http://www.nl.go.kr/kolisnet)에서 이용하실 수 있습니다.(CIP제어번호: CIP2020002105)

책값은 뒤표지에 있습니다.